Alexander Pope

Sämmtliche Werke

Das zweite Schuljahr

Alexander Pope

Sämmtliche Werke
Das zweite Schuljahr

ISBN/EAN: 9783743662834

Hergestellt in Europa, USA, Kanada, Australien, Japan

Cover: Foto ©ninafisch / pixelio.de

Weitere Bücher finden Sie auf **www.hansebooks.com**

Das zweite Schuljahr

Theorie und Praxis
des
Volksschulunterrichts

nach Herbartischen Grundsätzen

Bearbeitet

von

Dr W Rein
Professor an der Universität Jena

A Pickel und E Scheller
Seminarlehrer   Seminarlehrer

zu Eisenach

II
Das zweite Schuljahr

Dresden
Verlag von Bleyl & Kaemmerer
1887

Das zweite Schuljahr

Ein theoretisch-praktischer Lehrgang

für Lehrer und Lehrerinnen

sowie zum Gebrauch in Seminaren

Bearbeitet

von

Dr W Rein
Professor an der Universität Jena

A Pickel und E Scheller
Seminarlehrer   Seminarlehrer

zu Eisenach

Dritte Auflage

Dresden
Verlag von Bleyl & Kaemmerer
1887

Inhalt.

	Seite
A. Sachunterricht (S. 1—41).	
I. Gesinnungsunterricht	1—23
II. Naturkunde	23—41
B. Sprachunterricht:	
III. Lesen und Schreiben	42—59
C. Formenunterricht (S. 60—137)	
Zeichnen (siehe Naturkunde)	28
IV. Rechnen	60—93
V. Schreiben	93—124
VI. Singen	124—137

Berichtigungen.

Die Besitzer der 2. Aufl. des „sechsten Schuljahres" werden ersucht, dort folgende Berichtigungen vorzunehmen:

S. 122 Z. 24 v. ob. lies: „dass die Halbmesser der von innen nach aussen aufeinanderfolgenden Kreise gleichmässig d. h. stets um dieselbe Länge zu nehmen" statt: dass sie alle.... laufen.

S. 122 Z. 33—35 v. ob. lies: „2. Es giebt konzentrische Kreise a) mit gleichmässiger, b) mit ungleichmässiger Zunahme (bezüglich Abnahme) ihrer Halbmesser" statt: Drei und mehrere.... verschieden sein.

S. 124 Z. 2 v. ob nach AC u. BC ergänze: „in ihren Halbierungspunkten".

S. 126 Z. 23 v. ob. tilge: „von den Punkten A u. B aus".

S. 136 Z. 24 v. ob. lies: „1:150" u. tilge Zeile 25.

S. 143 Z. 18 v. ob. lies 19 statt 18.

Vorwort.

Die neue Auflage des „zweiten Schuljahres" zeigt i. g. wenig Veränderungen. Hinzugefügt ist der Abschnitt über das Singen, welcher aus dem VIII. Band herausgenommen nunmehr an die richtige Stelle gesetzt ist, so dass sich die „acht Schuljahre" in ihren neuen Auflagen auch nach der Seite der Vollständigkeit hin verbessern werden.

Bekanntlich bieten die „acht Schuljahre" eine spezielle Methodik des Volksschulunterrichts dar. Entstanden in den Jahren 1878—85 am Seminar zu Eisenach und geprüft an der Praxis der Übungsschule daselbst, fussen sie auf den pädagogischen Grundsätzen Herbarts und Zillers, ziehen aber auch das in ihr Bereich, was seit Comenius und Pestalozzi wertvolles für die Theorie des Unterrichts erarbeitet worden ist.

Ihr Hauptziel ist, den Unterricht zu einem wahrhaft erziehenden zu gestalten. Dieses Ziel suchen sie dadurch zu erreichen, dass sie
1. den Unterricht nach der Idee des kulturgeschichtlichen Fortschritts in der menschheitlichen Entwicklung aufbauen;
2. dass sie die einzelnen Lehrfächer nach der Idee der Konzentration zu einem einheitlichen Organismus verbinden; und
3. dass sie die Unterrichtsstoffe nach der Idee der formalen Stufen durcharbeiten.

Alle drei Ideen hängen aufs engste mit einander zusammen; sie bilden ein geschlossenes Ganzes. Die Gesamtwirkung eines solchen Ganzen streben auch die Schuljahre an. Sie sind der erste umfassende Versuch, die Praxis unserer gegliederten Volksschulen nach den genannten drei Ideen zu gestalten. An vielen Punkten berühren sie sich hierbei mit der bisher geübten Praxis, an anderen wieder weichen sie von derselben nicht unerheblich ab. Sie erscheinen demnach als eine Fortbildung der bisherigen Methodik des Volksschulunterrichts unter steter Rücksichtnahme auf die bestehenden Verhältnisse, aber ohne sich von diesen allein bestimmen zu lassen.

Denn sie wollen zugleich ein Ideal des Volksschulunterrichts zeichnen, von dessen Verwirklichung die Verfasser eine Hebung des Unterrichts, und damit auch der Erziehung erhoffen. Dass die in den Schuljahren enthaltenen Vorschläge nicht jenseits der Möglichkeit ihrer Verwirklichung liegen, dass sie keine unausführbaren Forderungen enthalten, dafür bürgt der Hinweis auf die Ausführung derselben in der Praxis der Eisenacher Übungsschule und auf die daselbst gemachten Erfahrungen.

Die Verfasser legen ihre Arbeit ihren Berufsgenossen, den deutschen Lehrern, vor. Sie wünschen, dass man ihre Vorschläge rücksichtlich ihres Wertes, wie rücksichtlich ihrer Ausführbarkeit einer strengen Prüfung unterziehen, aber nicht ohne eine solche verwerfen möge. Der einzelne Lehrer aber, dem seine Schularbeit am Herzen liegt, dem neue Vorschläge für die Unterrichtsarbeit auf dem sicheren Grunde eines einheitlichen Gedankengebäudes nicht unwillkommen sind, wolle selbst an der Hand der Praxis untersuchen, wie weit die „Schuljahre" seine Arbeit zu fördern imstande sind.

Immer aber wollen diese, wie sie aus dem Ganzen gearbeitet sind, auch als Ganzes beurteilt sein. Einzelne Vorschläge, einzelne Verknüpfungen innerhalb der Lehrstoffe, einzelne Präparationen mögen dabei immerhin noch mangelhaft und der Verbesserung bedürftig erscheinen, aber all diese Mängel im einzelnen genügen noch lange nicht, die grundlegenden Ideen umzustürzen, welche aus den beiden Fundamental-Wissenschaften der Pädagogik, aus Ethik und Psychologie, herausgeflossen sind. Möge man also die Vorschläge der Verfasser nicht ohne weiteres verwerfen, sondern dieselben, weil sie auf ernster Arbeit beruhen, auch ernst und eingehend prüfen!

Allerdings verhehlen sich die Verfasser dabei nicht, dass eine vollständige Durchführung des Lehrplansystems, wie es in den Schuljahren aufgebaut worden ist, erst dann eintreten kann, wenn die dazu nötigen Lehrmittel beschafft sein werden. Zu denselben gehört in erster Linie

das Lesebuch,

welches, entgegen der encyklopädischen Anordnung, dem Unterricht der einzelnen Schuljahre in konzentrierender Weise dienen soll. Es ist dasselbe ein ganz wesentliches Hülfsmittel für die Verbindung der Lehrfächer und damit auch für die Herstellung eines einheitlichen, geschlossenen Gedankenkreises. Ja, man kann geradezu sagen, dass ohne ein Lesebuch, wie es die Schuljahre im Sinne haben, diese selbst in der Praxis nur zum Teil durchführbar sind.

Deshalb haben sich die Verfasser auch bemüht, diesem Mangel abzuhelfen, diese Lücke auszufüllen. Bisher sind im engen Anschluss an die „Schuljahre" erschienen:

1. Lesebuch für das 2. Schuljahr. Preis 60 Pf.
2. Lesebuch für das 3. Schuljahr. Preis 30 Pf.

Ferner als Vorarbeiten für die Lesebücher der weiteren Schuljahre:

3. Thüringische Sagen und Nibelungen. Historisches Lesebuch für das 3. und 4. Schuljahr. Preis 30 Pf.
4. Ausgewählte Gedichte für den Geschichtsunterricht. Preis 1 M. 35 Pf.

Möge das ganze Unternehmen für die Volksschulerziehung sich segensreich erweisen! Denn zum Besten derselben ist es begonnen worden. Im Dienste der Erziehung und des Unterrichts unserer Jugend soll es, so Gott will, auch zu Ende geführt werden!

Jena und Eisenach, im Oktober 1886

Die Verfasser.

I. Der Gesinnungs-Unterricht.

Litteratur: Herbart, Über die ästhetische Darstellung der Welt, als das Hauptgeschäft der Erziehung. Ziller, Grundlegung zur Lehre vom erz. Unterricht. 2. Aufl. Leipzig 1884. Ders., Allgemeine Pädagogik. 2. Aufl. Leipzig 1884. Ders., Jahrbuch des Vereins für wissensch. Pädagogik. VI, S. 105f. Ders., Eine Skizze der pädagog. Reform-Bestrebungen etc. Zeitschr. für exakte Philos., IV. Bd., S. 14f. Willmann, Pädagog. Vorträge. 2. Aufl. Leipzig 1886. Biedermann, Der Geschichtsunterricht in der Schule. Braunschweig 1869. Kirchmann, Geschichte der Arbeit und Kultur. 2. Ausg. Leipzig 1857. Zillig, Der Geschichtsunterricht in der elementaren Erziehungsschule. Jahrbuch des Vereins für wissensch. Pädagogik, XIV. Bd., S. 108 f. Staude, Die kulturhistor. Stufen im Unterricht der Volksschule. 2. Heft der Pädagog. Studien von W. Rein, Jahrgang 1880, Dresden. Grabs, Bemerkungen zum 2. Schuljahr. Evang. Schulblatt, 1885 u. 1886.

Altmüller, Übersetzung des Robinson. Hildburghausen 1869. Kuppers und Arndt, Robinson. Eine Erzählung für Kinder von 8—10 Jahren. Duisburg 1881. Reimer, Robinson Krusoe. Für die Jugend und die Zwecke der Schule bearbeitet. Leipzig 1880. Gräbner, Robinson Krusoe. 15. Aufl. Leipzig 1883.

I. Die Auswahl des Stoffes.

„Prüf" jeder die Sache nach allen Seiten;
Mög keiner das Neue, weil neu, bestreiten,
Mög keiner das Alte, weil alt, verachten!"

Die hergebrachte Volksschulpraxis hat für das zweite Schuljahr ebenso wie für das erste eine Reihe biblischer Geschichten als Stoff für den Religions-Unterricht bestimmt. Wir haben uns gegen eine solche Verfrühung in der Schrift „das erste Schuljahr" entschieden ausgesprochen mit Zusammenstellung der Gründe, welche uns nötigen, die biblischen Erzählungen erst vom dritten Schuljahre ab unterrichtlich zu bearbeiten. Damit dies nun in der wirksamsten Weise geschehen könne, haben wir einen Vorkursus aufgestellt, dessen Stoff im ersten Schuljahre in einer Auswahl Grimmscher Märchen besteht, welche dem kindlichen Gedankenkreis sich anschmiegend die geeignetste Quelle zur Weckung des religiösen Gefühls und des sittlichen Urteils in diesem Alter sein können. Sie bilden den Mittelpunkt des gesamten Unterrichts im ersten Schuljahr, so dass von hier aus die mannigfachsten Fäden zur Naturkunde, zum Rechnen, zum ersten Lesen und Schreiben hinüberlaufen. Die Einheit des Unterrichts, die Einheit des Gedankenkreises ist dadurch eine vollständige; von den Märchen gehen alle Gedanken aus, zu den Märchen kehren alle zurück; das gesamte Interesse wird in ihnen konzentriert.*)

Von welcher Bedeutung dies ist, kann nur derjenige ermessen, welcher von der Wirksamkeit des erziehenden Unterrichts vollständig überzeugt und durchdrungen ist. Dieser aber steht und fällt mit dem Gesinnungsstoff, welcher, den Mittelpunkt des gesamten Interesses bildend, den Zögling ganz und voll beschäftigt, ihn zu religiös-sittlichen Gedanken in der Sphäre anregt, welche seinem Standpunkte angemessen ist. Wir, die wir mit dem erziehenden Unterricht Ernst machen wollen, sehen uns daher genötigt, auch für das zweite Schuljahr einen konzentrirenden Gesinnungsstoff zu suchen, welcher der Apperzeptionskraft des Kindes entspricht.

Professor Ziller findet diesen Stoff im Robinson. Die pädagogischen Überlegungen, welche ihn dazu geführt haben, weisen in ihren allgemeinsten Umrissen auf Herbart zurück. Dieser hat die Grundzüge der Lehre von den kulturhistorischen Stufen als Mittelpunkt des fortschreitenden erziehlichen Unterrichts gegeben, und zwar für die Gymnasialbildung, insofern er die kulturhistorische Aufeinanderfolge mit Homers Odyssee beginnt. Seiner erzieherischen Thätigkeit lag diese Reihe näher als diejenige, welche für die Volksschule aufzustellen ist. Aber in der Hauptsache fussen beide Reihen auf denselben grundlegenden Ideen. Diese nötigen uns, die religiösen Anknüpfungspunkte sowie die sittlichen Elemente in einer fortlaufenden Reihe klassischer Erzählungen zu suchen, deren Aufbau sich nach der kulturhistorischen Entwicklung des Menschengeschlechtes richten muss.

In der „ästhetischen Darstellung der Welt zum Zwecke der Erziehung" finden wir den Anstoss zu der Aufstellung der erziehenden Erzählungsstoffe. Ausgehend von der Überzeugung, dass die Idee Gottes als das Höchste schon unter den frühesten Gedanken, an welchen die Persönlichkeit des werdenden Menschen hänge, sich seinen Platz befestigen solle, weist Herbart zugleich auf die Gefahr hin, dass bei fortdauerndem Hinheften des Geistes auf den einen Punkt, der als das Höchste ferner nicht mehr erhöht werden kann, die Idee verunstaltet, ja zum Gemeinen und Langweiligen herabgezogen werden könne. „Fast sollte man," sagt er, „die Idee weniger wach erhalten, um sie zu der Zeit unverdorben vorzufinden, da der Mensch zur Haltung in den Stürmen des Lebens ihrer bedarf." Aber es sei ein Mittel vorhanden — und zwar sei es

---

*) Über die Pflege des christlichen Sinnes in den ersten Schuljahren durch die „Erbauungsstunden" siehe das „erste Schuljahr", 3. Aufl., Einleitung. Ferner: Bergner, Materialien zur spez. Pädagogik. Dresden 1886.

das einzige — die Idee langsam zu nähren, zu verstärken, auszubilden und ihr eine unaufhörlich steigende Verehrung zu sichern, dies nämlich, sie fortdauernd durch Gegensatz zu bestimmen.

Der Unterricht hat zwei getrennte, aber stets gleichzeitig fortlaufende Reihen von unten auf jenem höchsten festen Punkt entgegen zu führen, um endlich beide in ihm zu verknüpfen. Man kann diese Reihen durch die Namen Erkenntnis und Teilnahme unterscheiden. Die Reihe der Erkenntnis fängt natürlich an bei den Übungen zur Schärfung und ersten Verarbeitung der Anschauung und der nächsten Erfahrungen, kurz beim ABC der Sinne. Etwas schwerer würde es sein, den Anfangspunkt der Reihe für die fortschreitende Teilnahme gut anzugeben und den angegebenen zu rechtfertigen. Die genauere Betrachtung entdeckt bald, dass dieser Punkt nicht in der jetzigen Wirklichkeit liegen kann. Die Sphäre der Kinder ist zu eng und zu bald durchlaufen; die Sphäre der Erwachsenen ist bei kultivierten Menschen zu hoch und zu sehr durch Verhältnisse bestimmt, die man dem kleinen Knaben nicht begreiflich machen will, wenn man auch könnte.*)

Führt man ihn daher in die Anfänge unserer Kultur, so ist man sicher, dem Interesse des Knaben Begebenheiten und Personen darzubieten, deren er sich ganz bemächtigen, von wo aus er zu unendlich mannigfaltigen, eignen Reflexionen über Menschheit und Gesellschaft und über die Abhängigkeit beider von einer höheren Macht übergehen kann. Den Jugendunterricht in der Religion drückt die allgemeine Schwierigkeit, dass der Knabe sich nur nach Maassgabe seiner beschränkten Empfindungs- und Erkenntnissphäre in die religiös-sittlichen Ideen versetzen kann, welche den Erwachsenen bewegen. Wenn er der Männlichkeit, den Gefühlen und Geschäften derselben sich nähert, wie die Kombinationen der anwachsenden Erkenntnisse sich immer rascher vermehren, so kann auch der Unterricht in der Religion sich beschleunigen. Hingegen der Anfang darf nur sehr langsam gehen und muss sich ganz nahe an die Individualität des Knaben halten, wie sie um die Zeit beschaffen ist, da er eben fähig wird, seine Teilnahme über die nächste Umgebung hin auszudehnen. Nur nach und nach können die Elemente der praktischen Idee von Gott an Klarheit und Würde gewinnen, während von der Seite der Erkenntnis her der Begriff der Natur in steigender Deutlichkeit hervortritt.

In dem vierten Bericht an Herrn v. Steiger spricht sich Herbart in ähnlicher Weise, nur die Bildung des sittlichen Urteils mehr betonend, dahin aus, dass der ganze Unterricht der jüngeren Knaben an zwei neben einander fortlaufende Hauptfäden geknüpft sein müsse, einen für den Verstand, den anderen für die Empfindung und die Einbildungskraft. Den Verstand üben schwere Anstrengungen, das Herz aber wird am besten durch allmähliches Umherleiten in allerlei Empfindungen und durch eine anfangs dem Kindesalter angemessene, mit den Jahren immer mehr berichtigte Sittenlehre gebildet, die dem Verstand nie Schwierigkeit

---

*) S. Herbart, Allg. Pädagogik. Buch II. Kap. III. Herbart, Bericht an Herrn von Steiger. IV.

machen muss, damit sie gerade Gefühl und Gewohnheit werde, die nirgends abbrechen darf, weil das sittliche Gefühl beständig Nahrung und immer bessere Nahrung verlangt, die sich in einer grossen fortlaufenden Reihe von allerlei interessanten Bildern darstellen muss, welche durch die Betrachtungen, zu denen sie einladen, durch den Beifall und Tadel, den sie auf sich ziehen, den jungen Geist veranlassen, sich selbst Maximen zu bilden und fest einzuprägen und sich so zum künftigen systematischen Vortrage der Moral, welche dieselben nur läutern und fester bestimmen soll, vorzubereiten. Und um diesen Weg der Charakterbildung zu finden, was können wir Besseres thun, als den Spuren der moralischen Bildung des Menschengeschlechts selbst nachgehen?

Ziller hat zuerst die Reihe der Erzählungsstoffe für die Volksschulbildung festgesetzt und ist zuerst in die unterrichtliche Behandlung derselben eingetreten. Er hat zuerst die bestimmenden Gesichtspunkte für dieselben aufgestellt. Seine Auseinandersetzung geht im wesentlichen dahin: „Der gemeinsame Mittelpunkt alles Unterrichts muss durch den sittlich-religiösen Zweck gebildet werden. Wenn ein solcher Schwerpunkt nicht vorhanden ist, löst sich der Unterricht auf in Massen von Kenntnissen, in Summen von Fertigkeiten und Gewöhnungen, die unter sich unvollkommen zusammenhängen. Es fehlt dem Unterricht sowohl wie dem Zögling an Konzentration. Niemals aber wird dann der sittlich-religiöse Zweck erreicht werden können, dem der Unterricht nachstrebt. Es ist dies nur dadurch möglich, dass für jede Unterrichtsstufe, für jede Schulklasse ein Gedankenganzes, ein Gesinnungsstoff, als konzentrierender Mittelpunkt hingestellt wird, um welchen sich die übrigen Fächer peripherisch herumlegen und von dem aus nach allen Seiten hin verbindende Fäden auslaufen, wodurch die verschiedenen Teile des kindlichen Gedankenkreises fortwährend geeint und zusammengehalten werden. Auf diese Weise hört der Unterricht auf, ein loses Aggregat einzelner Lehrfächer zu sein. An die Stelle der bunten Lehrpläne, die auf Klarheit und auf Interesse notwendig hemmend wirken, tritt eine Einrichtung, wodurch der gleichzeitig zu behandelnde Stoff der verschiedenen Fächer so geordnet und bearbeitet wird, dass stets ein innerlicher Zusammenhang und eine wechselseitige Beziehung unter denselben streng festgehalten wird und deutlich zu erkennen ist.

Die Auswahl aber und der Fortschritt der konzentrierenden Mittelpunkte ist so einzurichten, dass sie teils der Entwicklung und Fortbildung des kindlichen Geistes und namentlich den Apperzeptionsstufen, die darin nach psychologischen Gesetzen aufeinander folgen müssen, entsprechen, teils den der Entwicklung des einzelnen im Grossen korrespondierenden Fortschritt in der Entwicklung der Geschichte der Menscheit, soweit sie uns durch klassische, der Jugend zugängliche Darstellungen bekant ist, in allen seinen für unsere gegenwärtige Kulturstufe nachweisbar bedeutsamen Hauptperioden repräsentieren.

Verbindet man diese beiden mit anderen feststehenden pädagogischen Gesichtspunkten, so lässt sich daraus ableiten, dass für das erste Schuljahr das epische Märchen, für das zweite die Erzählung des Robinson Mittelpunkt sein muss. Das Phantasiegebild des Robinson erinnert an jene vorgeschichtliche Zeit, wo der Mensch zuerst mühsam ringend und anfangs nicht unterstützt durch eine gesellschaftliche Verbindung sich über die äussere Natur erhob, um sie beherrschen und für seine Zwecke benutzen zu können, an jene Zeit, wo mit den grössten Anstrengungen die allereinfachsten und notwendigsten Erfahrungen und Erfindungen gemacht wurden, deren Bedeutung durch die Gewohnheit eines sicheren Gebrauches so leicht verdunkelt wird und ohne die es dem menschlichen Geiste doch nicht möglich geworden wäre, einen ruhigen Blick auf die gesellschaftlichen Ideen zu richten, deren Verwirklichung ihm für seine geschichtliche Entwicklung obliegt. Ist einmal dieser Standpunkt erreicht, so ist dem Zögling ein chronologisches Aufsteigen von der ältesten Geschichte Palästinas und Griechenlands an bis zur Geschichte der Gegenwart möglich. Es gilt, alle in der Entwicklung des Menschengeschlechts hervorragenden Momente, die in den allgemeinsten Zügen zugleich der Entwicklung des Zöglings selbst entsprechen, zu durchlaufen, soweit sie ein Dichter oder Geschichtsschreiber in klassischer Weise beschrieben hat. Bei jedem Hauptpunkt muss die Überzeugung lebendig werden, dass hier die Menschheit nicht stehen bleiben könne. Es gilt, dem Zögling den Gesamtgewinn allgemein menschlicher Bildung von ihren ersten geschichtlichen Keimen an zu überliefern. Es gilt vor allem, ihn mit der ganzen Fülle menschlischer Gesinnungsverhältnisse in allen Verschiedenheiten und Modifikationen bekannt zu machen und ihn zu veranlassen, dass für alle Fälle des wirklichen Lebens, in die er sich dabei mit Hilfe seiner Phantasie hineinzuversetzen hat, sein eignes Urteil sich entscheide, wie es den ethischen Ideen oder dem religiösen Gesamtideal der Persönlichkeit gemäss ist. Es gilt aber auch, ihn so viel als möglich mit dem theoretischen Wissen von den natürlichen Bedingungen des sittlichen Handelns zu bewaffnen. Ein solcher Unterricht ist jedem Zögling notwendig. Um ihn ins Werk setzen zu können, müssen wir in den Mittelpunkt des zweiten Schuljahres die Erzählung von Robinson stellen."

Über die Bedeutung derselben als Jugendlektüre ist seit Rousseau kaum noch Jemand im Zweifel. Die Stelle im Emil, wo er die Vorzüglichkeit des Defoeschen Buches mit mancher Überspanntheit zwar, aber auch mit viel innerer Wahrheit rühmend auseinander legt, hat für die Pädagogik grosse Bedeutung gewonnen. „Dies Buch — Robinson — wird das erste sein, schreibt Rousseau, welches mein Emil lesen wird, es wird lange seine ganze Bibliothek ausmachen und es wird stets einen ansehnlichen Platz darin behaupten. Es wird der Text sein, welchem alle unsere naturkundlichen Besprechungen nur zur Erläuterung dienen, es wird bei unseren Fortschritten je nach dem Stand unserer Einsicht zum Prüfstein dienen, und so lange unser Geschmack nicht verdorben ist, wird uns das Lesen desselben alle Zeit vergnügen. Robinson auf einer Insel, allein, ohne Beistand von seines gleichen, ohne alle künstlichen Werkzeuge, aber doch für seinen Unterhalt, für seine Erhaltung sorgend und sich sogar eine Art von Wohlsein verschaffend, ist ein Gegenstand, der für jedes Alter interessant ist und den man insbesondere den Kindern anziehend zu machen tausenderlei Mittel hat.

Auf diese Weise verwandeln wir die wüste Insel, die wir anfangs nur vergleichsweise annahmen, zur wirklichen Insel. Dieser Zustand ist — ich gebe es zu — nicht der Zustand des gesellschaftlichen Menschen; wahrscheinlich wird es auch nicht der Zustand Emils werden, aber nach ihm soll er alle anderen beurteilen. Das sicherste Mittel, sich über Vorurteile zu erheben und sein Urteil den wahren Verhältnissen der Dinge gemäss zu gestalten, ist, sich an die Stelle eines isolierten Menschen zu setzen und von allem so zu urteilen, wie dieser Mensch in Rücksicht auf seinen eigenen Nutzen davon urteilen muss. Dieser Roman, gesäubert von allem hinzugefügten Wust, beginnend mit dem Schiffbruch Robinsons in der Nähe seiner Insel*) und endigend mit der Ankunft des Schiffes, das ihn von derselben hinwegbringt, wird während der ganzen Periode, von welcher hier die Rede ist**), zugleich Emils Unterhaltung und Unterricht ausmachen. Ich will, dass ihm der Kopf davon schwindeln, dass er sich unaufhörlich mit seinem Schlosse, mit seinen Pflanzungen, mit seinen Ziegen beschäftige, dass er bis ins einzelne nicht aus Büchern, sondern an den Sachen selbst alles lerne, was in einem solchen Falle zu wissen nötig ist, dass er sich selbst als einen Robinson betrachte. Ich wünsche, dass er sich beunruhige wegen der Massregeln, die zu ergreifen sein möchten, wenn dies oder jenes zu mangeln anfinge, dass er das Thun seines Helden prüfe und untersuche, ob derselbe nichts unterlassen habe und ob er nichts hätte besser machen können, dass er dessen Fehler aufmerksam anmerke und daran lerne, in einem gleichen Falle nicht auch in dieselben zu verfallen."

Rousseau führt sodann seine Ideen über Robinson noch weiter aus. Wir werden Gelgenheit finden, auf dieselben zurückzukommen. Wie überhaupt sein Emil, so hat namentlich die begeisterte Lobrede auf den Roman des Defoe in Deutschland an vielen Orten gezündet und gleiche Begeisterung geweckt, während sie an den französischen Unterrichtsanstalten fast wirkungslos vorüberging.

Im Philanthropinum zu Dessau hat sich Basedow mit Wolke und Campe seiner bemächtigt. Campe übersetzte den Emil und bearbeitete den Robinson für die deutsche Jugend. Er verfolgte bei der Abfassung des Buches verschiedene Zwecke: 1. er wollte unterhalten; 2. er wollte an den Faden der Erzählung so viele Grundkenntnisse aller Art knüpfen, als es nur immer geschehen könnte, zumal diejenigen Vorbegriffe von Dingen, aus dem häuslichen Leben, aus der Natur und aus dem weitläufigen Kreise der gemeinen menschlichen Wirksamkeit, ohne welche alle anderen Unterrichtsarten einem Gebäude gleichen, das keine Grundlagen hat; 3. er wollte manche nicht unerhebliche Vorkenntnis, besonders aus der Naturgeschichte, mitnehmen; 4. die wichtigste Absicht

---

*) Die Erziehungsschule darf auf die Jugendgeschichte Robinsons nicht verzichten wegen des ethisch-religiösen Zweckes, welcher mit der Darstellung seiner Geschichte verbunden ist, wohl aber müssen die Irrfahrten nach Afrika und Südamerika aus naheliegenden Gründen in Wegfall kommen. S. den Abschnitt über Naturkunde. Seite 26.
**) Emil vom zwölften bis fünfzehnten Lebensjahr.

des Verfassers war, die Umstände und Begebenheiten so zu stellen, dass recht viele Gelegenheiten zu sittlichen, dem Verstande und dem Herzen der Kinder angemessenen Anmerkungen und recht viele natürliche Anlässe zu frommen, gottesfürchtigen und tugendhaften Empfindungen daraus erwüchsen. Schon in der siebenten Auflage konnte der Verfasser rühmen, dass dasselbe von Cadix bis Moskau und Konstantinopel in alle europäischen Sprachen, sogar in die russische, die neugriechische und die altböhmische übersetzt sei. Bis zum Jahre 1876 erschien die zweiundneunzigste rechtmässige Ausgabe. Dieser Erfolg ist sicherlich nicht auf Rechnung der Salbadereien zu setzen, mit denen der gute Campe die eigentliche Erzählung verquickte, ohne jedoch den beabsichtigten Zweck zu erreichen, da es wohl nie ein Kind gegeben hat, welches jene Campeschen Belehrungen nicht gern überschlagen hätte. Vielmehr machte sich auch hier die unverwüstliche Lebensfülle, die hinreissende Anziehungskraft des ursprünglichen Robinson geltend.

„Wer dächte nicht mit innigem Entzücken, schreibt Hettner[*]), an jene Tage und Stunden, in denen sein märchenlustiges Kindergemüt zum ersten Male von der Geschichte und den seltsamen Abenteuern Robinsons hörte? Es überkommt uns in dieser Erinnerung unwillkürlich wieder ein Stück Jugendleben. Jenes Gefühl taucht in uns auf, von dem der Dichter sagt:

„Aus der Jugendzeit, aus der Jugendzeit,
Klingt ein Lied mir immerdar.
O wie liegt so weit, o wie liegt so weit,
Was mein einst war!""

Ohne Zweifel; unser Robinson ist ein klassisches Buch. Aber es ist nicht nur das klassische Buch der Kindheit, sondern eine der wenigen Dichtungen, welche auf die späteren wie auf die früheren Tage des Menschenlebens mit gleichem Zauber fortwirken; ist es doch ein weltliches Buch der Bücher, neben der Bibel wahrscheinlich das verbreiteste und gelesenste Erzeugnis der gesamten Weltlitteratur. Dies muss seine besondere Ursache haben. Wir suchen die unverwüstliche Lebenskraft des Buches nicht nur in dem Unterhaltenden, sondern vorzüglich in dem Sinnbildlichen desselben. Es ist keine Frage: Den Erlebnissen Robinsons kommt eine tiefere symbolische Bedeutung zu. Sein Leben auf der einsamen Insel ist in gewissem Sinne das Leben der Menschheit, die mit kärglicher Ausstattung in das Dasein auf Erden gleichsam ausgesetzt, aus erfindungsreichem Sinne im Laufe der Geschichte die missliche Lage, darin sie sich bei erwachendem Bewusstsein findet, mit unendlicher Mühsal zu leidlichem Behagen gestaltet.[**])

Denselben Gedanken hat Hettner in dem schon erwähnten Vor-

---

[*]) Hettner, Litteraturgesch. des 18. Jahrhunderts. I. S. 281—305. Braunschweig 1856. (Vortrag. Berlin 1854.)

[**]) S. Altmüller, Vorrede zur Übersetzung des Robinson. Hildburghausen 1869.

trage ausgeführt. Nachdem er über die Form der Erzählung, über die ganz ungewöhnliche Feinheit und Naturwahrheit der psychologischen Charakterzeichnung, über die bewundernswürdige Kunst, der Erzählung den Stempel der Wahrheit aufzudrücken, auseinander gelegt, führt er fort: „Und nun der Inhalt! — Eine einsame, wüste Insel, darauf ein einsamer, armer, verschlagener Matrose! Man sollte meinen, es sei kaum möglich, eine spannende Handlung, geschweige denn gar eine nur einigermassen befriedigende geistige Bedeutung aus einem so dürftigen Stoffe herauszuspinnen. Aber wie unter einem Zauberstabe gewinnt hier alles Leben und Bewegung. Die Not des täglichen Bedürfnisses führt unsern Robinson von Erfindung zu Erfindung; das Gefühl seiner Hilflosigkeit und die Freude und der Dank, wenn irgend ein unvorhergesehenes Ereignis diese Hilflosigkeit verringert und mildert, erwecken in seinem öden Innern die zarten Regungen religiösen Gottvertrauens; das Hinzutreten seines treuen Genossen Freitag und späterhin der anderen Matrosen, die von den englischen und spanischen Schiffen kommen, und die damit verbundene Notwendigkeit, auf neue Erwerbsquellen zu denken und durch Gesetze und Strafen alle Spaltungen und Störnisse des kleinen Gemeinwesens zu unterdrücken und unschädlich zu machen, entfalten das erste Entstehen, Wachsen und Dasein des Staates und der bürgerlichen Gesellschaft. Wir sehen, wie der Mensch mit innerer Notwendigkeit Stufe um Stufe aus dem ersten rohen Naturzustand zu Bildung und Civilisation kömmt. Kurz, es entrollt sich ein Bild vor uns, so gross und gewaltig, dass wir hier noch einmal die allmähliche und naturwüchsige Entwicklung des Menschengeschlechts klar überschauen. Der Robinson ist, wenn dieser Ausdruck erlaubt ist, eine Art von Philosophie der Geschichte. Und gerade in dieser Hinsicht ist es ein gar nicht genug zu bewundernder Meistergriff unseres bewunderungswürdigen Dichterwerks, dass die Persönlichkeit Robinsons sich durch keine besondere Eigentümlichkeit oder durch besonders hervorstechende Fähigkeiten auszeichnet, dass Robinson, so zu sagen, ein ganz gewöhnlicher Durchschnittsmensch ist. Was dieser Robinson denkt und fühlt, was er erfindet, einrichtet, thut und handelt, das würde jeder andere Mensch in seiner Lage auch denken, fühlen, erfinden, einrichten, thun und handeln. Hätte Robinson irgend eine entschiedene Liebhaberei für Naturgegenstände oder eine ausgesprochene Anlage für mechanische Fertigkeiten, so wäre, wie der englische Kritiker Coleridge einmal sehr fein bemerkt, das Buch vielleicht um einige anziehende Verwickelungen und Schilderungen reicher, Robinson aber hätte aufgehört, das zu sein, was er ist, nämlich das Beispiel und das Spiegelbild der ganzen Menschheit." —

Auch Bogumil Goltz widmet in seinem „Buche der Kindheit" einen besonderen Abschnitt dem Robinson. Wie hätte er auch von der Kindheit schreiben können, ohne des Robinson zu gedenken? „O Robinson," ruft er in Begeisterung aus, „du Wundermensch, du Heros der Kindheit! . . . O Robinson, du Buch der Bücher, du heilige Schrift in Kinderherzen geschrieben, du echte Kinderbibel für alle Zeiten, in denen es Kinder geben wird. . . . . O möchtest du ewig im Kinderkalender stehen und immerdar in den Kinderherzen erstehn!"

Das zweite Schuljahr.

Noch ist der Robinson das Buch unserer Kinder, wenn auch tausend andere Jugendschriften ihm den Rang abzulaufen suchen. Das ist unbestreitbar. Aber, wird man sogleich einwenden, sollte die Erzählung vom Robinson, welche als Jugendlektüre unerreicht ist, auch als Unterrichtsgegenstand, und zwar als Konzentrationsstoff für das zweite Schuljahr geeignet sein?

Ehe wir an die Beantwortung dieser Frage herantreten, sei es uns gestattet, unsern Blick auf andere Stoffe zu lenken. Es wäre ja möglich, dass man einen noch besseren, noch zweckentsprechenderen Mittelpunkt für unser zweites Schuljahr vorschlagen könnte. In erster Linie würden uns wohl die biblischen Geschichten entgegen gebracht werden. Aber diese haben wir nach den Auseinandersetzungen im „ersten Schuljahr" für die Unterstufe der Volksschule nicht geeignet gefunden. Sie treten erst vom dritten Schuljahr ab in den Mittelpunkt des gesamten Unterrichts.*) Welcher Stoff bleibt aber dann noch übrig? Sollen wir zu den Erzählungen greifen, welche moderner Fabrik entstammend den guten Fritz und die liebe Anna, oder die Bubenstreiche von Max und Moritz schildern? Sollen wir die wässerigen, durch und durch ungesunden sogen. moralischen Erzählungen „für die fleissige Jugend" vorziehen, mit welchen die Basedowsche Richtung wie eine wahre Sündflut uns noch heutigen Tages zu überschwemmen droht? Derartige Fabrikate können uns nicht bestechen. Uns ist die Warnung Jean Pauls zu gut im Gedächtnis: „Sargt nicht jedes Wesen, das ihr auftreten lasst, in eine Kanzel ein, aus welcher dasselbe die Kinder anpredigt, eine abmattende Sucht nach Moralien, mit welchen die meisten gedruckten Kindergeschichten anstecken und plagen, und wodurch sie gerade auf dem Wege nach dem Höchsten dieses verfehlen, wie etwa Karl XII. von Schweden gewöhnlich sein Schachspiel verlor, weil er immer mit dem König ausrückte. Jede gute Erzählung, sowie gute Dichtung, umgiebt sich von selber mit Lehren."

Auch Herbart**) wendet sich mit vernichtender Kritik gegen die sogenannten kindlichen Erzählungen, welche schon durch die ausgesprochene Absicht zu bilden verderblich wirken. „Stellt Kindern," sagt er, „das Schlechte dar, deutlich, nur nicht als Gegenstand der Begierde; sie werden finden, dass es schlecht ist. Unterbrecht eine Erzählung durch moralisches Raisonnement; sie werden finden, dass ihr langweilig erzählt. Stellt lauter Gutes dar; sie werden finden, dass es einförmig ist, und der blosse Reiz der Abwechslung wird ihnen das Schlechte willkommen machen. Aber gebt ihnen eine interessante Erzählung, reich an Begebenheiten, Verhältnissen, Charakteren; es sei darin strenge, psychologische Wahrheit und nicht jenseits der Gefühle und Einsichten der Kinder; es sei darin kein Streben, das Schlimmste oder das Beste zu zeichnen; nur habe ein leiser, selbst noch schlummernder Takt dafür ge-

---

*) Grabs, Schles. Schulzeitung, 1883, Nr. 38 u. 39; Pädagog. Studien. 1885. 1. Heft.
**) Vorrede zur allgem. Pädagogik.

sorgt, dass das Interesse der Handlung sich von dem Schlechteren ab und zum Guten, zum Billigen, zum Rechten hinüberneige; ihr werdet sehen, wie die kindliche Aufmerksamkeit darin wurzelt, wie sie noch tiefer hinter die Wahrheit kommen, und alle Seiten der Sache hervorzuwenden sucht, wie der mannigfaltige Stoff ein mannigfaltiges Urteil anregt, wie der Reiz der Abwechslung in das Vorziehen des Bessern endigt, ja, wie der Knabe, der sich im sittlichen Urteil vielleicht ein paar kleine Stufen höher fühlt als der Held oder der Schreiber, mit innerem Wohlgefühl sich hinstemmen wird auf seinen Punkt, um sich zu behaupten gegen eine Roheit, die er schon unter sich fühlt. Noch eine Eigenschaft muss diese Erzählung haben, wenn sie dauernd und nachdrücklich wirken soll, sie muss das stärkste und reinste Gepräge männlicher Grösse an sich tragen. Denn der Knabe unterscheidet, so gut wie wir, das Gemeine und Flache von dem Würdevollen; ja dieser Unterschied liegt ihm mehr als uns am Herzen; denn er fühlt sich ungern klein, er möchte ein Mann sein! Solche Männer nun, deren der Knabe einer sein möchte, stellt ihr dar. Die findet ihr gewiss nicht in der Nähe, denn dem Männerideal des Knaben entspricht nichts, was unter dem Einfluss unserer heutigen Kultur erwachsen ist. Ihr findet es auch nicht in eurer Einbildungskraft, denn sie ist voll pädagogischer Wünsche und voll eurer Erfahrungen, Kenntnisse und eigenen Angelegenheiten."

Unser Blick wird also rückwärts gelenkt, auf eine Erzählung, die sich ethisch so verwerten lässt, dass entgegengesetzt dem moralisiernden Salbadern das sittliche Urteil als integrierendes Moment der sittlichen Einsicht mit Klarheit und voller Bestimmtheit aus ihr selbst hervorgeht. Wir suchen nach einer Erzählung, welche gleichmässig Erkenntnis und Teilnahme in der dem Alter des Zöglings angemessenen Sphäre zu pflegen und zu fördern geeignet ist, welche den Gedankenkreis so erfüllt, dass das Interesse auf das Höchste gespannt wird und die tiefgreifendsten Anregungen im Gemüte des Kindes zurückbleiben. Kaum eine Erzählung wird diesen Forderungen in so reichem Masse genügen können, wie die von Robinson. Wir kommen also immer wieder auf diese zurück. Denn welche Erzählung wäre im stande, die Teilnahme an dem Schicksal des Helden mit gleicher Stärke in der Seele des Kindes zu erregen? Vom Anbeginn gewinnen wir ihn lieb, wenn wir auch das Verhalten seinen Eltern gegenüber nicht billigen. Wir durchleben mit ihm die Angst und Not des Schiffbruchs, wir landen mit ihm auf dem fremden unwirtlichen Eiland, wir begleiten ihn dort auf seinen Wanderungen und Unternehmungen, wir sinnen mit ihm über die Mittel und Wege, wie für Wohnung, Lebensunterhalt und persönliche Sicherheit zu sorgen sei, wir teilen den Schreck über die mannigfachen Vorfälle, die ihn bedrohen, und die Freude über all das unerwartete Gute, das ihm unverhofft bis zu seiner endlichen Erlösung widerfährt.*) Hierbei findet das sittliche Urteil zahlreiche Gelegenheiten zu klaren und bestimmten Entscheidungen sowohl über das faktisch Geschehene als auch über das, was an seiner

---

*) Heinecke, Die Bildung des Mitgefühls. Pädag. Studien. 1883. 3. Heft.

Stelle hätte geschehen können.*) Auch verfolgen wir die Spuren des keimenden religiösen Bedürfnisses, des Abhängigkeitsgefühls von einem höheren Wesen, unter dessen Schutz der einsame Bewohner sich sicher glaubt, all den Schrecknissen gegenüber, die Natur und Menschen ihm bereiten können. In der Robinsonerzählung haben wir die konkreteste Verkörperung einer Seelengeschichte, die von Leichtsinn und Eigenwillen zur Sünde, von der Sünde zur Strafe, von der Strafe zur Reue und von hier zur sittlichen Besserung, zur religiösen Demütigung, zum Vertrauen auf die Gnade und Hilfe Gottes und so zum inneren Frieden fortschreitet. Die Erzählung ist ein Abbild des Gleichnisses vom verlorenen Sohn und eine Vorbereitung auf dasselbe, zwar nicht in biblischer Form, doch durchdrungen vom christlichen Geist.

Welche Fülle von Belehrungen aber für die Seite der Erkenntnis aus unserer Erzählung dem Kinde zufliessen kann, dies bedarf wohl kaum der Erwähnung. Auch hat Rousseau gerade diese Gedankenreihe von mannigfachen Gesichtspunkten aus beleuchtet. Nach allen Seiten hin wird der Kreis der Kenntnisse erweitert in geographischer, naturkundlicher, technologischer und kulturhistorischer Hinsicht. Indem die Robinsonerzählung in hervorragender Weise den Interessen der Teilnahme: dem sympathetischen, dem socialen und religiösen Interesse, wie den Interessen der Erkenntnis: dem empirischen und speculativen dient, wird sie zugleich zu einer vortrefflichen Propädeutik für Religion, Naturkunde und Geschichte.

Doch ist immer noch ein Einwand zu beseitigen. Man könnte sagen, dass der Robinson als Stoff für das zweite Schuljahr verfrüht sei. Ursprünglich ein Roman, der für Erwachsene bestimmt ist, hat er in seinen Bearbeitungen in das Knabenalter heruntersteigen müssen. Wir nun wollen ihn noch weiter herunterrücken im Dienste des Unterrichts, ohne ihn dadurch aus der Privatlektüre unserer Jugend zu verdrängen. Denn es ist von hoher Bedeutung, dass jeder klassische Stoff, welcher als Erzählungsstoff dem Unterrichte gedient hat, auf einer höheren Stufe als Privatlektüre wiederkehrt. Wenn wir also den Robinson für das zweite Schuljahr bestimmen, so kommt es nur darauf an, ihn für diese Stufe in angemessener zweckentsprechender Weise zu bearbeiten. Ohne Zweifel muss uns hierbei das Original des Daniel Defoe massgebend sein. Gehen wir von diesem Grundsatz aus, so kann uns auch nicht zweifelhaft sein, ob wir der Idee Rousseaus, Campes und Gräbners folgen sollen, welche Robinson von allem entblösst auf die Insel kommen und ihn erst später Werkzeuge und Gerätschaften in einem gestrandeten Schiffe finden lassen. Zu einer so weitgehenden Umarbeitung des Originals haben wir uns nicht entschliessen können. Denn es ist der Apperzeptionskraft der Kinder zu viel zugemutet, das aufzufassen, wie ein Mensch ohne alle Hilfsmittel, ganz von vorn beginnend, sich nach und nach die Natur zu unterjochen vermag. Bei den wenigen Werkzeugen, welche Robinson nach der Originalerzählung vom Schiff mitnimmt, bleibt ihm genug zu erfinden und zu erarbeiten übrig. Er muss so noch alle Kräfte, alles Nachdenken aufbieten, um zum Ziel zu gelangen. Es finden sich auch so hinreichend genug Anknüpfungspunkte zwischen den Anfängen unserer Kultur und

---

*) S. Ackermann, Päd. Fragen. 2. Heft. Nr. 2. Dresden 1886.

den Verhältnissen, unter welchen Robinson auf seiner Insel lebt. Man denke nur daran, wie er seine Nahrungsmittel und sonstigen Bedürfnisse sich allmählich verschaffte — und man wird es begreiflich finden, dass wir uns an das Original gehalten haben.

Indem wir uns also im ganzen diesem anschliessen, tritt zugleich die Notwendigkeit an uns heran, dasselbe einer durchgreifenden Bearbeitung zu unterwerfen, um den Erzählungsstoff für das zweite Schuljahr daraus gewinnen zu können. Vor allem gilt es, den Stoff zusammenzudrängen; denn in solcher Ausführlichkeit, wie Defoe darstellt, können wir nicht erzählen; auch geht vieles über den Horizont unserer Kinder hinaus. Da heisst es also, sich zu beschränken und gut auszuwählen. Wir haben sogleich am Anfang die Fahrten Robinsons nach Guinea, seine Pflanzerzeit in Brasilien weggelassen. Denn ebenso wie seine späteren Schicksale nach dem Aufenthalt auf der Insel uns nicht interessieren können, ebensowenig die Ereignisse vor seinem Schiffbruch. Robinson auf der Insel, auf sich allein angewiesen, für sich allein thätig — das ist das Thema unseres zweiten Schuljahres. Auch hier wird man manche Abweichung vom Original, manche Zusammenziehungen und andere Anordnung gewahren, die wir im einzelnen nicht aufführen können. Der Text, welcher dem Unterricht zu Grunde liegt, ist in unserem Lesebuch für das zweite Schuljahr gegeben. Die Verfasser haben sich bemüht, dem Standpunkt der Kinder gerecht zu werden in möglichstem Anschluss an das Original. Einsichtsvolle Kritiker mögen beurteilen, wie weit ihnen dies gelungen ist.

Eine weitere Frage wäre nun die nach dem Zusammenhang zwischen der Robinsonerzählung, als dem Stoff des zweiten, und den Märchen, als dem Stoff des ersten Schuljahres. Auf den ersten Blick hin ist kein Zusammenhang zu bemerken; von der Welt der Märchen mit ihren erdichteten Gestalten scheint ein grosser Sprung zu sein zu der realen Welt des Robinson, in der alles auf gesetzmässige, naturnotwendige Weise vor sich geht. Das Gemeinsame zwischen beiden Stoffen möge jedoch darin gefunden werden, dass auch in Robinson noch die Phantasiethätigkeit der Kinder eine Hauptrolle spielt, wie die Erzählung ja auch ein Phantasiegebilde ist, wenn auch nicht eines, das, wie die Märchen, aus der Kindheit des Volkes selbst stammt. Auf der anderen Seite liegt der Fortschritt über die Märchen hinaus darin, dass im Robinson die objektive Welt mit grösserer Deutlichkeit und Schärfe heraustritt, als dies in den Märchen der Fall ist. „Wenn nämlich das Kind auf der Stufe, wo ihm die Märchen kongenial sind, alle Aussendinge als seinesgleichen betrachtet und behandelt und daher die Wirklichkeit lediglich nach seinen Phantasieen und Wünschen gestaltet, so kommt doch bald die Zeit, wo die zunehmende Erkenntnis des Wirklichen diese willkürliche Behandlung nicht mehr gestattet, wo alle Aussenwelt als ein Nicht-Ich, als eine von dem Ich und seinen Wünschen unabhängige Objektivität dem Kinde gegenübertritt. Trotzdem aber giebt das Ich seine alles gestaltende Kraft nicht auf, es modifiziert dieselbe nur, indem es allmählich einsieht, dass es sich zur Beherrschung und Bewältigung der Aussendinge nach deren Natur richten müsse.

Daraus entspringt dann das lebhafte Bedürfnis nach Erkenntnis der Natur und der Trieb, sie vermittelst dieser Erkenntnis den eigenen Zwecken dienstbar zu machen. Diese Wandlung tritt in jeder Kindesentwicklung ein und im grossen und ganzen greift der Robinsonstoff richtig in diese Phase der Einzelentwicklung ein und fördert auch umgekehrt das faktische und praktische Eintreten dieser Stufe." (Staude, kulturhistorische Stufen.)

Indem also der Robinsonunterricht ein Bild der Entwicklung von den Anfängen unserer Kultur darstellt, weckt er zugleich den Sinn für objektive, d. h. thatsächliche Betrachtung und Auffassung der umgebenden Welt. Er wird dadurch, wie schon oben angedeutet, zur Propädeutik für die Geschichte.

„Und diese Propädeutik ist eben deswegen so geeignet, weil jener Fortschritt nicht dargestellt und verfolgt wird an dem höchsten Kulturprodukt, an der religiös-sittlichen Weltanschauung, deren Verständnis und Aneignung nur durch Vertiefung in ihre einzelnen Stufen gewonnen wird, sondern in der dem Kinde greifbarsten und fasslichsten Gestalt, an der Überwältigung und Dienstbarmachung der Natur, an der Riesenarbeit, welche vorgeschichtliche und geschichtliche Menschengeschlechter zum Zwecke ihrer menschenwürdigen Existenz geleistet und den Kindern der Gegenwart zum behaglichen Genuss überliefert haben. Dieser gewaltige Fortschritt, diese unzähligen Kulturleistungen werden in der Robinsonerzählung konzentriert und gleichsam in einen Brennpunkt vereinigt, und wenn nur diese Seite derselben vom Unterricht gebührend gewürdigt wird, dann wird die gedankenlose Stumpfheit und gefühllose Roheit, mit der so viele Zeitgenossen die alltäglich gewordenen Errungenschaften, Erfindungen und Wohlthaten der kulturgeschichtlichen Arbeit gebrauchen und missachten, von den Kindern fernbleiben, und dafür wird geschaffen werden freudiges Staunen, dankbare Hinnahme und Teilnahme und bewusste Versenkung in das Warum? und Woher? aller in die Gegenwart hineinragenden geistigen und materiellen Denkmale der Vergangenheit." (Staude a. a. O.)

In ähnlicher Weise setzt Zillig auseinander:
„Wie der Mensch der Urperiode zu seinen wenigen mechanischen Verrichtungen Muscheln, Knochen, Pflanzenteile ohne vorherige Bearbeitung, so wie die Natur sie ihm bot, benutzte; wie er weiterhin Pfeil und Lanzenspitzen, Messer und Gerätschaften zur Bearbeitung des Bodens, zur Herstellung der Wohnung oder Grabstätte, ja schon einzelnen Zierrat in freilich oft mühevoller Weise aus Stein fertigte, bis er endlich in den Metallen ein Mittel zur Befriedigung mannigfaltigster Bedürfnisse und in dieser Verwendbarkeit wiederum einen Anreiz zu immer neuen Erfindungen empfing; mit welcher Überlegung und Umsicht bei Schaffung einer bergenden und schützenden Wohnung zu verfahren war, wenn das Bedürfnis nach sicherer Ruhe, die Notwendigkeit, sich gegen Feinde in tierischer und menschlicher Gestalt zu verteidigen, dazu nötigte; wie viel Anstrengung und Schweiss es kostete, der Natur die Nahrung abzugewinnen, und mit welchem Aufwand von Kraft, Mut und schlauer Berechnung sich der Mensch die Herrschaft über die Tiere sichern

musste, indem er die einen zu bekämpfen, die andern seinem Unterhalt dienstbar zu machen hatte; wie der Mensch sich hauptsächlich dadurch über den tierischen Standpunkt erhob, dass er nicht alles, was ihm der Augenblick bot, auch verbrauchte, sich den Überfluss vielmehr für die Zukunft aufbewahrte, dass er sich Zwecke setzte, über das, was er später nötig haben werde, im voraus sorglich nachdenkend, dass er für jene Zwecke sich die Mittel berechnete und mit Anstrengung aller Kräfte bereitete; wie dabei namentlich das Feuer zum mächtigen Hebel seiner Entwicklung sich gestaltete, etc. — Dies alles finden wir in der Geschichte Robinsons in konkreter, für die Kinder fasslicher Weise dargestellt." *)

Bekanntlich forderte auch Biedermann in seinem Schriftchen „Der Geschichtsunterricht in der Schule" zunächst einen kulturgeschichtlichen Anschauungsunterricht. Derselbe solle an die Dinge der Umgebung anknüpfen und diese zu Ausgangspunkten für eine rückblickende Betrachtung machen. Man würde also z. B. den Schüler von der Anschauung der gegenwärtigen Kleidung, Nahrung, Wohnung, häuslichen Einrichtungen und anderer Erscheinungen des ihn umgebenden Kulturlebens hinüberleiten zu der Anschauung eben dieser Vorkommnisse in einem früheren Zeitraume u. s. w. Die wichtigsten Resultate eines solchen kulturgeschichtlichen Anschauungsunterrichts seien folgende: 1. Die Übung und Schärfung des Beobachtungs- und Vergleichungssinnes bei den Schülern. 2. Die Anleitung und Gewöhnung derselben, auch an den alltäglichen Vorkommnissen nicht stumpf und gleichgiltig vorüberzugehen. 3. Die erste Weckung des Bewusstseins von einem Fortschreiten, einer Vervollkommnung der Menschheit durch eigene Thätigkeit, durch Arbeit, durch gegenseitige Hilfsleistungen u. s. w.

Gewiss sehr richtig. Aber unstreitig wird das Interesse für kulturgeschichtliche Thatsachen und Aufgaben nachhaltiger und wärmer werden, wenn es mit der Teilnahme für die Schicksale einer bestimmten Persönlichkeit verknüpft ist. Der Biedermannsche Anschauungsunterricht muss notwendigerweise etwas Nüchternes und Langweiliges bekommen — eine Befürchtung, welche man für die Robinsonerzählung nicht zu haben braucht. Hier wird das Interesse an der Person des Einsiedlers in den Kindern ein unmittelbares Leben gewinnen und so stark werden, dass es auch auf die übrigen Unterrichtsgegenstände, auf die kulturhistorischen Betrachtungen wie auf die naturkundlichen, in der erfolgreichsten Weise einwirkt.

Und hiermit sind wir bei dem letzten Punkt angelangt, den wir hier noch zu berühren haben. Es handelt sich noch darum, kurz nach-

---

*) Zillig. XIV. Jahrb., S. 108 f. Erläuterungen zum XIV. Jahrbuch. Leipzig 1882, Veit und Comp. Vergl. Wohlrabe, Über Gewissen und Gewissensbildung, Programm des Weimar. Seminars 1883, S. 53 f. Evangel. Schulblatt von Dörpfeld: Erinnerung an das Zillersche Seminar in Leipzig, 4. Heft 1883. Th. Wiget, Weim. Kirchen- und Schulblatt, 1880 Nr. 1. Ders., Praxis der Schweiz. Volks- und Mittelschule, 1881 Nr. 1. Beyer, die Naturkunde im erz. Unterricht. Reins pädagog. Studien, 2. Heft 1883 und Leipzig 1885.

zuweisen, wie die Robinsonerzählung zugleich als Konzentrationsstoff dient. Folgende Fächer sind — ebenso wie im ersten Schuljahre — zu berücksichtigen: Naturkunde, Deutsch (Lesen und Schreiben), Rechnen, Zeichnen und Singen. Unter der Bezeichnung „Naturkunde" fassen wir zugleich das Geographische, Technologische und Kulturhistorische zusammen. Sämtliche Fächer stehen im Dienst des Gesinnungsunterrichts und schliessen sich diesem teils direkt, teils indirekt an, so dass hierdurch ein organisches Ineinandergreifen der Lehrfächer entsteht. Die Konzentrationsidee, wie wir sie im ersten Schuljahr durchgeführt haben, bleibt also auch hier voll und ganz bestehen. Die Naturkunde erhält vom Gesinnungsunterricht direkte Weisungen, ebenso das Singen. Das Zeichnen schliesst sich teils dem Gesinnungsunterricht unmittelbar, teils mittelbar durch die Naturkunde an. Ebenso auch das Rechnen, das seinen Ausgangspunkt ebenfalls in den behandelten Sachgebieten findet.

So hängt alles von dem Mittelpunkt der Gesinnungsbildung, dem Gesinnungsstoff, ab. Und insofern ist die Frage, welcher Stoff dieses sei, für jedes Schuljahr die wichtigste. Denn sie ist zugleich Kern- und Angelpunkt der Konzentrationsfrage, wie wir in den einleitenden Kapiteln des „ersten Schuljahres" auseinander gesetzt haben. Die Theorie des Lehrplans, dessen erstes und hauptsächlichstes Stück die Auswahl und Aufeinanderfolge des Gesinnungsstoffes bildet, setzt für das zweite Schuljahr die Robinsonerzählung ein. An Robinson ist das herrschende Interesse gefesselt; aus ihm müssen sich alle die religiössittlichen Antriebe ergeben, welche bestimmend auf die Charakterbildung unserer Zöglinge einwirken. Er bildet aber auch den Ausgangspunkt für alle übrigen Besprechungen, die es nicht auf das Wachsen der Teilnahme, sondern vielmehr auf das der Erkenntnis abgesehen haben.[*]

Auf solche Weise suchen wir die Idee des erziehenden Unterrichts in unseren Schulen zu verwirklichen. Mit ihr hängt auf das engste die Wahl unseres Gesinnungsstoffes zusammen, von ihr ist unsere gesamte pädagogische Überlegung durchdrungen. Sie kann falsch sein; niemand aber wird den Verfassern den Vorwurf machen können, von der hergebrachten Volksschulpraxis ohne tiefer gehende Beweggründe sich entfernt zu haben.

2. Die Erzählung.

Siehe „Lesebuch für das zweite Schuljahr", 2. Aufl. Dresden. Seite 31—58. Preis 60 Pf.

---

[*] Was Herr Dr. Fröhlich gegen die Robinsonerzählung vorgebracht hat (die wissensch. Pädagogik, 1. Aufl. Wien 1883, S. 153, 3. Aufl. S. 184 f.) ist durch P. Zillig widerlegt worden. (Pädag. Stud. 1884, 2. Heft S. 33—37.) Neuerdings ist wieder im Rhein. Schulmann (Neuwied 1885, Seite 361 ff) eine kritische Besprechung des Konzentrationsstoffes für das 2. Schuljahr veröffentlicht worden. Dieselbe war jedoch keineswegs geeignet, unsere Überzeugung auch nur im mindesten zu erschüttern. Vergl. den Aufsatz von Grabs, Erziehungsschule 1885, Nr. 12, Seite 148, ferner den Streit Wiget-Kuoni in der Schweizer. Lehrerzeitung 1883, Nr. 30 u. 31, und Beilage zu Nr. 35. Ferner Rhein-Schulmann 1885, Nr. 11 und 1886. 2: Emme, Ist die Robinsonerzählung der geeignete Lehrstoff für das 2. Schuljahr? —

Das zweite Schuljahr.

3. Die Behandlung des Stoffes.

Vorbemerkungen.

1. Die allgemeinen Grundzüge für die Behandlung des Stoffes sind im „ersten Schuljahr" Seite 22—43 dargelegt. Der Stoff, welcher für die einzelnen Unterrichtsfächer gegeben ist, wird in kleine Stücke zerlegt, in sogenannte methodische Einheiten. Jede methodische Einheit aber wird nach den fünf formalen Stufen durchgearbeitet.

2. Das Neue kann auf der zweiten formalen Stufe durch die Erzählung des Lehrers (siehe das II. Lesebuch) den Kindern dargeboten werden. Die Erzählung kann aber auch — und dies ist in den meisten Fällen vorzuziehen, weil die Geistesthätigkeit der Kinder dadurch bedeutend gesteigert wird — mit Hilfe des Lehrers von den Kindern selbst aufgebaut werden. Über die Synthese im Geschichtsunterricht, sowie über den sogn. „darstellenden Unterricht" siehe das 5. Schuljahr, 2. Aufl., Seite 47 und XVIII. Jahrbuch, S. 178 f.

3. Dass mit dem Erzählen von seiten der Kinder der Unterrichtsprozess nicht abgeschlossen und vollendet ist, soll hier noch besonders hervorgehoben werden. Es handelt sich vor allem darum, die Kinder in den dargebotenen oder erarbeiteten Stoff zu vertiefen und die allgemeinen Begriffe aus dem konkreten Material abzuleiten. Die Vertiefung geschieht am besten in der Form der Unterhaltung, wobei man sich nur hüten muss, in das so beliebte „Abfragen" zu geraten. Für diese Unterhaltungen kann die Ausgabe von Campe dem Lehrer mancherlei Winke geben.

4. Die religiös-sittlichen Sätze, die, wo es geht, in einem Bibelspruch gipfeln, werden an geeigneten Stellen wiederholt und zusammengestellt. Dabei muss natürlich fortwährend auf das religiös-sittliche Material des ersten Schuljahres Rücksicht genommen werden. Die Übersicht über das ganze, in den beiden ersten Schuljahren erarbeitete Material findet am Ende des zweiten Schuljahres statt.

5. Im Folgenden geben wir in kurzen Umrissen das religiös-sittliche Material an, welches im Anschluss an die einzelnen Abschnitte der Robinsonerzählung zur unterrichtlichen Durcharbeitung sich darbietet. Die Bearbeitung im einzelnen ist natürlich dem betr. Lehrer überlassen, da wir in den Schuljahren nur Anhaltepunkte für seine Präparationen zu geben beabsichtigen, um eigenem Nachdenken und freier Selbstthätigkeit nicht vorzugreifen.

Übersicht des Stoffes.*)

1. Robinson bei seinen Eltern. Es wird die Faulheit des Bremer Knaben gerügt, der, anstatt zu arbeiten, am Hafen spazieren geht.

---

*) Unser Lesebuch bietet 30 Hauptabschnitte dar. Dieselben sind aber keineswegs zugleich methodische Einheiten: vielmehr zerfallen einzelne Hauptabschnitte des Textes, je nach ihrem religiös-sittlichen Inhalt, in mehrere methodische Einheiten, andere wieder können in eine methodische Einheit zusammengezogen werden. Hierin, in der Aufstellung und Aufeinanderfolge der methodischen Einheiten, liegt die Freiheit des Lehrers gegenüber der Gebundenheit an den psychologischen Fortgang innerhalb der einzelnen Einheiten.

Das zweite Schuljahr.

Scharfen Tadel erfährt ferner, dass Robinson, ohne die Eltern gefragt zu haben, dem lockenden Schulkamerad folgt und mit auf das Schiff geht. Spruch: Wenn dich die bösen Buben locken, etc. Müssiggang ist aller Laster Anfang. Ehre deinen Vater und deine Mutter und verlasse sie nicht. Ihr Kinder, seid gehorsam euren Eltern. 4. Gebot. Gedicht: Warnung. Lesebuch II, S. 63.

2. Robinsons Seereise. Es wird gelobt, dass Robinson den Entschluss fasst, zu seinen Eltern zurückzukehren. Um so schärfer wird hernach getadelt, dass er die Ausführung bald vergessen hat. Seine Reue war nur von kurzer Dauer.

3. Der Schiffbruch. Zu tadeln ist, dass Robinson bei Beginn des zweiten Sturmes nicht an den denkt, der „Wolken, Luft und Winden giebt Wege, Lauf und Bahn" und der ihn im ersten Sturm errettete. Robinson kommt in grosse Lebensgefahr; aber glücklich wird er daraus gerettet. Da dankt er dem lieben Gott auf den Knieen für seine Rettung. Das war gut von ihm. Spruch: Not lehrt beten. Unrecht war es, dass er an seiner Rettung verzweifelte.

4. Die Insel. Robinson war ganz allein auf der Insel. Er fürchtete sich. Dachte er an den lieben Gott? Abendgebet: „Nie bist du Höchster" u. s. w. Er hatte nichts zu essen und nichts zu trinken. Da half ihm der liebe Gott. Auch erblickte er gar bald das Schiff, welches auf dem Felsen hängen geblieben war. Spruch: Wo die Not am grössten, da ist Gottes Hilfe am nächsten.

5. Robinson besucht das Schiff. Auf dem Schiffe gab es viele nützliche Dinge, welche Robinson gut gebrauchen konnte. Auch Geld fand er. Konnte ihm solches etwas nützen? Auf dem Schiff empfing ihn das Bellen des Hundes. Konnte ihn Robinson bei sich behalten? Wir freuen uns, dass derselbe Robinson nachspringt und dass dieser den Hund bei sich behält und pflegt. Er ist treu und gut. Robinson ist nun nicht mehr allein und einsam.

6. Robinson richtet sich ein. Es wird gelobt, dass Robinson fleissig arbeitet und keine Mühe scheut, um sich eine Wohnung zu bauen; ferner, dass er alle seine Sachen in guter Ordnung hält, dass er seine Zeit einteilt. Wechsel von Arbeit und Erholung. Es wird getadelt, dass er nicht an Gott denkt und nicht an seine Eltern, da es ihm jetzt gut ergeht.

7. Eine unverhoffte Freude. Robinson hatte bis jetzt noch kein Brot. Und wie hätte er sich solches verschaffen können? Da erhält er die Hoffnung, dass er in den nächsten Jahren solches sich bereiten könne. Jetzt dankt er Gott für diese neue Gabe. Gebet: Unser täglich Brot gieb uns heute. „Barmherzig und gnädig ist der Herr" u. s. w. Es wird auch gelobt, dass Robinson sparsam ist und jedes Körnlein sammelt bei der Ernte. Nur so konnte er sich nach und nach mehr sammeln. Lesebuch II, Nr. 32—38.

8. Das Erdbeben. Robinson kam in grosse Gefahr. Wie leicht konnte die Felsenwand über seine Hütte herstürzen und ihn begraben. Gott aber rettet ihn aus dieser grossen Gefahr. Dankte er ihm dafür? Nein, er vergass es. Er hatte sich sogleich über die Arbeit hergemacht. Das war nicht recht von ihm.

Das zweite Schuljahr.

9. Robinson wird krank. Jetzt, wo ein heftiges Fieber Robinson plagte, gedachte er seiner Eltern. Eine bittere Reue überfiel ihn. Er betete inbrünstig zu Gott und gestand, wie schweres Unrecht er seinen Eltern zugefügt habe. Er bat sie um Verzeihung und bereitete sich zum Tode vor. Aber der liebe Gott half ihm auch diesmal. Er wurde wieder gesund. Sein erstes war nun, dass er die Bibel holte und darin las, dass er Gott dankte und sich vornahm, nun täglich ein Stück aus der Bibel zu lesen. Spruch: Rufe mich an in der Not, so will ich dich erretten, und du sollst mich preisen. — Befiehl dem Herrn deine Wege u. s. w.

10. Der erste Jahrestag auf der Insel. Robinson fürchtete sich jetzt nicht mehr. Warum nicht? Der liebe Gott war immer bei ihm und beschützte ihn. Er war gut und fromm geworden. Wie der Jahrestag herangekommen war, dachte er mit bitterer Reue an seine Eltern, die wohl um ihn weinen würden. Dies war ein Feiertag für ihn. Lieder: Noch lässt der Herr mich leben (zwei Strophen). Mein erst Gefühl sei Preis und Dank (5 Strophen). Lesebuch II, Nr. 1 u. 2.

11. Robinson sieht sich weiter auf der Insel um. Gott überschüttet Robinson mit neuen Wohlthaten. Spruch: Herr, wie sind deine Werke so gross und viel! etc.

12. Die Ernte. Gott der Geber aller guten Gaben. Spruch: Im Schweisse deines Angesichts sollst du dein Brot essen. Lesebuch II, Nr. 38. — Aller Augen warten u. s. w.

13. Robinson als Töpfer. Durch Fleiss und Nachdenken kann der Mensch sein Ziel erreichen. Er darf nur nicht müde werden, nachlassen oder gar verzweifeln.

14. Der Sonntag. Robinson hatte so eifrig gearbeitet, dass er den Sonntag darüber vergessen hatte. Das war sehr Unrecht. Denn es steht geschrieben: Sechs Tage sollst du arbeiten, aber am siebenten ist der Tag des Herrn, deines Gottes, da sollst du kein Werk thun. Wochentage. Sonntage. Arbeitstage. Festtage. Ruhetage. Sonntagsfeier. Gottesdienst. Weihnachten. Ostern. Pfingsten. Gedicht: Sonntag. Lesebuch II, Nr. 12 u. 13. Lied: Wach auf mein Herz und singe. Lesebuch II, Nr. 3. (2 Strophen.)

15. Robinson als Fischer. S. Nr. 13. Lesebuch II, Nr. 62.

16. Robinson fängt Ziegen ein. S. Nr. 13. Lesebuch II, Nr. 44—47.

17. Robinson als Bäcker. S. Nr. 13.

18. Robinson baut sich einen Kahn. S. Nr. 13. Lesebuch II, Nr. 64 u. 65.

19. Robinson macht sich Kleider. Robinson hatte seine Kleider verbraucht. Er schämte sich, in seinen Kleidern umherzugehen. Es war recht, dass er sich neue verfertigte, wenn sie auch nicht so kunstvoll waren, wie seine früheren.

20. Eine neue Entdeckung. Es war sehr Unrecht, dass Robinson sein Vertrauen auf Gott so schnell verlor. Freilich war seine Angst über die Fussspur, die er im Sande gesehen, sehr gross. Welchen Spruch hatte er also ganz vergessen? Durfte er seine häusliche Ordnung vernachlässigen? — Später sieht er die Überreste, welche die Menschen-

fresser am Strand zurückgelassen. Sein Entsetzen ist gerechfertigt. Es sind wilde, rohe Menschen, die so Grässliches thun können.

21. **Neue Landung der Wilden.** Robinson wird gelobt, dass er dem armen Wilden so thatkräftig beispringt und ihn rettet. Durfte Robinson die Wilden töten? Notwehr? Der gerettete Wilde beweist sich sehr dankbar und gehorcht Robinson.

22. **Robinson macht genaue Bekanntschaft mit seinem Wilden.** Robinson hatte sich doch oft einsam gefühlt, trotzdem er die treuen Tiere bei sich hatte. Diese konnten ihm den Umgang mit einem Menschen nicht ersetzen. Warum nicht? Nun hatte ihm Gott auch einen Gefährten geschickt. Es war recht, dass er diesen so gut behandelt, dass er ihn belehrt, dass er ihn kleidet. Wie zeigt sich Freitag gegen Robinson?

23. **Robinson als Lehrer.** Robinsons Belehrung: Gott liebt die Menschen, wie ein Vater seine Kinder. Er weiss alles und erhält die ganze Welt in Ordnung. Einen bösen Gott giebt es nicht. Es giebt nur einen Gott und das ist ein lieber, guter Gott. Er sorgt für uns und beschützt uns.

24. **Vorbereitungen zur Fahrt nach Freitags Vaterland.** Wie gut war es von Robinson, dass er die Fahrt in Freitags Vaterland unternehmen wollte, trotz aller Mühseligkeiten, trotz aller Gefahren!

25. **Der Kampf mit den Wilden.** Robinson und Freitag waren gute Genossen. Freitag gehorcht pünktlich. Mutig gehen sie in Gefahr und retten die Gefangenen. Lesebuch II, Nr. 69.

26. **Ein glückliches Zusammentreffen.** Die Liebe Freitags zu seinem Vater findet lebhafte Zustimmung, sowie die Sorge Robinsons für die Geretteten.

27. **Der Spanier und Freitags Vater fahren in Freitags Vaterland.** Robinsons Sorge erstreckt sich immer weiter. Nun will er auch den anderen weissen Männern helfen. Dies war gut von ihm.

28. **Ein ganz unerwartetes Ereignis.** Nach langer Prüfung sendet Gott dem Robinson Errettung.

29. **Die Abreise.** Robinsons Trennung von der Insel, von allem, was er dort bereitet und geschaffen. Sein Abschied von Freitag. Die grosse Treue desselben findet entschiedenen Beifall. Lesebuch II, Nr. 54 u. 55.

30. **Die Heimat.** Das Wiedersehen. Gottes Fügung. Gedicht: Gottes Hand. Lesebuch II, Nr. 9 u. 61.

Anmerkung.

In der Zeit vor Weihnachten findet eine Wiederholung und Erweiterung der Erzählungen von der Geburt Jesu statt, nicht in streng unterrichtlicher, sondern mehr in erbaulicher Weise. Es werden die Gedichte des Lesebuchs: Das Christkind, Weihnachtslied, Vom Himmel hoch da komm ich her (Lesebuch II, Nr. 5—8) herangezogen, besprochen und gelernt. Die Kinder nehmen an den sonntäglichen Erbauungsstunden teil.

f. Zusammenstellung.

Am Ende des Schuljahres soll eine Zusammenstellung des gewonnenen ethisch-religiösen Materials erfolgen, etwa nach folgenden Gesichtspunkten:

1. Was wir von Gott wissen.
2. Was wir von Jesus Christus wissen. (Erbauungsstunden, christliche Feste.)
3. Wie wir uns gegen unsere Eltern und unsere Nächsten verhalten sollen.
4. Das Verhältnis der Menschen zu den Tieren.
5. Von dem Segen der Arbeit.
Wiederholung der gelernten Lieder, Gebete und Sprüche. Die im ersten Schuljahr gelernten Sätze werden bei passender Gelegenheit herangezogen und mit den neu gewonnenen verknüpft. Am Ende des Schuljahres kann dann auch eine schriftliche Feststellung der ethisch-religiösen Sätze in Stichworten erfolgen, als der erste Unterbau für den allmählig zu gewinnenden Katechismus. (S. VIII. Schuljahr, I.)

2. Lehrbeispiel.

Der erste Abschnitt, welcher überschrieben ist „Robinson bei seinen Eltern", zerfällt in drei methodische Einheiten. Die erste Einheit behandelt die Knabenzeit Robinsons, die zweite die Warnung des Vaters und der Mutter, die dritte die Verführung Robinsons durch seinen Schulkameraden. Betrachten wir uns die erste Einheit etwas näher. Sie muss zunächst in drei Unterabteilungen zerlegt werden, da der Stoff für die Erzählung sonst zu gross würde. Jede dieser Unterabteilungen wird nach den beiden ersten formalen Stufen durchgearbeitet. Ist dies geschehen, dann beendet die dritte, vierte und fünfte Stufe den Lernprozess für die erste Einheit. Es würde sich demnach die Präparation für diese erste Einheit etwa so gestalten:

1. Einheit.

Ziel. Ich will euch heute von einem Knaben erzählen, mit dem seine Eltern gar nicht zufrieden waren.

I. Stück.

1. Stufe. Der Knabe wohnte nicht in Eisenach. Er wohnte in einer Stadt, die weit von uns liegt, deren Namen aber ihr kennt. Erinnerung an das Märchen „Die Bremer Stadtmusikanten". Die Stadt Bremen liegt an einem grossen Fluss. An welchem Flüsschen liegt Eisenach? Wo fliesst die Hörsel hin? Werra. (Vorher Spaziergang dahin.) Wenn man nun an der Werra immer weiter geht, so kommt man endlich nach der Stadt Bremen. Der Fluss heisst dort aber nicht mehr Werra, sondern Weser. Auch ist er viel grösser, als da, wo die Kinder ihn gesehen haben, bei dem Einfluss der Hörsel in die Werra. (Der Lehrer zeichnet eine Karte an die Tafel, auf welcher die Hörsel mit Eisenach, die Werra, Weser mit Bremen angegeben ist. Nachdem die Kinder die Karte erklärt haben, wobei die Strecke von Eisenach bis zu dem Punkt, wo die Hörsel in die Werra fliesst, als Massstab für die Entfernungen angenommen wird, zeichnen die Kinder das Kartenbild auf die Schiefertafel. Die „Naturkunde" geht dann näher auf die Gewässer der Heimat ein.)

Dort in der Stadt Bremen wohnte also der Knabe, von dem ich euch erzählen will. Seine Eltern lebten noch. Sagt mir, was die Eltern von euch verlangen, wie ihr in der Schule sein sollt? Was thut der Vater, wenn ihr nichts lernen wollt, wenn ihr lieber draussen herum-

Das zweite Schuljahr. 21

laufet? So war es auch bei dem Bremer Knaben, von dem ich euch erzählen will.

2. Stufe. Erzählung des Lehrers: „Vor vielen, vielen Jahren etc." bis „Doch lief er lieber draussen herum". (Siehe Text im Lesebuch.)

Einprägung. Wenn der Lehrer das Stückchen ein oder mehrere Male erzählt hat, richtet er an die ganze Klasse die Frage: Wer kann es wieder erzählen? Einer der sich meldenden Schüler wird dazu aufgefordert. Der Lehrer lässt ihn ruhig aussprechen, ohne ihn zu unterbrechen. Dann folgt u. A. die Frage an die ganze Klasse, was hat er vergessen? oder was hat er falsch erzählt? Die Erzählung wird nun ergänzt resp. berichtigt. Nun erzählt derselbe Schüler, welcher die erste unvollkommene Darstellung gegeben hatte, das Stück noch einmal. Dann folgen andere. Bei dem Erzählen ist der individuelle Ausdruck höchst willkommen, Ausdrücke aus der Volkssprache gestattet, nur grobe grammatische Verstösse werden zurückgewiesen, bez. von den Schülern verbessert.

Zeigt sich bei dem Wiedererzählen der Kinder irgend eine Unklarheit, irgend ein Missverständnis, so muss dasselbe sofort beseitigt, bez. aufgeklärt werden und zwar durch eine Unterredung mit den Kindern. Dieselbe wird immer da den besten Erfolg erzielen, wo ein Bedürfnis dazu von seiten der Schüler hervortritt.

Das leidige Abfragen der Erzählung und Zerpflücken des Stoffes muss ganz unterbleiben.

2. Stück.

1. Stufe. Am liebsten lief Robinson an den Fluss. Warum wohl? Die Kinder geben verschiedene Gründe an. Wir waren zusammen am Prinzenteich. Warum hat es euch dort so gut gefallen? Auf dem Teich ein grosser Kahn. Wir sind zusammen auf dem Kahn gefahren. Erzählt mir etwas von dem Kahn. Wie gross ist derselbe? (Schätzung nach der Schulstube.) Nun giebt es aber noch viel grössere Kähne. Man nennt dieselben Schiffe. Schiffe so lang wie unsere Schule und noch grössere. Viele hundert Menschen können darin wohnen. (Es wird ein Modell gezeigt, die unterrichtliche Behandlung desselben aber an die Naturkunde abgegeben. Der Unterricht wird bis dahin vollendet, wo Robinson auf das Schiff geht und die Erzählung mannigfach auf die Einrichtung des Schiffes bezug nimmt.)

Der Kahn ist auf dem Fluss, dem Teich, dem See. (Diese Begriffe sin.. aus der Anschauung der Umgebung bekannt.) Die Schiffe fahren auf dem Meer in weite, weite Länder und zu fremden Menschen. Lesebuch II, Nr. 61 u. 64. Hafen! Wer das so mit ansehen kann, wie die Schiffe kommen und gehen, der bekommt gewiss Lust, mit fortzufahren. Ob wohl auch Robinson gern mit fortgefahren wäre? (Die Kinder müssen sich zusammenhängend hierüber aussprechen, ehe der Lehrer die Erzählung fortsetzt.)

2. Stufe. Erzählung: „Am liebsten spielte Robinson etc." bis „und er war sicher wieder am Hafen."

Einprägung. Dieselbe erfolgt in derselben Weise, wie bei dem 1. Stück. Es wird sodann das 1. ril 2. Stück verbunden.

3. Stück.

1. Stufe. Wenn die Kinder acht Jahre lang in der Schule waren, dann werden sie entlassen. Was wird dann mit ihnen? Sie treten in die Lehre. Sie ergreifen ein Geschäft (Kaufmann). Lesebuch II, Nr. 56 und 60. Warum thun sie das? Wie muss aber der Lehrling sein, wenn er etwas tüchtiges lernen will? Wird einer etwas lernen können, wenn er lieber an den Hafen läuft und den Schiffen zusieht? Nun hört.

2. Stufe. Erzählung: „Als Robinson sechzehn Jahre alt geworden etc." bis „setzte seinen Hut auf und lief zum Hafen."

Einprägung in der angegebenen Weise. Es werden die drei behandelten Stücke im Zusammenhang erzählt. Sobald dies von der Mehrzahl der Kinder geläufig und sicher geschieht — bei den Schwächeren begnüge sich der Lehrer mit einer kürzeren Erzählung oder mit längeren Antworten auf vorgelegte zusammenfassende Fragen — folgt die Vertiefung in den ethisch-religiösen Gedankeninhalt des ganzen Stückes. Dann kann die erste methodische Einheit weiter geführt werden: dritte, vierte und fünfte formale Stufe. (Abstraktionsprozess.)

3. Stufe.

Robinsons Eltern wollten, dass er etwas Ordentliches lernen sollte. Das wollen eure Eltern auch. Robinson aber war faul und wollte nichts arbeiten. Er war so faul, wie die böse Tochter, die nicht spinnen, und wie sie zur Frau Holle kam, nicht arbeiten wollte. (3. Märchen.) Das war schlecht von ihm. Auch das war nicht recht, dass er fortlief, sobald sein Vater ausgegangen war. Die Lust an den Schiffen, das Vergnügen am Wasser und am Hafen standen ihm höher als die Arbeit. Sein Vater aber meinte es doch so gut mit ihm. Worin zeigte sich das? Er wollte, dass er ein ordentlicher Kaufmann würde, der sich redlich ernähren könnte. Euere Eltern wollen das auch. Aber deshalb müsst ihr arbeiten. Auch Robinson hätte arbeiten müssen, denn nur durch tüchtige Arbeit kann man sein Brot redlich verdienen. Eine Zeit lang fasste Robinson auch den guten Vorsatz, recht fleissig zu werden und zu arbeiten — aber der Vorsatz blieb nicht lange bei ihm. Das war nicht recht. Und wie bei euch, Kinder?

4. Stufe.

1. „Wir sollen fleissig sein und arbeiten" (Wiederholung).
2. „Wir sollen bei unserem guten Vorsatz bleiben und ihn nicht wieder vergessen."
3. „Wer faul ist, der kann sich nicht ernähren. Es kann ihn Niemand brauchen."

Diese Sätze sind das Resultat des auf der dritten Stufe durch Unterhaltung erarbeiteten religiös-sittlichen Materials.

5. Stufe.

Wenn ihr aus der Schule entlassen seid, was sollt ihr da thun? Wenn du eine Arbeit verrichten sollst, hast aber keine Lust dazu, willst lieber in den Wald laufen, was willst du da thun? (Ähnliche Beispiele.)

Beispiele aus dem Lesebuch, Nr. 46, „Versuchung":

> Gar emsig bei den Büchern
> ein Knabe sitzt im Kämmerlein,
> da lacht herein zum Fenster
> der lustg'e blanke Sonnenschein.

Ebenso Nr. 37, „Der Faule":

> Heute nach der Schule gehen,
> da so schönes Wetter ist? etc.

Auch Nr. 38, „Vom dummen Hänschen", kann hier herangezogen werden.

Anmerkung.

Dies eine Beispiel möge anzeigen, wie die einzelnen Abschnitte behandelt werden sollen. Es ist hier noch besonders darauf hinzuweisen, wie der poetische Teil des Lesebuchs ganz eng mit dem Gesinnungsstoff zusammenhängt, wenn dies auch nicht auf den ersten Blick ersichtlich ist. So spricht Robinson nach seiner Genesung: „Noch lässt der Herr mich leben" (Nr. 2). Das Schiff wird hierhin und dorthin getrieben (Nr. 9: „Gottes Hand", Nr. 61: „Das Meer", Nr. 65: „Rätsel"). Die Sorge seiner Mutter findet Ausdruck in Nr. 66: „Zum Geburtstag der Mutter" u. s. w. Der denkende Lehrer wird die Zusammenhänge zwischen Gesinnungsstoff und Lesebuch bald gewahr werden und sie bei seinem Unterricht wohl beherzigen. Es wird kaum ein poetisches Stück sein, welches nicht herangezogen werden könnte. Über den prosaischen Teil des Lesebuchs nur so viel, dass derselbe im Wintersemester des zweiten Schuljahres gelesen werden soll, nachdem der Unterricht im Robinson bereits weit vorgeschritten ist.

II. Naturkunde.*)

Litteratur: Siehe „das erste Schuljahr", 3. Aufl, S. 98. Ferner: Beyer, die Naturkunde im erziehenden Unterricht, in Reins pädagog. Studien, 2. Heft 1883. Winzer, Ist die Heimatkunde ein selbständiger Unterrichtsgegenstand? in Reins pädagog. Studien, 2. Heft 1883, Dresden. Beyer, Die Naturwissenschaften in der Erziehungsschule, Leipzig 1885. — Junge, der Dorfteich, Kiel 1885. —

I. Die Auswahl des Stoffes.

Wir haben den bestimmenden Grundsatz für die Auswahl des Stoffes bereits am Schluss des voranstehenden Abschnittes angegeben: Die

---

*) Die Naturkunde ist uns im zweiten Schuljahre die Naturkunde der Heimat, eine Bezeichnung, welche noch einer zweifachen, näheren

Das zweite Schuljahr.

Naturkunde ordnet sich durchgängig dem konzentrirenden Gesinnungsstoff unter. Dabei erinnern wir uns der Gedanken, welche auch für den betreffenden Abschnitt des ersten Schuljahres maassgebend waren.*) Dort war es leicht nachzuweisen, dass die Naturkunde nicht einen besonderen, in sich abgeschlossenen Gedankenkreis mit eigenen Mittelpunkten haben durfte, sondern dass die Stoffe, welche durchgearbeitet wurden, ihren Ausgangspunkt im Gesinnungsunterricht erhielten, und dass von hier aus das Interesse auf die Dinge der Umgebung gelenkt wurde. Die Einheit des Gedankenkreises, welche durch eine solche Behandlung herbeigeführt wird, muss auf demselben Wege auch im zweiten Schuljahr erreicht werden. Denn es ist klar, dass bei einer selbständigen Durchführung des naturkundlichen Unterrichts in der Weise, wie er jetzt in unseren Schulen erscheint, ein neuer Mittelpunkt für die Kleinen geschaffen wird, der notwendiger Weise dem vom Gesinnungsunterricht aufgebauten Gedankenkreis hemmend entgegentritt, da er mit gleicher Stärke sich geltend macht und seinem Inhalt nach dem ersteren vielfach entgegengesetzt ist. Wir würden der Gedankenarbeit der Kinder viel zu viel zutrauen, wenn wir glaubten, dass ihre Phantasiethätigkeit von selbst die Fäden spinnen würde, welche beide neben einander herlaufenden Gedankenkreise verbinden und zur Einheit zusammenfassen könnten. Damit scheinen wir allerdings in Widerspruch zu treten zu dem oben angeführten Satze Herbarts, welcher im Unterrichte zwei Glieder nachweist, das eine der Erkenntnis gewidmet, das andere der Teilnahme. Jedoch nur scheinbar. Die beiden Glieder treten auch hier auf: in dem Erzählungsunterricht die Teilnahme, in der Naturkunde die Erkenntnis, nur dass sie im Geiste des Schülers nicht vereinzelt neben einander erscheinen, sondern ein geschlossenes Ganzes ausmachen. Und zwei von einander unabhängige Gedankenkreise hat auch Herbart durch seinen Ausspruch nicht im Auge gehabt. Auf höheren Altersstufen kann man der gereifteren Kraft des Schülers es eher überlassen, die verbindenden Fäden selbst zu suchen und zu ziehen, im Volksschulunterricht, und namentlich auf den Elementarstufen desselben, ist den Zöglingen eine Hilfeleistung hierzu unentbehrlich. Wir müssen es vermeiden, den Kindern einen zweiten Mittelpunkt zu geben, welcher der Wirksamkeit des andern hemmend entgegentreten und das Resultat des erziehenden Unterrichts in

---

Bestimmung bedarf. Erstens ist hier „Naturkunde" im weitesten Sinne genommen, in welchem sie nicht nur das Naturgeschichtliche und Physikalische, sondern auch das Geographische, Astronomische und Technologische der zweiten Unterrichtsstufe mit in sich begreift; fürs zweite werden in ihr nur diejenigen Stoffe ihres Gebietes herangezogen, welche ihrer Natur und ihrer Bedeutung nach sich zur vollen Durcharbeitung nach den 5 formalen Stufen eignen, während die Heranziehung derjenigen Stoffe aus ihrem Bereiche, die nur als Apperzeptionshilfen auf den ersten Stufen der übrigen Unterrichtsfächer, namentlich der historischen, sich nötig machen, diesen andern Lehrfächern überlassen bleibt. Die Naturkunde des zweiten Schuljahres kann also bezeichnet werden als Inbegriff der sämtlichen methodischen Einheiten, welche die Kenntnis der das Kind umgebenden äusseren Natur zum Zweck haben.
*) S. das erste Schuljahr, 3. Aufl., S. 97 ff.

Frage stellen könnte. Denn es ist zweifellos, dass durch eine selbständige Naturkunde ein zweiter Mittelpunkt für die Kinder geschaffen wird, ein Mittelpunkt, der mit solcher Wucht und Nachhaltigkeit auftritt, dass die Einheit des Unterrichts auf dieser elementaren Stufe ernstlich gefährdet erscheint. Zudem spricht nichts in dieser Sphäre für einen solchen zweiten Konzentrationspunkt. Die Erfolge im Unterricht würden dadurch nicht gefördert, sondern entschieden gehemmt werden. Es ist zugleich aber die Frage, ob unsere Kinder, welche mit ganzer Seele und aus allen Kräften in die Vorstellungen des Robinsonstoffes sich vertiefen, Interesse genug für die Dinge der Heimat übrig haben, welche an einem willkürlich geknüpften, nicht aus innerer Notwendigkeit hervorgehenden Faden ihnen vorgeführt werden. Unserer Meinung nach beanspruchen auf dieser Stufe die naturkundlichen Gegenstände der Heimat nur insoweit Beachtung, als sie in Verbindung mit dem Konzentrationsstoff gebracht werden können, damit die Einheitlichkeit des kindlichen Gedankenkreises, welche wir im Dienste des erziehenden Unterrichts anstreben, nicht jetzt schon in eine Zweiheit auseinander gelegt werde.

Dabei ist wohl zu beachten, dass der naturkundliche Unterricht des zweiten Schuljahres so, wie wir ihn wollen, trotzdem er für den Gesinnungsunterricht arbeitet, doch auch mancherlei Elemente herbeibringt, welche für den späteren Unterricht in der Naturkunde auf das beste zu verwerten sind. Der Unterschied ist nur der, dass wir bei unseren Beobachtungen, Spaziergängen und Besprechungen uns von Gesichtspunkten leiten lassen, die der Gesinnungsunterricht vorschreibt, während eine selbständige Naturkunde ihren Zweck in sich findet, demgemäss die Reihenfolge, sowie die Auswahl der Stoffe trifft und vieles Zufällige, durch den Augenblick Gebotene weiter verfolgt, während wir uns von Gesichtspunkten leiten lassen, die uns im Gesinnungsstoff gegeben sind, infolge dessen wir alles das bei Seite lassen, was nicht in unsern Gedankenkreis passt. In beiden Fällen ist ein gewisser Zwang leicht bemerkbar. Die angelehnte Naturkunde folgt aber einer inneren, die selbständige einer äusseren Notwendigkeit. In dem einen Fall geht der Zwang aus von dem alles bestimmenden, konzentrierenden Gesinnungsunterricht, in dem anderen von der mit mehr oder weniger Willkür befolgten Reihe, die sich um den aufgestellten Mittelpunkt der Heimat herumlegt. Ein Unterschied ist ferner der, dass auf der einen Seite der Zwang durchaus nicht empfunden wird, insofern das Interesse von selbst denjenigen Dingen entgegen kommt, welche der Gesinnungsunterricht darbietet, während auf der andern Seite das Kind genötigt wird, sich innerhalb eines fest vorgeschriebenen Kreises der Heimat zu bewegen und nur dasjenige zu beobachten, was gerade in denselben hineinfällt. Übrigens kann Jeder die Erfahrung machen, dass das Kind — falls nur der Gesinnungsunterricht in tiefgehender Weise vorschreitet — von selbst getrieben wird, diejenigen Gegenstände der Umgebung näher ins Auge zu fassen, mit welchen auch ihr Robinson in mannigfacher Weise zu thun hat. Der erziehende Unterricht folgt solchen Winken!

Wir begnügen uns somit für das zweite Schuljahr mit einer Naturkunde, welche im Anschluss an den Gesinnungsunterricht demselben teils vorarbeitet, teils ihn begleitet, die alles das in der Umgebung aufsucht, beobachtet und bespricht, was zur Erfassung, zur Klärung und Befestigung derjenigen Begriffe dienen kann, welche vom konzentrierenden Mittelpunkt aus dargeboten werden.

Es sind dies zunächst astronomische, geographische und technologische Gegenstände. Die genaue Durchsicht des Robinsonstoffes ergiebt dasjenige, worauf wir in den naturkundlichen Stunden vornehmlich unser Hauptaugenmerk richten sollen. Ein grosser Reichtum an Stoffen wird uns zur unterrichtlichen Behandlung dargeboten. Es gilt hier, sich zu beschränken auf das Nächstliegende und Wichtigste, auf dasjenige, was der Heimatkreis am besten und deutlichsten zeigen kann. Der nachfolgende methodische Teil wird über die Stoffe im einzelnen, über ihre Aufeinanderfolge und ihre Behandlung im Unterricht näheren Aufschluss erteilen. Hier nur so viel, dass wir zunächst den Gewässern der Heimat unsere Aufmerksamkeit zuwenden, dem Laufe der Hörsel und Werra. Denn wenn wir im Gesinnungsunterricht von der Weser, von dem Meere etc. reden, fussen wir auf den in der Heimat gewonnenen Anschauungen. Ein grösserer Teich in der Umgebung muss die Begriffe Ufer, Hafen, Halbinsel, Vorgebirge, Insel vorbereiten, der darauf befindliche Kahn Apperzeptionsvorstellungen zur Besprechung des Schiffes, welches uns nur in einem Modell vorliegt, liefern. Diese Stoffe würden die erste Gruppe des naturkundlichen Stoffes bilden. Sie würden der Robinsonerzählung vorausgehen, damit diese bei dem Bericht über den Hafen, das Schiff Robinsons etc. den nötigen anschaulichen Untergrund in der Seele des Kindes vorfindet. Bei unseren Spaziergängen nehmen wir zugleich Rücksicht auf Ebene, Thal, Berg, Fels und Abhang — denn diese Dinge kehren auf der Robinson-Insel wieder.*) Im Wald sehen wir das Fällen und Behauen der Bäume. Diese Betrachtung führt uns auf den Zimmerplatz.**) Er ist nicht weit von der Schule und muss öfters besucht werden. Robinsons erste und hauptsächlichste Thätigkeit ist die eines Zimmermanns, da es gilt, sich eine Wohnung zu bereiten und gegen etwaige Anfälle zu schützen. Ein weiterer wichtiger Punkt ist die Beschaffung der Nahrung. Wir müssen daher die Bebauung des Feldes beobachten, das Säen und Ernten des Getreides, die Zubereitung desselben in der

---

*) Wir haben oben schon (Seite 5, Anmerkung) ausgesprochen, dass wir es nicht billigen, wenn man sich so streng ans Original des D. Defoe hält, dass auch die Abenteuer Robinsons vor seinem Schiffbruch zu eingehender Bearbeitung gelangen, weil dies — abgesehen von anderen Gründen — für die Geographie verhängnisvoll werden kann. Es ist entschieden kein inneres Bedürfnis dafür vorhanden, dass die Kinder des zweiten Schuljahres bereits mit der Westküste Afrikas, sowie mit Brasilien bekannt gemacht werden. Ja diese Vorwegnahme ist sogar höchst bedenklich, wenn man dem Grundsatze huldigt, dass die Geographie den Entdeckungen, wie sie die Geschichte vorführt, zu folgen habe! Wir schliessen demnach die Behandlung der Westküste Afrikas und Amerikas an den Gang der historischen Entdeckung dieser Länder an — nicht aber der Robinsonerzählung, die ja ebensogut nach Australien oder sonstwohin verlegt werden könnte. Aus diesem Grunde sprechen wir uns gegen die Behandlung der Geographie im 2. Schuljahr aus, wie sie das Jahrbuch für wissenschaftliche Pädagogik 1884, Seite 261 ff., uns vorführt.

**) S. von Nostitz, Baukasten. (Päd. Studien 1885, 4. Heft, S. 40.

Mühle und bei dem Bäcker. Was wir aber draussen nicht finden können, muss uns der Schulgarten liefern. Mitten hinein in ein anderes, für unsere naturkundlichen Elementarstudien reiches Gebiet leiten uns die Bemühungen Robinsons, sich Körbe zu flechten, Netze zu knüpfen, Thongeschirre zu bereiten, Kleider und Schuhe zu fertigen; denn von hier führt der Weg unmittelbar in die Werkstätten des Korbflechters, Töpfers, Schneiders, Webers, Schuhmachers, Gerbers und anderer Handwerker. Von Wichtigkeit dabei ist, dass sich das Kind im Robinson an die Anfänge unseres Kulturlebens zurück versetzt sieht, wo ihm das menschliche Bedürfnis vor Augen tritt, und wo es die ersten unvollkommenen Versuche, das Bedürfnis zu befriedigen, gewahrt, sich selbst in dem einen und anderen Falle thätig daran beteiligend. Von da wendet sich der Blick, die ganze Reihe einer vielhundertjährigen Entwickelung überspringend und das Ende mit dem Anfang zusammenhaltend, der Betrachtung unserer Handwerke zu, die in diesem Robinsonlichte mit ganz andern Augen angeschaut werden, als wenn nach gewöhnlicher, rein willkürlicher Anordnung unter vielem andern auch an diese Stoffe einmal die Reihe kommt.

Eine fruchtbare Gedankenbewegung wird ferner durch den Geldfund auf dem Schiffe angeregt. Allein auf seiner Insel und in den einfachsten Naturzustand zurück gedrängt, haben die blanken Thaler für Robinson nicht einmal den Wert einiger alter Nägel, eines Hammers, eines Messers. Er kann nichts mit ihnen anfangen, sie sind ihm völlig nutzlos. Wie anders, wo der Mensch im Verkehr mit Menschen steht, eine Teilung der Arbeit erfolgt ist, ein allgemeines Tauschmittel zum unabweislichen Bedürfnis geworden ist. Hier entkeimen die ersten elementaren volkswirtschaftlichen Grundbegriffe.

Robinsons Jagdgänge und Kämpfe führen zur Betrachtung der Waffen (der seinigen, der unsrigen); seine Bemühungen, sich warme Speisen zu bereiten, die langen Nächte durch Lampenlicht abzukürzen, auf Feuer und Licht; sein Bedürfnis, die Tage und Wochen zu merken, auf die Einteilung der Zeit (des Jahres in Monate, Wochen, Tage — Kalender; des Tages in Stunden — Uhr). Die Waldtiere, die Baumfrüchte, die Witterungsverhältnisse auf Robinsons Insel leiten unwillkürlich den Blick zurück auf die entsprechenden Verhältnisse und Objekte der Heimat, immer von wertvollen Vergleichungen begleitet und gehoben. Jagd und Fischfang führen auf die gleichen Beschäftigungen der Jäger und Fischer bei uns; aus der Pflege seiner Ziegen sehen wir unsere Viehzucht erwachsen.

Aus diesen kurzen Bemerkungen schon ist ersichtlich, welch reiche Anregung von der Robinsonerzählung für die Dinge der Umgebung ausgeht, und wir werden Not haben, die Überfülle des herandrängenden Stoffes auf ein Mass zurück zu führen, das in einem Jahre zu bearbeiten ist. „Wie hat es Robinson angefangen? Wie machen wir es jetzt?" Diese Fragen führen uns fortwährend mitten in die heimatliche Sphäre hinein. Dass aber die mannigfaltigen Stoffe, welche wir mit der Bezeichnung „Naturkunde" zusammenfassen, nicht auseinanderfallen, dafür sorgt der konzentrierende Mittelpunkt, welcher die einzelnen Teile verknüpft, fest zusammenhält und die Zersplitterung verhütet. Der Konzentrationsunterricht sichert uns mehr, als jedes andere Verfahren es thun kann, den Erfolg des erziehenden Unterrichts.

An die Naturkunde der Heimat schliessen wir ebenso, wie wir es bereits im ersten Schuljahr gethan, das Zeichnen und Singen an.

Das Zeichnen.

Litteratur: Siehe das erste Schuljahr, 2. Aufl., S. 95.. Ferner: Menard, der Zeichenunterricht in der Volksschule. I. Teil: Das Elementarzeichnen oder das Zeichnen im Linien- und Punktnetz. Neuwied 1883. Im Selbstverlag des Verfassers.

Auch hier bleiben die Prinzipien, welche für das erste Schuljahr Geltung besassen, in Kraft. Von einem planmässigen Zeichenunterricht kann auch im zweiten Schuljahr noch keine Rede sein. Es wird zwar gezeichnet und viel gezeichnet, oder besser „gemalt", wie die Kinder sagen. Es geschieht dies aber nicht in streng systematischer Aufeinanderfolge, welche ein planmässig angelegter Zeichenunterricht aus naheliegenden Gründen inne halten muss, sondern einesteils um dem Drange der Kinder entgegenzukommen, welche die besprochenen Dinge auch gern zur Darstellung und Anschauung bringen wollen, andernteils um die Besprechung der gegebenen Objekte für die Kinder zu grösserer Klarheit und Fassbarkeit zu erheben. Wir zeichnen ins Netz auf die Schiefertafel, wo sich nur Gelegenheit zum „malen" bietet. Die Gegenstände, die Robinson sich so mühsam erringen muss: sein Zelt, sein Kalender, sein Kahn, sein Spaten, sein Tisch etc. ferner in steigender Ergänzung ein Grundriss seiner Insel, sein Haus, seine Höhle, der Berg, der Landungsplatz, die Bucht, seine Wege, der Schauplatz der Wilden. Wir zeichnen in dem Gesinnungsunterricht, in der Naturkunde, im Rechnen. Kunstwerke sind es nicht, welche die Kinder zu stande bringen. Es genügt, dass die dargestellten Gegenstände mit gewissem Verständnis gearbeitet sind. Mit Lust werden sie immer gefertigt. Das ist für den Erzieher ein bedeutsamer Wink, der — wie oft — von dem fachwissenschaftlich gerichteten Zeichenlehrer mit verächtlicher Miene betrachtet wird. Denn dieser will nicht gezeichnet haben, bevor nicht das Kind so alt und so erstarkt ist in Hand und Auge, dass es dem systematischen Zeichengange ohne Mühe folgen kann. Wir lassen uns nicht irre machen. Wir zeichnen schon im ersten und zweiten Schuljahre und freuen uns unserer Zeichnung, ebenso wie wir uns des Gesanges erfreuen, wenn auch kein systematischer Gesangunterricht betrieben wird. Uns sind pädagogische Gründe massgebend, nicht fachwissenschaftliche.

(Das Singen s. l. VI. Abschnitt.)

2. Die Behandlung des Stoffes.

1. Vorbemerkungen.

1. Die Naturkunde der Heimat umfasst das wichtige Gebiet, welches unserer unmittelbaren Wahrnehmung zugänglich ist, und aus dem wir daher den gesamten Reichtum an lebensvollen Sinnesvorstellungen ent-

nehmen, auf welche unser ganzes Vorstellungsgebäude gegründet ist. Der Unterricht hat dieses Gebiet nach Möglichkeit für seine Zwecke auszubeuten. Oberste Forderung für den heimatkundlichen Unterricht ist die unmittelbare Wahrnehmung durch den Augenschein. Wie Robinson seine Insel, so müssen die Schüler unter Führung des Lehrers Feld und Wald, Berg und Thal, die ganze Gegend durchstreifen. Mit eigenen Augen müssen sie sehen, wie auf dem Acker gepflügt, geeggt, gesäet, geerntet wird; welche Werkzeuge zu den Arbeiten verwandt werden, und welche Einrichtung diese haben; wie auf dem Zimmerplatze der Zimmermann, auf dem Bauhofe der Steinmetz, in der Werkstätte der Schneider arbeitet; welche Stoffe verarbeitet, womit, wie, wozu sie verarbeitet werden. Blosse Worte sind hier völlig unnütz, Abbildungen und Modelle für sich allein unzureichend. Im Schulunterrichte ist dann das Geschaute in regelrechter Weise weiter zu verarbeiten.

Die Spaziergänge dienen übrigens nicht ausschliesslich ihrem nächsten Zwecke. Alles, was die Gunst des Augenblickes bietet, wird beobachtet, am Himmel, auf der Erde; nichts Wichtiges darf den Kindern entgehen, wenns auch nicht gerade zum nächstfolgenden Unterrichte gehört. Die Spaziergänge werden so dem gesamten Unterricht, dem gegenwärtigen wie dem künftigen, dienstbar gemacht.

2. Aber das Kind soll nicht nur vieles schauen; es soll sich, angeregt durch den Erzählungsstoff, vor dem Schauen und Beobachten ebenso fleissig auch in allerlei selbst versuchen. Es baue sich in einer abgelegenen Ecke des Spielplatzes eine Hütte und statte sie aus; es versuche mit seinem Freunde Robinson sich aus Weiden einen Korb zu flechten, aus Bindfaden ein Netz zu knüpfen, aus weichem Thon einen Napf, einen Topf zu formen, aus einem Stücke Zeug ein Kleidchen für die Puppe zu fertigen, und denke dabei immer nach, wie es am besten zu machen, wie den entgegenstehenden Schwierigkeiten zu begegnen sei. Nach solchen eigenen Versuchen treten die Kinder mit erhöhtem Verständnis auf den Bauplatz, in die Werkstatt, und widmen sich mit verdoppeltem Interesse der Beobachtung und der darauf folgenden Besprechung der betreffenden heimatlichen Stoffe.

3. Auch im Unterrichte selbst darf es an Anschauungsmaterial nicht fehlen. Dasselbe trete indes im Unterrichte nur dann nochmals auf, wenn bei der Besprechung an der einen oder andern Stelle eine Unklarheit zu Tage kommt. Modelle und Abbildungen treten unterstützend hinzu. Wünschenswert ist das Modell eines einfachen hölzernen Hauses, zum Auseinandernehmen und eigenen Aufbauen eingerichtet, sowie das Modell eines Schiffes. In Ermangelung des letztern fehle wenigstens eine grosse, gute Abbildung nicht. Als Bildermaterial für unsere Stufe empfehlen sich die bei Schreiber in Esslingen erschienenen Anschauungsbilder: „Werkstätten und Werkzeuge, 12 Tafeln. Preis mit erklärendem Texte 9 M."

4. Was sich im naturkundlichen Unterrichte für eine einfache Zeichnung eignet, werde von den Schülern, meist nach einer vorausgegangenen Vorzeichnung seitens des Lehrers an der Wandtafel, auch gezeichnet. Die Schülerzeichnungen sind in das Quadratnetz der Faberschen Schiefertafel auszuführen. Die Form derselben ist zu ersehen aus: „R. Bauer,

„Das Netzzeichnen als Unterstützung für den Anschauungsunterricht". Dresden, Bleyl & Kaemmerer." Eine streng genetische Stufenfolge darf man in unsern Zeichnungen nicht suchen. Zeichnen wir doch nur, um den Sachunterricht zu beleben und das eigentliche exakte Zeichnen der folgenden Stufen vorzubereiten, nicht aber, um in dieses selbst schon einzutreten.

5. Mit der Naturkunde verbindet sich wie das Zeichnen, so auch vielfach das Singen und Sagen, oder die Poesie der Kinderwelt.

Wenn der geistige Standpunkt sechsjähriger Inzipienten uns in unserm ersten Schuljahre vorzugsweise auf die Stoffe der volkstümlichen Kinderpoesieen hinwies, so gestattet das weiter zurückgelegte Lebensjahr, sowie der Bildungserfolg eines einjährigen Unterrichts, nunmehr auch an die einfachsten Gebilde der Kunstpoesie heranzutreten; und mit Freuden öffnen wir den Kleinen jetzt den reichen Garten voll duftigster Blüten, wie sie ein Hey, Güll, Hoffmann von Fallersleben u. A. für dieses und die nächstfolgenden Kinderjahre geschaffen.

Selbstverständlich stellen sich auch im zweiten Schuljahre diese poetischen Stoffe in den Dienst des Gesinnungsunterrichts und der Naturkunde, dergestalt, dass von diesen her die Ausgangspunkte zu den poetischen Lieblingen der Kinderwelt genommen werden, und dass durch dieselben die Konzentrationsstoffe selbst wieder in neuer Beleuchtung erscheinen. Nur auf diese Weise wird ein Gedankenkreis geschaffen, so innig verbunden, so von allseitigem Interesse durchzogen, so kräftig, dass er die ungünstigen Gegenwirkungen aus Erfahrung und Umgang zu überwinden vermag.

Was von der Poesie auf dieser Stufe überhaupt, gilt insbesondere auch von den sanglichen Liederstoffen. Auch sie gehen nicht ihren eigenen Weg. Das Lied hat hier wie im ersten Schuljahre einzig noch die Aufgabe, die Gesamtwirkung des Unterrichts nach Stärke und Dauer zu erhöhen. Dazu ist dasselbe in vorzüglichem Masse geeignet. Es verdichtet die Empfindung, verwebt sie vielfältig mit den verschiedensten Teilen des Gedankenkreises, giebt ihnen Haltbarkeit und Dauer. Freiwillig ordnet sich daher das Lied den beiden Hauptfächern des Unterrichts unter, ohne in sklavische Abhängigkeit von dem einen oder andern zu geraten. (Siehe „Singen", VI. Abschnitt.)

6. Selbstverständlich gelten die allgemeinen methodischen Grundsätze, wie sie in unserem „ersten Schuljahre" entwickelt sind, namentlich auch inbetreff der Gliederung der einzelnen Einheiten nach den fünf formalen Stufen, voll und ganz auch hier. Wenn wir in dem folgenden Lehrgang den Stoff nur kurz skizziert haben, ohne die Gliederung desselben in den einzelnen methodischen Einheiten anzudeuten, so ist das geschehen, weil wir glauben, die Art der methodischen Gliederung und Verarbeitung in unserm „ersten Schuljahre" hinlänglich deutlich dargelegt und veranschaulicht zu haben. Nur beispielsweise und zumal für solche Lehrer, denen das „erste Schuljahr" unbekannt geblieben, folgen nach der Stoffübersicht auch einige ausführlichere Proben der Stoffgliederung nach den formalen Stufen, nach welchen mit Leichtigkeit die übrigen Einheiten bearbeitet werden können. Der denkende Leser liebt es ohnehin nicht, dass ihm alles und jedes bis ins einzelnste hinein zugeschnitten werde. Im „ersten

Das zweite Schuljahr. 31

Schuljahre" mussten wir darin etwas weiter gehen, um unsere Gedanken zum klaren Ausdruck zu bringen, im „zweiten Schuljahre" können wir uns kürzer fassen.

2. Übersicht des Stoffes.

1. Hörsel, Werra, Weser, Meer.
(Zu Kapitel 1—4 der Robinsonerzählung.)
Gang der Hörsel entlang: Bett, Ufer, Grund, Oberfläche, Gefälle; Brücken, Stege, Mühlen, Wehre; Fische. Blick auf den Hörsellauf vom Petersberge, der Michelskuppe aus: die Hörsel fliesst von Morgen nach Abend; Orte an derselben; Krümmungen. Lauf der Werra und Weser von Mittag nach Mitternacht; Mündung; Bremen, Hafen, Meer.
Zeichnen: Flussbild: die Hörsel; dann Hörsel, Werra, Weser mit Hafen, Bremen, Mündung.

2. Prinzenteich, Kahn, Schiff.
(Zu Kapitel 1.)
Wasser, Ufer, Halbinsel, Insel; Tiere auf und in dem Teich. Kahn: äussere Gestalt, innerer Raum, Bänke, Ruder, Kahnfahrt. — Schiff (unterer Vorzeigung eines Modells oder einer guten Zeichnung), Gestalt; Grösse; im Innern: der untere Raum, das Zwischendeck, die Kajütenräume; Verdeck, Masten, Taue, Segelstangen, Steuer; an Bord, Anker, Kähne Kapitän, Matrosen, Passagiere; Meerfahrt.
Sagen: Das Meer ist tief, das Meer ist weit.
Zeichnen: Kahn, Schiff, Anker.

3. Hausbau.
(Zu Kapitel 5 und 6.)
a) Steinbruch, Steinhauer und Maurer. Besuch der Stätten. Steinbrecher; Arbeiten: Sprengen, Abfahren, Behauen zu Quadern; Werkzeuge; Vorsicht.
Zeichnen: Spitzhammer, Winkelmass, Setzwage.
b) Zimmerplatz. Zimmerleute, Arbeiten, Balken, Pfosten, Riegel mit Zapfen, vierkantig zugehauen. Werkzeuge, Beschreibung und Gebrauch derselben.
Zeichnen: Beil, Säge, zugehauener Balken mit Zapfen.
c) Aufbau. Grundmauern, Aufrichten des Gebälkes, gerade und schräge Pfeiler mit Zapfen, Querbalken, die vier Seiten des Hauses, die Stockwerke, der Dachstuhl. Modell eines Hauses und Aufbau desselben. (Baumaterialien: Löhne: Abgabe an den Rechenunterricht.)
Zeichnen: Vorderseite eines Hauses mit Thüre, Fenster, Dach.
Sagen: Das neue Haus ist aufgericht (Uhland).
d) Wände und Dach: Lehm, Kalkstein, Kalkbrennen, Mörtel, Backsteine, Maurer, Arbeiten, Werkzeuge; Handlanger.
Dach, wozu? womit gedeckt? Ziegeln, verschiedene Form derselben; warum so gestaltet? Wie gelegt? Eigener Versuch, einen Ziegel aus Thon zu formen. Ziegelbrennerei, Besuch derselben. Versuch im

Decken mit Ziegeln. — Schiefer, Schieferbruch, Schieferdach (Anschauung). — Strohdach, Vorzüge, Nachteile.
Zeichnen: Haus und Zelt nebeneinander.
e) Innere Räume des Hauses. Stube, Kammer, Küche, Keller, Boden; Zweck und Ausstattung derselben. Was Robinson vom Schiffe in seine Hütte trug? Welche Werkzeuge und Geräte wir im Hause haben?
Zeichnen: Ofen, Schrank.

4. Nebengebäude.

Wiederholung des Dagewesenen aus dem vorigen Jahre (Bauernhof).
Zeichnen: Pumpbrunnen mit untergestelltem Eimer; Ständer und Wasserbutte (Bauer, Taf. 6).

5. Das Geld.

(Im Anschluss an den Geldfund Robinsons in Kapitel 5 und 19.)

Zeigen und Besprechen der Markmünzen; Kupfer-, Nickel-, Silber- und Goldmünzen. Vergleichende Beschreibung derselben. Werttabelle. Sachgebiete fürs Rechnen im Zahlenraum von 1—100. Unser früheres Geld. Vergleich mit dem jetzigen. Papiergeld. Wie man auf ehrliche Weise zu Gelde kommt? Was man dafür kaufen kann? Was einzelne Dinge kosten? Reiche und Arme. (Abgabe an das Rechnen.)

6. Zeiteinteilung.

(Zu Kapitel 6 und 10.)

a) Das Jahr und seine Einteilung: Zwölf Monate, Namen und Reihenfolge derselben; Wochen, Tage, die sieben Wochentage. Kalender; Einrichtung desselben; ein Schulkalender an der Wandtafel oder über der Stubenthüre. (Abgabe an den Rechenunterricht.)

b) Der Tag und seine Einteilung: Vormittag, Mittag, Nachmittag, Abend, Nacht; 24 Stunden. Uhr, Räderuhr, Sonnenuhr, Anfertigung einer Sonnenuhr auf dem Schulplatze. (Abgabe an den Rechenunterricht.)

Sagen: Gott im Himmel hat gesprochen.
Zeichnen: Wanduhr (Bauer, Taf. 5.)

7. Feuer und Licht.

(Zu Kapitel 6.)

a) Feuer, Feuerzeuge, Brennstoffe, Flamme, Licht und Wärme; Kochen der Speisen, Erwärmen der Stuben. Russ, Kohle, Asche, Herd, Ofen, Schornstein, Schornsteinfeger. Blasebalg.

b) Licht. Lampen. Beschreibung unserer Lampen. Leuchtstoffe: Öl, Petroleum, Gas; Docht. Leuchtkraft der Leuchtstoffe. Es ist gut, dass wir Licht anmachen können. Warum? — Gefahr. Vorsicht. Laterne.

Zeichnen: Herd, Ofen (Bauer, Taf. 2), Blasebalg (Bauer, Taf. 5), Talglicht mit Leuchter (Bauer Taf. 2), Öllampe (Bauer, Taf. 4), Schirmlampe (Bauer, Taf. 4). Zusammenstellung von Tisch und Licht.

8. Tischler (Schreiner).
(Zu Kapitel 8.)

Besuch seiner Werkstätte. Stoffe, die er verarbeitet. Werkzeuge. Thätigkeiten. Gegenstände, die er verfertigt. Preise derselben (Rechenstoffe).

9. Die heimatliche Landschaft.
(Zu Kapitel 6, 10, 11.)

Im Anschluss an das Umherstreifen Robinsons auf seiner Insel finden öftere Ausflüge in die Umgegend, durch Feld und Wald, statt.

Was die Kinder draussen gesehen, wird in dieser und den folgenden vier Einheiten verarbeitet.

Rundschau vom Metilstein: Berge (Wartburg), Thäler, Felder, Wälder, Strassen, Eisenbahnen, Orte. Kartenbild an der Wandtafel.

Sagen: Im Walde möcht' ich leben.

Zeichnen: Einfachstes Kartenbild der Gegend: Standort, Strassen, Flüsse, Orte.

10. Gang nach dem Sengelsbach.
(Zu Kapitel 10.)

Quelle, Wasser, Lauf, Umgebung, Mündung in den Lübersbach und mit diesem in die Hörsel.

Sagen: Du Bächlein, silberhell und klar.

Zeichnen: Der Bach, seine Umgebung und Mündung.

11. Der Korbflechter.
(Zu Kapitel 11.)

Besuch einer Korbflechterwerkstätte. Wie ein Korb geflochten wird? Weiden, woher? Wie behandelt? Korbgestell. Das Flechten selbst. Was sonst noch geflochten wird? Was man ausser den Weiden noch zum Flechten benutzt? Rohr, Stroh, Bast.

Zeichnen: Korb.

12. Unsere Schulreise.
(Zu Kapitel 11.)

Angabe des Weges. Was wir auf der Reise gesehen, gehört, erlebt haben. Länge des Weges in Stunden oder Meilen. (Abgabe an den Rechenunterricht.)

Sagen: Wenn Jemand eine Reise thut etc.

Zeichnen: Unsern Reiseweg nebst den Orten, Flüssen, Brücken, Wäldern, die wir passiert haben.

13. Strassen und Wege.
(Zu Kapitel 11.)

Strasse nach Fischbach, nach Stregda, nach Stedtfeld, nach Förtha, nach Wilhelmsthal. Richtung nach den Himmelsgegenden. Wege: Spazierwege, Waldwege für Fuhrwerke. Eisenbahnen; wohin sie führen; Richtung nach den Himmelsgegenden; Wärterhäuschen, Telegraphenstangen und -Drähte.

Zeichnen: Weg nach Fischbach mit nächster Umgebung.

14. Witterung und Jahreszeiten.
(Zu Kapitel 12.)

Witterung und Jahreszeiten auf Robinsons Insel, bei uns. Zusammenfassung der Jahresbeobachtungen: täglicher und jährlicher Sonnenlauf; Tag- und Nachtlängen; Kälte, Wärme, Schnee, Eis, Regen, Hagel, Gewitter. Unsere vier Jahreszeiten, und wie sie sich von einander unterscheiden.

15. Saat und Ernte.*) (Feldbau.)
(Zu Kapitel 11 und 12.)

Vorbereitung des Bodens durch Düngen, Pflügen, Eggen. Ackergeräte. Aussaat; Wachstum; Reife. Getreidearten (s. Lehrbeispiel Nr. 4). Vergleichende Beschreibung derselben. Ernte; Erntearbeiter; Erntearbeiten. Werkzeuge. (Stoffe fürs Rechnen.)

Sagen: Wer merkt am Samenkorn, so klein.

Zeichnen: Wagen, Sense, Dreschflegel, Rechen.

16. Müller und Mühle.
(Zu Kapitel 12.)

Wie Robinson sich aus Gerstenkörnern Mehl bereitet? Wie es bei uns geschieht? Gang nach der Mühle und Betrachtung der Einrichtung. Besprechung des Gesehenen in der Schule unter Verdeutlichung durch Zeichnungen. Wasser-, Wind-, Handmühlen. Mehlfrüchte. Was sonst noch gemahlen wird? Kaffee, Sand, Gips. Getreide- und Brotpreise (Abgabe an den Rechenunterricht).

Zeichnen: Windmühle, Kaffeemühle (Bauer, Taf. 2).

17. Der Töpfer.
(Zu Kapitel 13.)

Eigene Versuche, einen Topf aus Thon zu formen und im Feuer zu härten. Besuch einer Töpferei. Werkstätte; Zubereitung des Thones; Formen der Geschirre; Brennen derselben; Glasur; Verzierungen. Was für Geschirre aus Thon gefertigt werden: Töpfe, Teller, Tassen, Schüsseln. Preise derselben; zerbrechlich. Geschirre aus Porzellan, Steingut, Glas. Vergleichungen. Preise (Abgabe ans Rechnen).

Zeichnen: Tasse, Topf. Kombination von Schüssel, Messer, Gabel.

18. Fische und Fischfang.
(Zu Kapitel 15.)

Forelle, Karpfen, Aal, Weissfisch. Vergleichende Beschreibung. Lebensweise. Wie die Fische gefangen werden? (Mit der Hand, der

---

*) Kann auch in zwei Einheiten (Saat und Vorbereitung des Bodens im Frühling, Ernte im Spätsommer) zerlegt werden.

Das zweite Schuljahr.

Gabel, der Angel, dem Netz.) Beschreibung und Anwendung der Fangwerkzeuge. Wie andere Tiere gefangen werden? Wozu die Fische gefangen werden? Wie sie schmecken? Seefische, Häring.
Zeichnen: Fischgabel, Angel, einen Fisch selbst in möglichst einfacher Form.

19. Jäger und Jagd.
(Zu Kapitel 6, 16.)

Ausrüstung des Jägers. Jagdhund. Jagdtiere (Hase, Hirsch, Reh, Fuchs, Rebhühner). Beschreibung der Tiere. Nutzen der erlegten Tiere. Anstand; Treibjagd.
Singen und Sagen: Mit dem Pfeil, dem Bogen.
Zeichnen: Jagdtasche. Bogen. Flinte (Bauer, Taf. 3).

20. Winter.

Schnee, Eis, Kälte, kurze Tage, lange Nächte. Winterfreuden auf dem Schnee und Eis. Winterleiden bei Menschen und Tieren. Das Wintervierteljahr, Anzahl der Tage, Wochen desselben (Abgabe ans Rechnen).
Sagen: Winterzeit, kalte Zeit.
Zeichnen: Schlitten.

21. Weihnachten.
(Im Anschluss ans Kirchenjahr.)

Geburt Jesu. Die Hirten auf dem Felde.
Singen: Alle Jahr wieder. Vom Himmel hoch.
Sagen: Du lieber, frommer, heilger Christ.
Zeichnen: Christbaum.

22. Bäcker und Brotbereitung.
(Zu Kapitel 17.)

Gang zum Bäcker. Mehl, Teig, Backtrog, Sauerteig (Hefe). Einsäuern. Auswirken. Backofen. Ofenschüssel. Backen. Farbe, Geschmack des Brotes. Aussehen. Was sonst noch gebacken wird? Wie? Vergleichungen. Werkzeuge im Backhaus. Wer bei euch im Hause auch bäckt? Was? Wie? Was das Backwerk kostet? (Abgabe an den Rechenunterricht.)
Sagen: Lieber Gott, du giebst zu essen.
Zeichnen: Backofen. Semmel. Bretzel.

23. Schneider.
(Zu Kapitel 19.)

a) Schneider: Werkstätte, Stoffe, die er verarbeitet, Thätigkeiten desselben, Werkzeuge, Kleidungsstücke, welche er anfertigt. Was dieselben kosten (Rechenstoffe).
b) Weber: Rohstoffe, welche er verarbeitet, Webstuhl, das Weben

selbst, Stoffe, welche er webt. Wie dieselben noch weiter bearbeitet werden.

24. Schumacher und Gerber.
(Zu Kapitel 19.)

Ihre Werkstätten und Besuch derselben. Die Stoffe, die sie verarbeiten. Ihre Thätigkeiten. Ihre Werkzeuge. Die Erzeugnisse ihrer Arbeit. (Preise derselben: Rechenstoffe.)

Zeichnen: Schuh, Stiefel.

25. Winters Abschied.
(Im Anschluss an die Jahreszeit.)

Osterfest.
Singen und Sagen: Winter ade, Scheiden thut weh.
(Wann fällt das Osterfest in dem betreffenden Jahre? Zeitrechnungen.)

3. Zusammenstellung der Stoffe nach ihrem sachlichen Zusammenhange.

A. Aus der Geographie.

1. Hörsel, Werra, Weser, Meer.
2. Prinzenteich.
3. Die heimatliche Landschaft.
4. Sengelsbach.
5. Zeiteinteilung.

B. Aus der Naturkunde.

1. Feuer und Licht.
2. Witterung und Jahreszeiten.
3. Winter.

C. Aus dem Menschenleben.

a) Wie der Mensch für seine Wohnung sorgt.

1. Hausbau. Steinbruch und Maurer. Zimmerplatz und Zimmermann.

b. Wie der Mensch für seine Nahrung sorgt.

3. Feldbau.
4. Müller und Mühle.
5. Bäcker und Brotbereitung.
6. Fischer und Fischfang.
7. Jäger und Jagd.
8. Viehzucht (Haustiere).

c. Wie der Mensch für seine Kleidung sorgt.

9. Schneider und Weber.
10. Schuhmacher und Gerber.

Das zweite Schuljahr. 37

d) Wie der Mensch für seine Bequemlichkeit sorgt.
11. Der Schreiner (Tischler).   13. Der Töpfer.
12. Der Korbflechter.

e) Der Verkehr der Menschen untereinander.
14. Unsere Schulreise.
15. Strassen und Wege.
16. Das Geld.

3. Unterrichtsbeispiele.

I. Das Dach.
(Siehe oben Nr. 3.)

Ziel. Das neue Haus ist aufgerichtet. Jetzt muss es ausgemauert und durch ein Dach gedeckt werden. Von den Dächern unserer Wohnungen wollen wir heute sprechen.

1. Stufe. Warum bedeckte Robinson seine Hütte durch ein Dach? Das Dach sollte die Kälte, den Regen, die heissen Sonnenstrahlen abhalten. Warum versehen wir unsere Häuser mit einem Dache? Aus denselben Gründen. Warum lässt man die Dachseiten schräg abwärts gehen? Womit deckte Robinson seine Hütte? Warum aber nicht mit Steinen? Die Zwischenräume lassen den Regen durch; sie drücken zu schwer und fallen dem Bewohner auf den Kopf. Womit bedecken wir unsere Häuser? Mit Ziegeln, mit Schiefern. Wo habt ihr Ziegel-, wo Schieferdächer gesehen? Was hat das Schulhaus, was haben die Häuser der Kinder für Dächer? Wie sehen dieselben aus?

2. Stufe. a) Ziegel. Die verschiedenen Arten von Ziegeln werden den Kindern in der Schule in je einem Exemplar vorgeführt: Hohlziegel, Plattziegel, Ochsenzunge; Glasziegel. Beschreibung derselben. Woraus sie gemacht sind? (In der Ziegelhütte aus Thon gebrannt.) Eigener Versuch, aus weichem Thon eine kleine Hohlziegel zu formen und zu trocknen. Besuch der Ziegelhütte und Besprechung und Zusammenfassung des Beobachteten. Warum die Ziegeln gerade so gestaltet sind, den Haken haben, die Hohlziegel mit der Doppelhöhlung versehen ist? Wie gedeckt wird? Eigener Versuch im Decken mit Hohlziegeln an einem Gestell. — Der Dachstuhl: Dachsparren, Latten. Eindeckung mit Ziegeln. Der First und die Firstziegel. Wozu? Verstreichen der Zwischenräume mit Mörtel, oder Verwahren mit Strohfiedern. Letzteres bedenklich. Warum? Das Dach mit Hohlziegeln viele kleine Rinnen zum Abfliessen des Regenwassers,

b) Schiefer. Wo die Schieferplatten zum Dachdecken herkommen? Schieferbruch. Beschreibung desselben durch darstellenden Unterricht, wenn nicht ein Schieferbruch in der Nähe ist. Herrichten der Schiefersteine zu hübschen, gleichgrossen, viereckigen Platten. Wie der Schieferdecker seine Arbeit ausführt; wie der Dachstuhl vorgerichtet sein muss? Wie er die Schieferplatten befestigt? Wie er die Löcher hineinbringt?

Wie er die Platten übereinanderlegt? Warum so? Welche Werkzeuge er bei seiner Arbeit gebraucht? Wie ein Schieferdach aussieht?

3. Stufe. Vergleich zwischen Schieferdach und Ziegeldach. Beide halten den Regen gleich gut ab. Das Schieferdach sieht schöner aus als das rote Ziegeldach. Das Schieferdach drückt auch auf das Haus nicht so schwer als das Ziegeldach. Aber das Schieferdach kömmt viel teurer als jenes und ist auch schwerer wieder auszubessern, wenn es schadhaft geworden ist, als das Ziegeldach.

b) Was noch gedeckt wird, um Wind und Wetter abzuhalten? Zelt, Bude, Schäferkasten, Hundehütte. Womit diese gedeckt werden? Warum nicht mit Ziegeln oder Schieferplatten? Auch der Frachtwagen, der Postwagen haben eine Decke. Die Kornhaufen auf dem Felde erhalten ein Strohdach.

4. Stufe. Beantwortet jetzt noch einmal folgende Fragen: a) Warum werden unsere Häuser gedeckt? b) Womit werden sie gedeckt? c) Wie werden die Ziegeln, wie die Schieferplatten gewonnen? d) Wenn man Ziegeldach und Schieferdach vergleicht, was haben sie für Vorzüge, für Nachteile? Das neue Haus ist aufgerichtet.

1. Unsere Häuser müssen ein Dach bekommen, um Wind und Wetter abzuhalten. 2. Es giebt Ziegel- und Schieferdächer. 3. Die Ziegeln werden in der Ziegelei aus Thon geformt und im Ofen hart gebrannt; die Schieferplatten kommen aus den Schieferbrüchen. 4. Das Schieferdach sieht schöner aus als das Ziegeldach, aber es ist auch teurer und, wenn es schadhaft geworden ist, nicht so leicht auszubessern als das Ziegeldach.

5. Stufe. a) Wenn arme Leute sich ein Häuschen bauen, womit werden sie es decken lassen? Warum? Das Ziegeldach hält Wind und Wetter gut ab und ist doch billiger als das Schieferdach.

b) Warum decken sie's aber nicht lieber, wie Robinson seine Hütte, mit Laub und Schilf? Es sieht schlecht aus, hält nicht lange und hält den Regen auch nicht ordentlich ab; in kurzer Zeit würde das Häuschen feucht und faulig werden.

Was für ein Dach hat das Schloss, die Georgenkirche, die Jakobschule, die Seminarschule, euer Wohnhaus? Aber das Theater? (Schieferfarbige Ziegeln.)

c) Warum hat aber Robinson seine Hütte nicht mit Ziegeln oder Schiefer gedeckt? Er hätte es gern gethan, wenn er nur welche gehabt hätte.

d) Wie viel Ziegeln hat man wohl auf das Dach da drüben gebraucht? In jeder Reihe 100 und noch 80, in den 15 Reihen übereinander 15 mal 100 und 15 mal 80. Auf der andern Seite gerade so viel. Das giebt eine grosse Zahl; so weit können wir noch nicht rechnen (zählen).

2. Das Geld.
(Siehe Seite 32 Nr. 5.)

Ziel. Wir wollen das Geld kennen lernen, für welches wir die Sachen kaufen, die wir brauchen.

Das zweite Schuljahr.

1. **Stufe.** Auf dem gescheiterten Schiffe fand Robinson auch ein ganzes Säckchen voll blanker Thaler, viele hundert Stück. Darüber hat er sich wohl recht gefreut? Es fehlte ihm ja so Vielerlei, nun konnte er sich anschaffen, was sein Herz begehrte? Er konnte sich ein neues schönes Haus bauen lassen? Ach, es waren ja keine Zimmerleute auf der Insel. Er konnte sich schöne Kleider kaufen? Ja, wo war ein Schneider, der sie ihm hätte machen können? Er konnte sich Brot, Braten, Bier und Wein dafür holen? Aber wo war ein Bäcker, ein Metzger, ein Wirt auf seiner Insel? Was hat er nun von dem vielen Geld? was kann er damit anfangen? Gar nichts; es war ja Niemand da, bei dem er etwas dafür hätte kaufen können. Er nahm das Geld mit, aber gefreut hat er sich nicht darüber. Die Messer und Gabeln, der Hammer und das Beil waren ihm viel lieber als der Haufen Geld.

Wenn er's uns hätte schenken können, uns hätte es genützt. Was hätten wir uns dafür kaufen können? Giebt's bei uns nicht auch Geld? Wiederholung des Ziels.

2. **Stufe.** a) Anschauen und Besprechen unserer Münzen: der Pfennig, das Zweipfennigstück, das Fünf- und Zehnpfennigstück, das Zwanzig- und Fünfzigpfennigstück, die Mark, die Doppelmark, das Fünfmarkstück, das Zehn-, das Zwanzigmarkstück; Form, Grösse, Gepräge auf beiden Seiten, Stoff, aus dem es geprägt (Kupfer, Nickel, Silber, Gold), Wert der einzelnen Stücke.

b) Papiergeld: der Fünf-, Zwanzig-, Fünfzig-, Hundertmarkschein. Beschreibung derselben.

3. **Stufe.** a) Unser früheres Geld (Thaler, Groschen, Pfennig). Vorzeigen der Stücke. Vergleich mit unserm jetzigen Gelde der Gestalt, der Grösse, dem Münzmetalle, dem Werte nach (1 Thaler = 3 M., 1 Sgr. = 10 Pf. etc.).

b) Wie kömmt man auf ehrliche Weise zu Gelde?

c) Was kann man sich alles dafür kaufen?

4. **Stufe.** a) Sagt jetzt alle unsere Geldstücke in ordentlicher Reihe von dem, was am wenigsten, bis zu dem, was am meisten gilt! (Der Pfennig, das Zwei-, Fünf-, Zehn-, Zwanzig-, Fünfzigpfennigstück, die Mark, das Zwei-, Fünf-, Zehn- und Zwanzigmarkstück).

b) Die Kupfer-, Nickel-, Silber- und Goldmünzen.

5. **Stufe.** a) Nennt die Münzen der Reihe nach rückwärts vom Zwanzigmarkstück an!

b) Wie viele einzelne Pfennige, Fünfpfennigstücke, Zehnpfennigstücke bekömmt man für eine Mark? Wie viel Zwei-, Fünfmarkstücke für ein Zehn-, Zwanzigmarkstück? etc.

Was man für einen Pfennig, für zwei, fünf, zehn, fünfzig Pfennige, für eine Mark bekömmt? (Einen Stift, einen Bogen Papier etc.). Was einzelne Dinge (ein Paar Handschuhe, ein Paar Schuhe, ein Bleistift, ein Pfund Zucker etc.) kosten?

Abgabe dieses Stoffes an den Rechenunterricht.

3. Das Korbflechten.
(Siehe S. 33, Nr. 11.)

Ziel: Die Überschrift.

1. Stufe. Robinson kam auf den Gedanken, er wolle sich Körbe flechten? Wozu wollte er sie brauchen? Welche seiner Sachen konnte er in Körben aufbewahren? Woraus wollte er die Körbe flechten? Weiden. Ist's ihm gelungen? Ja. Er hatte aber doch das Korbmachen nicht gelernt? Er hatte aber dem Korbflechter früher oft zugesehen und selbst auch mit geholfen.

Ob wir wohl auch einen Weidenkorb zurecht bringen würden? Wir wollen's versuchen. Hier habe ich einen Korb mitgebracht (der Lehrer zeigt einen halbkugelig geformten Kartoffelkorb vor); an dem können wir sehen, wie wir die Arbeit anzugreifen haben. Gemeinschaftlich fertigen Schüler und Lehrer das Gestell an (einen Reif mit den bogenförmigen Rippen) und nehmen dann die Flechtarbeit vor. Fertig ist unser Korb. So schön freilich, wie der mitgebrachte, ist er nicht. Er ist nicht ganz rund, er steht schief; aber zu brauchen ist er doch. Noch schöner ist dieser Korb hier. Wer doch auch so schöne Körbe machen könnte! Wisst ihr, wo solche geflochten werden? Ja, in der Korflechterei in der Langensalzaer Strasse. Dorthin wollen wir morgen gehen und uns zeigen lassen, wie die Körbe geflochten werden.

2. Stufe. a) Gang in die Korbflechtewerkstätte und Umschau in derselben.

b) Besprechung des Beobachteten in der Schule nach folgenden Gesichtspunkten: Wie es in der Werkstätte aussah? Wie der Korbflechter das Gestell zurecht macht? Wie er die Weiden hergerichtet hat? Wie er das Flechten ausführt? Welche Werkzeuge er benutzt? Was für Korbwaaren wir gesehen haben? Handkörbe, Tragkörbe, Papierkörbe etc.).

3. Stufe. a) Werden nur Körbe geflochten? Was wird sonst noch alles geflochten? Stuhl, Kinderwagen, Strohdecke, Strohhut, Arbeitstasche, Obstdörre, Drahtgitter (am Karthausgarten).

b) Was verwendet man ausser den Weiden noch zum Flechten? Rohr, Stroh, Draht, Bast, dünne Holzschienen, Holzblättchen. (Tragkorb).

4. Stufe. Gieb nun noch einmal im Zusammenhang an a) was geflochten wird? b) welche Stoffe man zum Flechten benutzt?

5. Stufe. Dinge, welche aus Weiden, Stroh, Draht, Bast, Bindfaden geflochten werden.

4. Die Getreidearten.
(Im Anschluss an Robinsons Getreidebau, nach vorausgegangener Anschauung im Freien. Siehe Seite 34.)

Ziel. Wir wollen die Gewächse besprechen, die wir gestern auf dem Felde gesehen haben; welche also? Korn, Weizen, Gerste und Hafer.

1. Stufe. Auf welchen Feldern sind wir gewesen? Amricher Feld, Köpping. Wege dahin, Himmelsgegenden. Auf jenem haben wir Korn und Weizen, auf diesem Hafer und Gerste gesehen. Als wir zum ersten-

mal aufs Feld kamen, sah das Korn und der Weizen aus wie Gras. Im Sommer ist es gross gewachsen und gelb geworden.

2. Stufe. a) Vergleichende Besprechung der vier Getreidearten: Das Korn so hoch wie ein Mann, grösser als Weizen und Gerste. Wie folgen sie der Grösse nach aufeinander? — Bei dem Korn, dem Weizen, der Gerste sass oben auf dem Stengel (Halm) eine Ähre, beim Hafer nicht, dieser hat eine Rispe. Die Ähren haben noch Haare (Grannen); dieselben sind beim Weizen kürzer, bei der Gerste länger als bei dem Korn.

b) Besprechung der einzelnen Arten. Das Korn: Stengel lang, hohl, Knoten, mit Blättchen wie Gras. Ähre, Körner in Blättchen (Dütchen) steckend, an den Dütchen die Haare; dieselben kratzen, wenn man rückwärts mit dem Finger über sie hinstreicht. Wurzel in der Erde, hält den Halm fest, dass ihn der Wind nicht umblasen kann. — Zusammenfassung.

Nach denselben Gesichtspunkten werden auch die drei andern Getreidearten im einzelnen betrachtet und besprochen.

c) Wie ist das Getreide auf den Acker gekommen? Der Acker gedüngt, geackert, geeggt; Saat, Herbstsaat, Frühjahrssaat; Wintergetreide, Sommergetreide; Zeit der Reife. Ernte.

3. Stufe. a) Welche Getreidepflanzen haben eine Ähre? welche eine Rispe? Was haben sie alle für einen Stengel (Halm)? (Hohl, mit Knoten.) Welche Gewächse kennt ihr von unsern Spaziergängen her, die auch einen solchen Stengel (Halm) haben, wie Korn und Weizen?) (Grashalme an den Zäunen.) Haben dieselben auch Ähren mit Körnern? Ja. Die Grashalme aber nicht so dick, die Körner nicht so gross und schwer, wie bei Korn und Weizen. Was hat aber der Flachs für einen Stengel? Nicht hohl, keine Knoten, oben keine Ähre, sondern kleine Ästchen und Knotten daran.) b) Wie bringt man die Körner aus der Ähre? Wie heissen die Getreidehalme, wenn die Körner ausgedroschen sind? Was giebt es für Stroh? (Korn-, Weizen-, Gersten- und Haferstroh.) Vorzeigen. Was wird mit den Körnern gemacht? Wozu gebraucht man das Stroh?

4. Stufe. 1. Korn, Weizen, Gerste und Hafer sind grasartige Gewächse. 2. Sie haben eine Wurzel, einen hohlen, knotigen Stengel und oben am Stengel eine Ähre oder eine Rispe. 3. In den Ähren und Rispen stecken die Körner. 4. Die Körner geben uns das Mehl zu unserer Nahrung. 5. Es ist gut, dass der liebe Gott das Getreide wachsen lässt. „Der Herr lässet Gras wachsen für das Vieh und Saat zu Nutz dem Menschen."

5. Stufe. Welche Getreidearten säete Robinson? Welche werden bei uns angebaut? Welche Getreidepflanzen kennt ihr? Woran sieht man, dass sie grasartige Gewächse sind? (Anfangs wie Gras, Stengel, Ähre, Körner.) Wie werden sie der Reihe nach reif? Warum ist es sehr gut, dass der liebe Gott Korn, Weizen, Gerste und Hafer wachsen lässt? Getreideernte, Erntearbeiten.

III. Deutsch (Lesen und Schreiben).

1. Die Auswahl des Stoffes.

Welche Forderungen an ein Lesebuch gestellt werden, wolle man im „Dritten Schuljahr", Seite 107—110 nachlesen. Hier erwähnen wir nur folgendes: Der Inhalt des Lesebuches muss zu dem Konzentrationsstoff oder einem vorherrschenden und berechtigten Gedankenkreis der betreffenden Stufe in Beziehung stehen. Wegen der blossen Form kann kein Lesestück Aufnahme beanspruchen.

Der Gebrauch eines solchen Lesebuches kann verschieden gedacht werden: entweder schliesst sich das Lesebuch ergänzend und wiederholend an den übrigen Unterricht an, oder umgekehrt, dieser verarbeitet weiter, was das Lesebuch geboten hat.

In den beiden ersten Schuljahren kann der Gesinnungsunterricht nicht an das Lesebuch angeschlossen werden, weil die Schüler noch nicht lesen können; und auch später ist das Lesen noch längere Zeit ein so mangelhaftes, dass der andere Unterricht nicht darauf warten kann. Wollte man auch nur eine enge Verbindung durchsetzen, so könnten ebenso leicht die technischen als die anderen Unterrichtsfächer geschädigt werden, man könnte z. B. den Lese- und Schreibunterricht überstürzen, oder ihm unverhältnismässig viel Zeit zuwenden. Es liesse sich allerdings auch eine Zusammenstimmung des Lesestoffs mit dem jeweiligen heimatskundlichen oder Gesinnungsstoff dadurch herstellen, dass man erstern aufs äusserste beschränkt, z. B. aus jeder methodischen Einheit nur einige Sätze als Lesestoff auswählt. Mag das beim ersten Leseunterricht, so lange noch nicht oder nicht viel im Buche gelesen wird, Regel sein, später hat es seine Bedenken. Ein Lesestück z. B., das ein in vier bis fünf nackte Sätze zusammengezogenes Märchen als Inhalt hat, wird von dem Schüler überhaupt nicht als Erzählung eines Märchens anerkannt werden. Mit der Forderung „Anschluss an den Gesinnungsstoff und an Naturkunde" ist nicht ausgesprochen die Forderung „gleichzeitiger Behandlung". Die betreffenden Lesestücke können in vielen Fällen dem Sachunterricht später nachfolgen. Für den Leseunterricht sind damit mehrere Vorteile geboten: die Sache ist nach einiger Zeit dem Schüler zwar noch genügend bekannt, so dass wir nicht für neue „Vermittlung des Verständnisses" oder „Erregung des Interesses" zu sorgen haben; höchstens ist eine kurze Wiederholung nötig; aber die frühere Form ist bereits gelockert oder gelöst, es sich nicht um memorierte Stücke handelt. Wir können den Lesestoff in eine neue, wenn auch kürzere, doch ansprechende, gute Form bringen. Und auch das ist nötig; denn die Form soll vorbildlich sein. Wir können jetzt zahlreiche Poesien einflechten, die beim mündlichen Unterricht gemerkt werden müssten und das Gedächtnis überlasten würden. Wir können ferner die Anordnung des Stoffes zweckmässig ändern und haben Zeit, jedes Lesestück gründlich einzuüben, da es sich nicht unmittelbar an den übrigen Unterricht anschliesst. Aus diesen Gründen entscheiden wir uns für eine freiere Auffassung des „Anschlusses an den Sachunterricht".

Anmerkung.

Die Verfasser der „Schuljahre" haben zwei Lesebücher herausgegeben, in welchen das oben Dargelegte praktisch verwertet ist.*) Ihr Inhalt steht in mehr oder weniger enger Beziehung zu dem Gesinnungs- und heimatskundlichen Unterricht der beiden ersten Schuljahre, setzt also die Durcharbeitung dieses Stoffes voraus. Die Stoffe sind den Schülern bekannt und durch unterrichtliche Behandlung lieb geworden. Auf Erklärungen braucht der Lehrer deshalb nur wenig oder keine Zeit zu verwenden. Die ganze Kraft des Lehrers wie des Schülers kann sich für diese ersten Übungen im Lesen (bez. Schreiben) konzentrieren. Wir halten das für nicht unwichtig. Lesen und Schreiben sind Fertigkeiten, die jetzt schon tüchtige Übung verlangen; denn auf den nächsten Stufen sollen die mechanischen Schwierigkeiten, wenigstens zum grössten Teil, überwunden sein, damit die Beziehungen des deutschen Unterrichts zu den anderen Fächern viel innigere werden können.

2. Die Bearbeitung des Stoffes.

1. **Das Lesen.****) Das zweite Schuljahr hat die Aufgabe, zunächst das Wortlesen (ohne Beschränkung) zu üben und zu fliessendem, tonrichtigem Satzlesen überzuleiten. Beim Wortlesen wird verlangt, dass der Blick gleich das ganze Wort übersieht, während beim Satzlesen immer schon einige nachfolgende Worte erfasst sein müssen, wenn das vorhergehende noch ausgesprochen wird. Das Wortlesen betont zwar die Silben richtig, setzt aber alle Wörter eines Satzes gleichwertig; das Satzlesen hebt Einiges als besonders wichtig hervor, setzt also ein Urteil voraus. Es kann nicht eher erfolgen, bis die erlangte Fertigkeit im Wortlesen den Blick zum schnellen Durchlaufen der Zeilen freigemacht hat; deshalb darf man es nicht zu früh verlangen. Man erzeugt sonst auch leicht die „Stockerer", welche die bekannteren Wörter zwar rasch hinter einander lesen, bei jedem schwierigeren Wort aber halten und dann einen neuen Anlauf nehmen. Ebenso darf man das Wortlesen nicht voreilig erzwingen wollen, so lange das lautierende Lesen noch Schwierigkeiten macht; sonst legen sich die Schüler aufs Erraten der Wörter. Also behutsamer Fortschritt! Zum lautierenden Lesen muss so oft zurückgegriffen werden, als ein schweres Wort es nötig macht. Jeder

---

*) Das erste Lesebuch. Bearbeitet von Dr. W. Rein, Dr. A. Bliedner, A. Pickel und E. Scheller. Dresden, Bleyl & Kaemmerer. 0,30 M Lesebuch für das zweite Schuljahr 2. A. 1884.
**) Vergl. hierzu: A. Pickel, Anweisung zum elementaren Lese- und Schreibunterricht (von Seite 53 an). Dresden, Bleyl & Kaemmerer.

Das zweite Schuljahr.

Satz ist zunächst tüchtig wortweise einzuüben. (Es sei noch bemerkt, dass die Abstufung des Lesens nicht so aufzufassen ist, als sei auf der untersten Lesestufe kein Wort- oder Satzlesen zulässig. Bis zu letzterm wird vielmehr auch auf der untersten Stufe vorgeschritten.) Für den Anfang ist das Lautieren noch das alleinige Lehrverfahren, später tritt das Buchstabieren ein. Zur Erleichterung werden dabei die schwereren Wörter zerlegt. Silbenweises Lesen eines Wortes kann man nicht ohne Weiteres verlangen; denn der Schüler weiss ja noch nicht, wie weit eine Silbe reicht. Man giebt ihm vielmehr an, bis zu welchem Buchstaben er lesen soll, z. B. bei „Bohnensuppe": lies bis zum h! — Boh- —, von da bis zum n! — nen- —, beide Silben! — Bohnen- —, vom s bis zum ersten p! — sup- —, vom zweiten p bis zum Schluss! — pe —, die beiden letzten Silben zusammen! — suppe —, das ganze Wort! — Bohnensuppe —. Viele Lesebücher für die Unterstufe bringen deshalb die Wörter in Silben getrennt (Bohnensuppe z. B. ist gesetzt Boh nen sup pe). Das Lesen wird dadurch allerdings zunächst erleichtert, aber es artet leicht in Silbenlesen aus; auch werden die Wortbilder verunstaltet. Wird ein Lesestück richtig vorbereitet, so ist die erwähnte Hilfe nicht nötig.

Von der grossen Schrift der Lesemaschine zu der kleinen des Lesebuches ist ein ziemlicher Sprung. Dazu kommen die vielen Zeilen unter einander und die geringe Übung im Zeigen und Fortrücken auf solchen Linien. Das alles macht die Schüler leicht verwirrt. Deshalb schiebt man zwischen Lesemaschine und Lesebuch als zweckmässigen Übergang Lesetafeln ein,*) deren Schrift die Mitte zwischen derjenigen der Lesemaschine und des Lesebuches hält. Sie gestatten ohne Mühe einen tüchtigen Gesamtunterricht und Übung im Mitzeigen und Nachlesen. Im Lesebuch wird die zu lesende Zeile durch das Lesebrettchen oder ein Blats Papier, das zu lesende Wort durch den Zeigestift isoliert.

Die unterrichtliche Behandlung eines Lesestückes erfolgt nach den bekannten fünf formalen Stufen. Es soll aber nicht jedes Lesestück als methodische Einheit angesehen und nach sämtlichen Stufen durchgearbeitet werden, weil sonst die Leseübung zu gering sein würde.**) Viele Lesestücke werden deshalb auf der zweiten Stufe mit dem Lesen abgeschlossen und erst bei einem späteren weiter verwendet.

Die Vorbereitung eines Lesestücks erstreckt sich zunächst auf den Inhalt. Interesse für denselben soll schon durch die Zielangabe erweckt werden. Man wird häufig noch etwas mehr zu thun haben; doch darf die Vorbesprechung nicht den ganzen Inhalt des Lesestücks verraten. In dem Lesestück ist vielleicht auch manches dem Schüler voraussichtlich unverständlich oder unklar und erklärt sich aus dem Zusammenhange beim Lesen nicht von selbst. Entweder sind es einzelne Ausdrücke oder Satzkonstruktionen; diese sollen ihm womöglich vor dem Lesen zu voller Klarheit gebracht sein. Vielfach wird die Erklärung da einge-

---
*) Solche sind bei Klinkhardt in Leipzig erschienen.
**) Auf den Stundenplänen der meisten Elementarklassen ist das Lesen scheinbar zu reichlich bedacht. Die Erfahrung hat aber gelehrt, dass viele Übung nötig ist, wenn wirklich etwas Ordentliches erreicht werden soll. Beim Schreiben ist es ebenso.

schoben, wo es sich eben nötig macht, oder sie wird am Schluss eines Abschnitts gegeben. Das Letztere hat keinen rechten Sinn, da die Schüler genötigt werden, erst Unverständliches zu lesen. Aber auch das Einschieben der Erklärung kann nicht gut geheissen werden, weil die Gedankenreihe dadurch immerwährend unterbrochen wird. Für den Lehrer ist dieses Verfahren allerdings leichter, als eine gute Vorbereitung. Denn letztere soll nicht aus einzelnen zusammenhanglosen Stücken bestehen, sondern ein abgerundetes Ganze bilden. Das lässt sich oft nur schwer bewerkstelligen und erfordert viele Überlegung, wenn man nicht künsteln will. Eine gelungene Vorbereitung lohnt aber immer den darauf verwandten Fleiss. Die nötigen Erklärungen müssen möglichst kurz gefasst werden; die Lesestunde darf nicht in eine Geographie- oder Naturgeschichtsstunde ausarten.*) Lesestücke, die viele Erklärungen erfordern, sind als missratene anzusehen oder in ein falsches Lesebuch gekommen.

Weiter erstreckt sich auf der Elementarstufe des Lesens die Vorbereitung auf das Technische des Lesens und des daran zu schliessenden Schreibens. (Auch diese Vorbereitung erfordert grosse Sorgfalt und muss unbedingt schriftlich geschehen. Nur unerfahrene oder oberflächliche Lehrer können sich auf augenblickliche Eingebungen oder ihren „praktischen Blick" verlassen.) Hier wird folgendes zu beachten sein. Eine Anzahl von Wörtern des zu behandelnden Lesestücks ist dem Schüler aus dem Frühern bekannt. Diese Wörter werden zunächst ausgesondert und treten, soweit es nötig erscheint, in Form der Wiederholung auf. Nur wo sich Mängel ergeben, werden sie wieder in ihre Elemente zerlegt.**) Von neuen Wörtern sind meist Lautgruppen (Elementarsilben) bekannt; mit diesen verfahren wir ähnlich. Die Normalwörter gewähren uns dabei wesentliche Hilfe; auf sie greifen wir immer zurück. Sollten ganz neue Verbindungen vorkommen, so werden diese wie früher eingeübt.***) Das Lesen der Wörter selbst gehört auf die zweite Stufe. Bei schwierigeren Wörtern empfiehlt es sich, dieselben an der Lesemaschine anzustellen, besonders wenn es mehrsilbige sind. (Ein Lesebuch für die Elementarstufe

---

*) Fr. Otto: „Die Förderung, welche ein Lesestück dem Schüler bringen soll, darf nicht darin gefunden werden, dass dasselbe eine sachliche Erläuterung erheischt, die eine Partie des Realunterrichts ersetzt oder vertritt. Dem Bekannten fehlt das Förderliche nur, wenn es nur in einer verklärten Auffassung zur Anschauung vorgehalten wird."

**) Ziller (Jahrb. 1871, S. 148): „Die Analyse lenkt ihrer Natur gemäss in die Bahn zurück, die der Zögling bei Aneignung des Stoffes gegangen ist. Nur darf sie nicht zu den einfachsten Elementen zurückkehren, wofern daraus schon Zusammensetzungen gebildet und diese in eine systematische Form gebracht worden sind. Denn ein Wissen, das zu Stande gekommen ist, darf nicht eher wieder in seine Elemente aufgelöst werden, als bis sich Mängel der Aneignung ergeben haben."

***) In der Normalwörterreihe, die wir im „ersten Schuljahr" mitteilten, sind nicht alle Lautbezeichnungen und Elementarsilben enthalten. Es fehlen z. B. die Buchstaben P, Q, V, ch. Diese kann man in den Vorbereitungen nach und nach auftreten lassen, oder man fügt vor Eintritt des Lesebuchs noch eine neue Reihe von Normalwörtern ein. Das Letztere ist empfehlenswert, doch darf diese Reihe nicht zu gross werden, sonst geht die leichte Übersicht verloren.

wird darauf Rücksicht nehmen, dass die schweren Wörter in einem Stück sich nicht häufen.)

Als zweite Stufe folgt nun das Lesen des vorbereiteten Abschnitts. Er wird so lange eingeübt, bis auch die schwächern Schüler ihn geläufig lesen können. Das technische Geschick des Lehrers muss sich hier ebenso entfalten, wie bei den ersten Leseübungen, damit die Aufmerksamkeit erhalten bleibt und eine intensive Leseübung stattfindet. Es ist dabei folgendes zu beobachten. Die Schüler sitzen in guter Haltung vor dem aufgeschlagenen Buche und zeigen auf das zu lesende Wort; fortgerückt wird nur auf ein bestimmtes Zeichen, wie auch nur auf ein solches das Wort ausgesprochen wird. Die Pausen zwischen den einzelnen Worten sind anfangs länger, dann kürzer und fallen beim Satzlesen natürlich weg. Gelesen wird in der Regel erst im Chor, dann von einzelnen, bei Ermüdung in mannigfachem Wechsel; die schwächern Schüler lesen am häufigsten. Sätze sitzen bald im Gedächtnis, dann wird häufig nicht mehr auf die Wörter gesehen; deshalb werden die Wörter auch ausser der Reihe gelesen (z. B. das erste, das vierte, das vorletzte etc.). Rückwärtslesen ist nur als Ausnahme zulässig. Stockt ein Schüler bei einem Wort, so darf es ihm unter keinen Umständen vorgesagt werden; er muss lautieren, leise oder laut. Auf das genaue Mitzeigen und Nachlesen ist streng zu halten. Zum Einzellesen werden zuerst die befähigteren Schüler aufgefordert, dann die schwächern. Man wird sich bei letztern noch einige Zeit mit dem Wortlesen begnügen dürfen. Jeder Abschnitt wird erst Satz für Satz eingeübt; der vorhergegangene Satz wird dann immer zum nachfolgenden zugezogen, bis schliesslich der ganze Abschnitt fliessend gelesen wird. Später können kleine Abschnitte gleich bis zu Ende gelesen werden. An das Satzlesen schliessen sich gelegentlich Belehrungen über die Satzzeichen an. Die richtige Betonung wird durch kurze Fragen nach dem hervorzuhebenden Wort erzielt; auch Vorlesen vom Lehrer darf von Zeit zu Zeit eintreten. Werden Sätze oder ganze Abschnitte im Chor gelesen, so hat der Lehrer zu dirigieren wie beim Chorsprechen; sonst wird durch Chorlesen die Betonung geschädigt. — Auf das Lesen erfolgen einige Fragen nach dem Inhalt oder ganze Inhaltsangaben und Erklärungen, wenn solche etwa noch nötig sind. (Geeignete Stücke werden auch memoriert und recitiert.) Fragen und Inhaltsangaben sind auch am Platz, wenn Ermüdung im Lesen eintritt, müssen aber kurz sein. Von Zeit zu Zeit werden die eingelesenen Lesestücke wiederholt.

Das Leseziel des zweiten Jahreskursus kann als erreicht angesehen werden, wenn die Schüler die kleinen Lesestücke ihres Lesebuchs und andere für dieselbe Stufe berechnete Stücke auch ohne vorherige Einübung nach einem ein- oder mehrmaligen stillen Durchlesen langsam, aber geläufig und mit Ausdruck lesen können.

2. Das Schreiben. Unter „Schreiben" sind hier die sämtlichen schriftlichen Übungen mit ihren Vorbereitungen zum Zweck des Sprachunterrichts zu verstehen.*) Als Aufgabe des zweiten Schuljahrs sehen

---

*) Im Laufe des zweiten Schuljahres beginnt aber auch das Schreiben mit Feder und Tinte, und damit ein besonderer Schönschreibunterricht.

wir an: Erwerbung eines grammatisch und orthographisch richtigen Ausdrucks im Umfang des behandelten Stoffes, mit Beschränkung auf die Grundformen des einfachen Satzes.

Die zur Erreichung des Ziels nötigen Übungen schliessen sich zum Teil an das Lesen, zum Teil auch an den Sachunterricht an. Was aus der (theoretischen) Sprachlehre vorkommt, wird nicht um seiner selbst willen herbeigezogen, sondern ist Hilfsmittel für die schriftliche Darstellung. Dahin gehören: Silbenabteilung, Ableitung und Umlautung, Dingwort, Dehnung und Schärfung, einige Satzzeichen. Die schriftlichen Übungen erstrecken sich auf das genaue Abschreiben, Schreiben nach Diktat, Aufschreiben von Memoriertem, Aufschreiben von selbst gebildeten Sätzen aus dem Bereich des Lesestoffs und des Sachunterrichts. Im ersten Halbjahr bestehen dieselben vorzugsweise in einem Arbeiten nach Mustern (Ab- und Aufschreiben kleiner Lesestücke), im zweiten Halbjahr gesellen sich ihnen die Niederschriften von selbst gebildeten Sätzen aus dem Sachunterricht zu.

Den schriftlichen Übungen hat stets eine orthographische Vorbereitung vorauszugehen. Alle noch nicht geschriebenen Wörter, sowie die schwierigeren Wörter überhaupt, von denen anzunehmen ist, dass ihre Schreibweise wenigstens bei einigen Schülern nicht sicher ist, werden herausgehoben und an die Wandtafel geschrieben. Hier sind sie genau anzuschauen, zu lautieren (später zu buchstabieren), dann abzuschreiben. Zur weiteren Befestigung folgt Lautieren aus dem Kopf und Anschreiben an die Wandtafel, Aufschreiben ohne Hülfe (aus dem Gedächtnis oder nach Diktat) und Verbesserung. Geübt wird bis zur vollständigen Sicherheit. Ein grosses Gewicht ist hierbei auf das Sehen zu legen.. Denn beim Kinde ist die Orthographie hauptsächlich nicht Ergebnis der Reflexion, sondern Sache der Übung und der dadurch bedingten Gewohnheit. Es darf kein falsches Wortbild sehen (deshalb dürfen auch Wörter nicht falsch an die Tafel geschrieben werden oder wenigstens nicht längere Zeit stehen bleiben). Hat es für ein Wort zwei verschiedene Wortbilder angeschaut, so können später auch wieder zwei ins Bewusstsein treten: ein richtiges und ein falsches, und es hängt vom Zufall ab, welches eintritt oder gewählt wird. Die Anschauung allein thut's jedoch auch nicht; und wo einfache Regeln die Orthographie wesentlich unterstützen können, da sollen sie auch herangezogen und angewandt werden.

Da unsere Sprache für denselben Laut verschiedene Bezeichnungen hat (z. B.: V, v, F, f; i, ie, ieh), so reicht das Lautieren zur genauen Bezeichnung der Schreibweise bald nicht mehr aus. Eine Zeit lang kann man sich noch mit den Normalwörtern behelfen (es wird gesagt: F wie bei Falke, V wie bei Vogel, ie wie in Ziege etc.), was aber schliesslich doch zu umständlich ist. Deshalb muss nun das Buchstabieren eintreten und bei orthographischen Besprechungen bald alleiniges Mittel zur

---

Derselbe muss mit den elementarsten Übungen beginnen, da der Gebrauch der neuen Schreibmaterialien den Kindern nicht leicht wird. Der Schönschreibunterricht ist ausführlicher dargestellt in einem besondern Abschnitt.

Verständigung werden. Das Buchstabieren wird am leichtesten und raschesten an ganz bekanntem Wortmaterial, an den Normalwörtern gelernt, die deshalb nochmals, jetzt buchstabierend durchlaufen werden. Der neue Gesichtspunkt verleiht der Sache neuen Reiz. So lange das Lautieren noch zum Lesen schwieriger Wörter nötig ist, muss scharf eine Vermengung von Lautieren und Buchstabieren vermieden werden. (Weiteres über das Buchstabieren in Pickel, Anweisung, S. 65 bis 67; Lehrproben ebendaselbst S. 68—71.)

Das orthographische (und auch grammatische) Material strömt jetzt so reichlich zu, dass es nicht mehr bewältigt werden kann, wenn es nicht geordnet und in systematischer Form Eigentum des Schülers wird. Daher ist die vollständige Durcharbeitung einzelner Sprachstücke geboten.

Auf der dritten Stufe werden die Wörter zusammengestellt und verglichen, sowohl die aus dem vorliegenden Stück, als auch die dazu in Beziehung stehenden aus früheren Abschnitten. Aus dem sich dabei findenden Analogen und Entgegengesetzten ergeben sich nach und nach Klassen mit bestimmten Merkmalen, z. B. Wörter mit besondern Buchstaben: V (Vogel, Vater, Vetter); ss (Fluss muss); ng (Gesang, fing). Gedehnte Wörter: und zwar solche, in denen die Dehnung bezeichnet ist durch ein h (Kahn, Sohn, Jahr); durch Verdoppelung des Grundlautes, (Beet, Boot); durch ie (Ziege, viel, lieb); gar nicht bezeichnet (Fuss, Herd, mal, war). Geschärfte Wörter (ähnlich wie vorher).

Die Aufstellung solcher Wortklassen, die zweckmässig nach einem Normalwort benannt werden, ist sehr wichtig. „Ohne dieselben erhält das Gedächtnis nicht die nötige Stütze und versagt schliesslich den Dienst."

Auf der vierten Stufe werden die Wörter nach ihren charakteristischen Merkmalen zusammengestellt, bezüglich in die Klassen eingeordnet.

Zweckmässig schreiben die Schüler diese orthographischen Reihen in ein Heft, das „orthographische Wörterbuch". Ist eine orthographische Regel oder sonstiger Satz aus der Sprachlehre zu entwickeln, so geschieht das ebenfalls nach der bekannten Weise. Auf der vierten Stufe wird er in knappen, klaren Worten ausgesprochen und eingeprägt.

Nun soll der Schüler noch beweisen, dass er die Sachen nicht nur richtig aufgenommen hat, sondern auch anwenden kann. Es folgen daher auf der fünften Stufe kleine Diktate, in denen das durchgearbeitete Wortmaterial in neuen Verbindungen wieder auftritt, welche Übungen so lange fortgesetzt werden, bis völlige orthographische Sicherheit erreicht ist. Als häusliche Aufgabe können öfter die orthographischen Wortklassen, soweit sie bis dahin entwickelt sind (z. B. die Wörter mit ld, nn, tt etc.) aufgeschrieben werden. Freiere Arbeiten, zumal ganze Aufsätze sind noch nicht zu verlangen. — Alles Geschriebene wird natürlich gelesen und durchgesehen: die Verbesserungen folgen gemeinschaftlich. (Schon während des Schreibens kann der Lehrer etwaige Fehler sich notieren. Die sog. Klassenfehler ergeben sich sofort und sind gründlich zu beseitigen.)

Alle Lesestücke vollständig schriftlich durchzuarbeiten, würde unmöglich sein bei der knappen Zahl der Schulstunden, zumal ja auch kleine Niederschriften aus dem Sachunterricht und der eigenen Erfahrung der Kinder mit vorkommen sollen. Der Lehrer hat daher gleich zu Anfang des

Schuljahr eine Auswahl von Lesestoffen zu treffen, die sich für die schriftlichen Übungen vorzugsweise eignen. Am besten dürften sich die kleinen Prosastücke aus der ersten Hälfte unseres ersten Lesebuchs eignen. Die aus dem Sachunterricht und der eigenen Erfahrung zu entnehmenden Stoffe werden kaum mit einiger Sicherheit im voraus bestimmt werden können.

Lehrproben.
1. Kind und Eltern.
No. 1 des „ersten Lesebuchs".)

Ich bin ein Kind.
Ich habe einen Vater und eine Mutter.
Vater und Mutter sind meine Eltern.
Meine Eltern geben mir zu essen und zu trinken.
Meine Eltern geben mir auch Kleider und Schuhe.
Sie lassen mich in einem Bett schlafen.
Meine Eltern haben mich lieb.
Ich habe meine Eltern auch lieb.

a) Das Lesen.

Ziel: Von jetzt an lest ihr in eurem neuen Lesebuch. Darin steht zuerst etwas von euch und euren Eltern.
1. Stufe. Was wird wohl von euch und euren Eltern im Lesebuch stehen? (Meine Eltern haben mich lieb. Meine Eltern geben mir zu essen und zu trinken. Meine Eltern geben mir Kleidung u. s. w. Ich habe meine Eltern lieb. Ich gehorche ihnen u. s. w.) Ob ihr richtig geraten habt, werden wir sehen. Welche Wörter müssten dann in dem Lesestück vorkommen? Könnt ihr diese schon lesen? Wir wollen sehen. Lest, was hier steht (an der Lesemaschine)!
Bekannte Wörter:
   a) ein, eine, einen, einem.
   b) Mein, mein, meine, meinen, meinem. (Wann wird Mein mit grossem M geschrieben?)
   c) in, Ich, ich, mich mir, bin, auch.
   d) und, zu, Mutter, eine Mutter, meine Mutter.
(Später, wenn kein Zweifel mehr besteht, dass solche Wörter im Lesebuch sofort gelesen werden können, bleiben sie in der Vorbereitung weg. Braucht man sie zu sprachlichen Zwecken, so bringt man sie auch dann noch in die Vorbereitung.)
Über vollständige Sicherheit im Lesen könnten Zweifel bestehen bei
   e) Kind, sind, ein Kind, mein Kind.
   f) Kinder, Kleider, Vater. Die Kinder, die Kleider, der Vater.
   g) Schuhe. Die Schuhe, meine Schuhe.
   h) trinken, schlafen, lassen.
   i) Die Kinder schlafen, die Kinder essen.
   k) lieb.

Das zweite Schuljahr.

Nehmen wir an, die Wörter Vater, Kleider und schlafen kämen einigen Schülern fremdartig vor, weil das V nicht häufig ist, Kl und schl nicht genügend geübt worden sind, so haben wir folgende Übungen anzustellen:

2. Stufe. Wo haben wir diesen Buchstaben (V) kennen gelernt? Bei „Vogel" (Normalwort). Wie lautet er also? V.
Lest! Vo, Vö, Va, Vi, Vog, Vög.
V darf man nicht verwechseln mit B.
Lest! Vo, Bo: Vogel, Bogen; Va, Ba: Vater, Bad (Bader?); Vi, Bi: Violine, Bier; Vögel, Bögen.
Auch das kleine v kennt ihr (bei „Larve").
Lest! ve, va, ver, ev, av, stav: Larve, Eva, Gustav, brav.
Ähnlich würden Kl und schl einzuüben sein.

2. Neu erscheint die Aussprache des grossen E = Ä (in Eltern) und das b = w. Die Buchstabenformen sind bekannt und auch ihr sonstiger Laut. Das kleine e ist, wie ä lautend, schon längst angewandt worden in den Silben er, em, en, el, es. An diese können wir anknüpfen: m-e = me (in Blume), e-m = em (meinem), n-e = ne (in Biene), e-n = en (Ofen), r-e = re (in Scheere), e-r = er (Bauer), l-e = le (in Eule), e-l = el (Esel), s-e = se (in Rose), e-s = es (schönes), t-e = te (in Flöte), e-t = et (betet). e klingt also bald wie eh, bald wie ä.

Lautiert nun leise folgende Wörter: Eva, Emma, Eltern; Erde, Ernte; Esel, Ente.

Lest diese Wörter! Wie sprecht ihr das E in denselben aus? (Wie Ä und wie Eh.)

In welchen lautet es Eh, in welchen Ä?

Nun lautiert und lest noch folgende Wörter: Beet, Bett, Gebet, gebet, essen, Vetter.

Habt ihr jedesmal gleich gewusst, ob ihr e oder ä lautieren solltet? Wenn wusstet ihr aber, wie ihr e aussprechen solltet? (Wenn wir das Wort durchlautiert hatten.)

Das b erfährt eine ähnliche Behandlung.

Das Lesen im Lesebuch wird nun ohne Schwierigkeiten vor sich gehen. Es wird dabei verfahren, wie oben bereits angegeben.

Sollten noch Übungen im Lautieren wünschenswert sein, so können diese vor dem Wortlesen eintreten. (Z. B. Zeigt auf das erste Wort! Lautiert es leise! Lest es! Das zweite Wort! Lest! Das dritte Wort! Lautiert! Lest! u. s. f. Man wird auch zum Lautieren greifen, sobald die Schüler sich aufs Erraten verlegen oder die Sätze auswendig können und nicht mehr auf die Wörter sehen.)

b) Das Schreiben.

Ziel. Wir wollen nun schreiben lernen, was wir gelesen haben.

Bemerkung. Nicht der ganze Lesestoff soll systematisiert werden, sondern nur die Wörter, in denen e wie ä, b wie w lautet. Hauptziel der vorliegenden Schreibübung ist: Fehlerfreie Niederschrift nach Diktat. Deshalb hat die Vorbereitung nur noch folgendes zu bringen.

1. Stufe. Gebt Wörter an, die mit einem grossen Anfangsbuchstaben geschrieben werden! (Kind, Eltern, Bett, Ich, Meine etc.)
Warum werden diese mit grossen Anfangsbuchstaben geschrieben? (Hauptwörter und die am Anfang eines Satzes stehen, erhalten grosse Anfangsbuchstaben.)
Sagt, wie folgende Wörter geschrieben werden: Ich, auch, bin*), ein, und, mir, mich, in, zu, sie, sind. (Für die Konsonanten kann nur der Laut, nicht der Name angegeben werden, denn es wird noch nicht buchstabiert. Bei ch wird gesagt: ch wie in Sichel bei ie — i wie in Ziege.)
2. Stufe. Von folgenden Wörtern wollen wir die Schreibweise genau merken. Lest diese Wörter! (An der Wandtafel stehen:) Kind, Eltern, Vater, Mutter, Kleider, Schuhe, Bett, haben, geben, essen, trinken, lassen, schlafen, lieb. Gebt von jedem Wort an, wie es geschrieben wird! Nun will ich die Wörter wegwischen. Wie wird „Kind" geschrieben? „Eltern"? u. s. w.
a) Schreibt jetzt das Lesestück aus dem Lesebuche ab! (Schiefertafeln! Stift! Lesebuch! Alles taktmässig.) Schaut das erste Wort an! (Kind.) Lautiert es. (K-i-n-d = Kind.) Schreibt es! Das zweite Wort heisst „und". Schreibt es! Das dritte Wort! Schaut es an! Lautiert! Schreibt! (Statt dieser Befehle gebraucht man später bestimmte hörbare Zeichen, z. B. für Anschauen einmaliges schwaches Klopfen, für Lautieren zweimaliges, für Schreiben dreimaliges. — Nach dem Lautieren wird das Wort natürlich allemal richtig ausgesprochen. Die leichten Wörter werden nicht erst lautiert, sondern gleich geschrieben.) Die Satzzeichen sind ebenfalls anzugeben.
Nachdem das Stundenpensum abgeschrieben ist, wird es von den Schiefertafeln vorgelesen und vom Lehrer durchgesehen. Später können die Schüler die Tafeln umtauschen und die Fehler anstreichen. Im Anfang wird der Lehrer gut thun, jeden Fehler selbst anzustreichen, wenn er es bewältigen kann. Die Verbesserung muss der Schüler immer selbst ausführen. Man lässt die falsch geschriebenen Wörter nochmals lautieren, wobei sämtliche Schüler das betreffende Wort ansehen; wer es falsch hat, verbessert es.
Sollte einmaliges Abschreiben nicht genügen, so kann es noch einmal erfolgen und zwar ohne Zuziehung des Lautierens. Dann wird dem Schüler die Aufgabe als eine von der ersten verschiedene erscheinen.
b) Schreibt nun das Lesestück auf, ohne dass ihr dabei ins Buch seht! Wie hiess die Überschrift? Schreibt sie! Der erste Satz! u. s. f.
3. Stufe. Lautiert und lest! bin, habe, lieb, geben. Wie klingt das b in bin, in habe, in lieb? etc. Eva, Emma, Emil, Eltern, Erde, schlafen, lassen. Vater, Eltern, Mutter, Kleider, Kinder, Bett.

---

*) In Niederdeutschland, wo das Hochdeutsche mehr als fremde Sprache erscheint, wird b und p, d und t durch den Laut allein genügend bezeichnet werden; in Mitteldeutschland bringt es der Lehrer nur mit vieler Mühe dahin und es erscheint gekünstelt. Mag man hier immerhin die belächelten Bezeichnungen „hart" und „weich" noch anwenden.

4. **Stufe.** Stellt zusammen die Wörter, in denen b wie w klingt! (haben, geben). E wie Ä! (Emma, Eltern, Erde, Bett, haben, geben u. s. w.). Die Hauptwörter! (Kind, Eltern, Vater, Mutter u. s. w.).

5. **Stufe. Diktat.** (Die Sätze können von den Schülern auf Fragen auch selbst gefunden werden.) Ich habe Eltern. Ich habe meinen Vater lieb. Ich habe auch meine Mutter lieb. Mein Vater hat mich lieb. Meine Mutter hat mich auch lieb. Ich esse. Ich trinke. Ich schlafe. Meine Eltern essen und trinken auch. Meine Eltern geben mir Kleider und Schuhe. Sie geben mir auch ein Bett.

2. Bruder und Schwester.
(No. 2 des „ersten Lesebuchs".)

A. **Ziel:** Wir wollen das Stücklein von Bruder und Schwester noch einmal lesen und dann auch schreiben lernen.

1. **Stufe.**
   a) Lesen des Stücks, einzeln, im Chor.
   b) Die Kinder erzählen, was sie gelesen haben. Nach dem Lesen fragt der Lehrer: Wer hat das gesagt? Ein kleiner Knabe (ein kleines Mädchen). Was hat der kleine Knabe (das kleine Mädchen) gesagt? Erzählen des Inhalts.
   c) Nun sagt, ob ihr auch einen Bruder, eine Schwester (oder mehrere) habt, und wie sie heissen.

2. **Stufe.**
   a) Lest den 1. Satz! Lest ihn noch einmal, aber haltet bei jedem Wort etwas ein (der Lehrer klatscht zu jedem Worte. Sagt den Satz auswendig und klatscht selbst zu jedem Worte! Wie viel Wörter hat der Satz? (7). Wie heisst das 1., 2. etc. Wort?
   b) Welche Wörter könnt ihr schon schreiben? Buchstabiert dieselben! Welche habt ihr aber noch nicht geschrieben? Lautieren und Buchstabieren der neuen Wörter aus dem Buche. Nach jedem Worte heisst es: Womit wird das Wort geschrieben? Bruder mit d wie Kleider, Kind, sind; heisst mit ss wie Nuss; Anna mit nn wie Mutter mit tt, lassen mit ss, Bettchen mit tt, spielen mit sp, ie (wie sie, lies) etc.
   In gleicher Weise wird auch der 2. und 3. Satz des 1. Abschnitts besprochen. Darauf folgt
   c) Anschreiben der Sätze von Seiten des Lehrers, unter dem Mitbuchstabieren seitens der Kinder, an die Wandtafel und Unterstreichen der orthographischen Eigentümlichkeiten der Wörter. Lesen des Angeschriebenen und Abschreiben desselben.
   d) Abschreiben der drei Sätze aus dem Lesebuche (als Hausaufgabe).
   Ebenso werden auch die anderen Abschnitte des Lesestücks bearbeitet.

3. **Stufe.**
   a) Welche neuen einsilbigen, zweisilbigen Wörter haben wir schreiben gelernt? Und welches dreisilbige? Hausaufgabe: Diese drei Gruppen von Wörtern zu schreiben.

b) Welche Wörter kennen wir nun mit
   d: Bruder, Kleider, Kind, sind;
   t: gut, mit, Vater, Eltern, trinken,
   nn, tt, ss: Anna, Mutter, Bette, lassen;
   ie, ss, sp.
c) Sagt das erste Wort von jedem Satze! Was bemerkt ihr? In allen 7 Sätzen ist das erste Wort mit einem grossen Anfangsbuchstaben geschrieben. Wie ist's aber bei den Sätzen des vorhergehenden Lesestücks, das wir auch schon geschrieben haben? Was lernt ihr daraus?
d) Was steht nach jedem Satze in unserem Lesestück? Wie war's im vorhergehenden? Was sehen wir daraus?

4. Stufe.
  1. Es giebt einsilbige, zweisilbige, dreisilbige Wörter.
  2. Wenn ein Satz anfängt, wird ein grosser Anfangsbuchstabe geschrieben.
  3. Wenn ein Satz zu Ende ist, so wird ein Punkt gesetzt.
  4. Die Wortreihen mit d, t, nn, ss, tt, ie, sz.

5. Stufe.
  a) Buchstabieren der Wörter der ersten beiden Sätze aus dem Kopf und dann Schreiben der Sätze nach Diktat. Dasselbe mit den folgenden Sätzen in Gruppen von je 2 oder 3 Sätzen.
  b) Diktat von kleinen Sätzen aus dem Gedanken- und Wortmaterial dieser und der vorhergehenden Einheit, z. B.: Ich bin ein Kind. Ich habe einen Bruder. Ich habe eine Schwester. Mein Bruder heisst Karl. Meine Schwester heisst Anna. Bruder und Schwester haben mich lieb. Meine Eltern haben mich auch lieb. Ich esse. Ich trinke. Meine Geschwister essen und trinken auch.

B. Ziel: Ihr sollt schreiben lernen, wie ihr heisst (eure Namen schreiben lernen).

1. Stufe. Die Schüler geben an, wie die Kinder geheissen haben, die im vorherbehandelten Abschnitt (Lesebuch Nr. 2) vorgekommen sind. Hierauf sagen sie der Reihe nach ihre eigenen Vor- und Zunamen. Dabe wird auf deutliche, reine Aussprache gehalten.

2. Stufe.
  a) In Gruppen von je drei, höchstens vier Namen (immer Vor- und Zunamen zusammen) werden dieselben lautiert, buchstabiert, vom Lehrer (senkrecht untereinander) an die Tafel geschrieben; nach je einem Vor- und Zunamen wird ein Komma, zulezt ein Punkt gesetzt.
  b) Lesen der angeschriebenen Namen von der Wandtafel, Buchstabieren und Schreiben der Namen auf die Schiefertafel; Lesen des Aufgeschriebenen.
  c) Schreiben der besprochenen Namen als Hausaufgabe.

3. Stufe.
  a) Wer hat einen einsilbigen, einen zweisilbigen, einen dreisilbigen Namen?

b) Wer hat einen Namen der mit k, mit g, ch, nn, etc. geschrieben wird?

c) Diktieren aller Vornamen (nebst den Zeichen), welche die Kinder nun schon schreiben können, mit Hinzunahme derer, die im vorher behandelten Lesestück vorgekommen sind. Mit was für einem Anfangsbuchstaben werden alle diese Vornamen geschrieben? (Mit einem grossen.)

d) Diktieren der Zunamen (samt der Zeichen). Lesen des Geschriebenen; Hinweisung darauf, dass auch jeder Zuname mit einem grossen Anfangsbuchstaben geschrieben wird.

e) Diktat der Vor- und Zunamen der Kinder, der Sitzreihe der Kinder nach. Die Kinder werden darauf aufmerksam gemacht, dass allemal, wenn Vor- und Zuname fertig geschrieben sind, ein Komma, zuletzt ein Punkt gesetzt wird.

4. Stufe.

1. Die Vornamen werden mit einem grossen Anfangsbuchstaben geschrieben.
2. Die Zunamen werden mit einem grossen Anfangsbuchstaben geschrieben.
3. Wenn wir bloss die Vornamen schreiben, so wird nach jedem ein Komma gesetzt, zuletzt ein Punkt. Ebenso bei den Zunamen.
4. Wenn wir Vor- und Zunamen schreiben, so setzen wir erst nach dem Zunamen ein Komma, zuletzt einen Punkt.

5. Stufe.

a) Aufschreiben der Vornamen der Kinder der Sitzreihe nach, aus dem Kopfe, mit den Zeichen.

b) Aufschreiben der Zunamen in gleicher Weise.

c) Aufschreiben der Kinder nach Vor- und Zunamen der Sitzreihe nach, aus dem Kopfe, mit den Zeichen.

d) Aufschreiben wie mit ihrem Vornamen die Knaben, wie die Mädchen heissen.

Anmerkung. Von jezt ab haben die Kinder unter jede schriftliche Arbeit ihren vollen Namen zu schreiben.

3. Die Augen.
(No. 22 des „ersten Lesebuchs".)

Zwei Augen hab' ich, klar und hell,
Die drehen sich nach allen Seiten schnell;
Die sehen alle Blümchen, Baum und Strauch
Und den hohen Himmel auch.
Die setzte der liebe Gott mir ein,
Und was ich sehe, ist alles sein.

Für die theoretische Sprachlehre wollen wir aus Gedichten nur wenig ableiten, damit wir dieselben nicht zu sehr zerpflücken und die Poesie zerstören. Auch die Besprechungen und mündlichen Übungen (z. B. Inhaltsangaben) beschränken wir auf das Allernötigste. Von vollständigen „Umwandlungen in Prosa" sehen wir aber auf den untern Stufen ganz ab.

Das zweite Schuljahr.

Das vorstehende kleine Gedicht sollen die Kinder lesen, dann memorieren, mit Ausdruck hersagen und aus dem Gedächtnis richtig aufschreiben können. Zu orthographischen Zwecken heben wir heraus a) die Wörter, in welchen das h ausgesprochen wird, und b) die mit g und ch (Augen, auch) geschriebenen.

Ziel. Wir wollen von den Augen lesen.

1. Stufe. Wieviel Augen hast du? Was kannst du damit sehen? Wer hat dir die Augen gegeben? Wer hat alles gemacht, was du siehst? Wem gehört alles? Wer kann das nicht sehen? Wie müssen die Augen sein, wenn wir sehen wollen. Deine Augen sind klar und hell. Wem musst du dafür recht dankbar sein?

Zusammenhängende Wiedergabe. Ich habe zwei Augen. Damit kann ich vieles sehen. Der liebe Gott hat mir die Augen gegeben, ihm gehört auch alles, was ich sehe. Der Blinde kann das nicht sehen. Meine Augen sind hell und klar; ich will dem lieben Gott dafür dankbar sein.

(In den meisten Fällen, nämlich da, wo sofortige richtige Auffassung des kleinen Gedichtes vorausgesetzt werden kann, wird diese sachliche Vorbereitung überflüssig sein. Man kann dann zu Zwecken mündlicher und schriftlicher Übung eine kurze Besprechung dem Lesen nachfolgen lassen.)

Wörter zur Wiederholung und Übung: ich, sich, nach, auch, klar, hell, schnell, alle, alles, liebe, Gott, Baum, hab, habe, Himmel.

a) drehen, sehen, gehen, hohen.
b) Blume, Blümchen, Baum, Bäumchen, Bett, Bettchen.
d) Auge, Augen, saugen.
c) auch, Strauch, Rauch, Schlauch.
e) sitzt, setzt, setzte, jetzt, wetzt, blitzt.
f) zwei, Zwirn.

(Wenn Zeit genug vorhanden, treten die Wörter in leichten, einfachen Sätzen auf.)

2. Stufe. 1. Lesen.
   a) Lesen des Gedichts im Buche.
   b) Belehrung über das ; (Punkt-Strich).
   c) Das Lesestück ist ein Gedicht.
Die Zeilen reimen sich (hell—schnell, Strauch—auch, ein—sein).
   d) Fragen nach dem Inhalt. Zusammenhängende Wiedergabe des Inhalts. (Nach der orthographischen Behandlung aufzuschreiben.)
   e) Memorieren des Gedichtes.

2. Schreiben.
   a) Schreibweise der Wörter Zwei, klar, hell, schnell, alle, kann, liebe, Gott, Himmel, Seiten, Baum. (Die Wörter mit Doppel-Konsonanten sind schon systematisiert.) Augen, Blümchen, Strauch, drehen, sehen, hohen, setzte.
   b) Abschreiben des Gedichts.
   c) Aufschreiben aus dem Gedächtnis. (Bei wenig Zeit kann hier abgeschlossen werden.)
   d) Aufschreiben der Inhaltsangabe.

3. Stufe. Orthographie von
a) auch, Auge, Strauch, saugen, brauchen.
b) sehen, gehen, drehen, blühen, Schuhe, hohen, hoch, ziehen, stehen, Reihe; aber wohnen, befehlen etc.
c) seht, sieht, geht, dreht, blüht, Blüte, zieht, steht (Ableitung).

4. Stufe.
   a) Mit **g** werden geschrieben: Auge, saugen. (Anschluss an das Normalwort „Säge".)
   b) Mit **ch**: auch, Strauch, Blümchen.
   c) Mit **ht**: seht, sieht, geht, dreht, zieht, blüht.

5. Stufe.
   a) Aufschreiben einiger Sätze (aus dem Gedicht), welche vorstehende Wörter enthalten. (Von den Schülern selbst zu finden.)
   b) Anwendung der systematisierten Wörter in einem Diktat.

3. Strohhalm, Kohle und Bohne.
(Nr. 4 der Märchen im Lesebuch für das zweite Schuljahr.)

(1. Hälfte.) In einem Dorfe wohnte eine arme alte Frau, die wollte Bohnensuppe kochen. Sie nahm eine Hand voll Stroh, zündete es an und legte Reisig und Holz darauf. Als sie nun die Bohnen in den Topf thun wollte, fiel eine auf den Boden und legte sich neben einen Strohhalm. Bald darnach fiel auch eine glühende Kohle zu den beiden herab. Da sprach der Strohhalm: Liebe Freunde, wo kommt ihr her? Die Kohle antwortete: Ich bin dem Feuer entsprungen; denn hätte ich dies nicht gethan, so wäre ich zu Asche verbrannt. Die Bohne sagte: Ich bin noch so davon gekommen; hätte mich die alte Frau in den Topf gebracht, ich wäre zu Brei gekocht worden, wie meine Kameraden. Und ich, fing der Strohhalm an, würde auch verbrannt sein, wenn ich nicht auf den Boden gefallen wäre; alle meine Brüder hat die Alte ins Feuer geworfen, sechzig hat sie auf einmal ums Leben gebracht. Was fangen wir aber nun an? sprach die Kohle. Wir wollen gute Kameraden bleiben, sprach die Bohne, und zusammen in ein fremdes Land ziehen.

Ziel. Wir wollen das Märchen von Strohhalm, Kohle und Bohne lesen.

1. Stufe. Wer weiss noch etwas aus dem Märchen? Manches habt ihr vergessen, das hört ihr hernach beim Lesen wieder. Nennt einige schwere (grosse) Wörter aus dem Märchen! Auch solche aus andern Märchen! Ich habe solche hier (an der Lesemaschine) angestellt. Wer kann sie lesen?
   a) Strohhalm, Bohnensuppe (Goldregen, Apfelbaum, Backofen, Schneeflocken, Reisbrei als Wiederholung aus dem zweiten und dritten Märchen);
   b) zünden, zündete, antworten, antwortete, legen, legte, kochen, kochte, trippeln, trippelte, arbeiten, arbeitete;

Das zweite Schuljahr. 57

c) glühen, glühend, glühende, brennen, brennend, brennende, kochen, kochend, kochende;
d) entsprungen, entfallen, entzündet, entlaufen; verbrannt, verlaufen, verglüht;
e) gefallen, geworfen, gekocht, gebrannt, gesprungen, gelaufen, gefangen;
f) Reisig, sechzig, zwanzig, achtzig, neunzig, siebenzig, fünfzig, dreissig, vierzig;
g) zusammen, Kameraden.

(Diese Wörter werden an der Lesemaschine, wo sie in Silben zerlegt stehen, nach Bedürfnis lautierend oder buchstabierend eingeübt. — Man könnte hierbei auch bereits die orthographischen Eigenthümlichkeiten der Wörter hervorheben, damit sie beim Lesen beachtet würden. Das ist nicht zweckmässig; denn beim Lesen soll zunächst auf den Sinn der Wörter (bezüglich Sätze) geachtet werden; orthographische Interessen dürfen sich nicht ztörend dazwischen drängen. Die orthographische Behandlung folgt deshalb dem Lesen nach.)

2. Stufe. 1. Lesen.

a) Leseübung im Lesebuch. Bei dieser zerlegen wir die mitgeteilte erste Hälfte des Märchens in mehrere Abschnitte, die einzeln eingelesen werden.
b) Mündliche Wiedergabe der gelesenen Abschnitte.

2. Schreiben.

Der orthographischen Besprechung werden unterworfen — und zwar wird buchstabiert — Strohhalm, Kohle, Bohne, Dorfe, wohnte, wollte, Bohnensuppe, zündete, legte, Reisig, Holz, kochte, Topf, fiel, wollte, glühende, beide, neben, Boden, darnach, herab, Freunde, kommt, ihr, her, antwortete, entsprungen, verbrannt, Kameraden, würde, gefallen, Brüder, Feuer, sechzig, fangen, zusammen, fremdes, Land, ziehen, alte Frau und die Alte. (Diese grosse Zahl ist auf zwei Lektionen zu verteilen, ebenso das Abschreiben des vorliegenden Abschnitts.)

Beim Buchstabieren der Wörter, deren Schreibweise bereits bekannten Regeln folgt, werden diese Regeln immer zu Hilfe genommen. Die Wörter werden erst im Lesebuch angeschaut, dann buchstabiert, dann an die Tafel geschrieben, wobei besonders zu merkende Buchstaben unterstrichen werden. Die Schüler können die Wörter erst abschreiben, dann werden sie ausgewischt, aus dem Kopf buchstabiert und aufgeschrieben, bis keine Fehler mehr vorkommen.

Beispiele: Strohhalm. Seht das erste Wort in der Überschrift an! Lest es! Was für ein Wort ist es? Buchstabiert die erste Hälfte! Warum wird Stroh mit oh geschrieben? Buchstabiert die zweite Hälfte! Wieviel h kommen in das Wort Strohhalm? Warum? Buchstabiert mir das ganze Wort vor, ich will es anschreiben! Auf die zwei h müsst ihr besonders merken, ich unterstreiche sie.

Brüder: Wie viel Silben hat das Wort? Wie heisst die erste!

Die zweite? Buchstabiert die erste Silbe! Warum gross B? Warum ü und nicht i? Die zweite Silbe! Gehört Brüder in die Reihe, wo Vater und Mutter stehen? Warum nicht?
fremdes: Wie viel Silben? Buchstabiert silbenweise! Das ganze Wort! Merkt besonders nuf das d (Land, Freund, zünden).
Nach der orthographischen Behandlung folgt

a) Abschreiben eines Abschnitts. (Berücksichtigung der Satzzeichen!) Vorlesen des Geschriebenen, Verbesserung.
b) Silbentrennung. Sagt folgende Worte silbenweise und schreibt sie auch silbenweise (mit Trennungszeichen)! Kohle, Bohne, Dorfe u. s. w. (Oder gleich die Aufgabe: Schreibt die fünf ersten Sätze silbenweise!)
c) Schreibt fünf Sätze aus dem Kopfe auf!
d) Diktieren eines Abschnitts.

3. Stufe. Vergleichungen:

a) Stroh, Kohle, Bohne werden gedehnt gesprochen, die Dehnung wird beim Schreiben durch h bezeichnet. (Hierbei wird auch an die oben erwähnten Wortklassen erinnert. Z. B. Stroh gehört zu Hahn, Kohle ebenfalls, desgleichen Bohne u. s. w.) Suppe, alle, wollen, werden geschärft gesprochen, die Schärfung wird durch doppelten Mitlaut bezeichnet. Sie, fiel, liebe, sind ebenfalls gedehnt, aber die Dehnung des i ist durch ie bezeichnet. Weitere gedehnte und geschärfte Wörter sind aufzusuchen (wohnte, ihr, nahm, dies, wie, ziehen, voll, gefallen, wenn, verbrannt u. s. w.). Dehnung und Schärfung sind nicht bezeichnet bei von, in, an, nun, her, herab u. s. w., hat, aber hätte.
b) Feuer, Freunde, Reisig, Brei, beide.
c) wollte, alte, beide, würde, zündete, legte, sagte, antwortete, Freunde, werden, Boden, fremde.
ü) alt, gekocht, verbrannt, gebracht, bald, fremd, Land, Kamerad, Hand, Freund, glühend.
e) würde, wird, Brüder.
f) fing, faugen, springen.
g) Dorf, Torf.
h) Holz, Hals.
i) gebracht, kochen, darnach, sprach, legte, pflegte.
k) Reisig, sechzig, ich.
l) entsprungen, glühend.
m) eine Frau, eine Bohne, ein Topf, ein Strohhalm, ein Land.
n) in einem Dorfe, ins Feuer, in den Topf, in ein fremdes Land, auf den Boden, neben einen Strohhalm.
o) die alte Frau, die Alte. (Kann noch nicht verallgemeinert werden, weil es noch an Material fehlt, wird deshalb für diesen Fall gemerkt.)

Das zweite Schuljahr.

4. **Stufe.** Stellt zusammen
   a) die gedehnten Wörter!
      Mit h: Stroh, Kohle u. s. w.
      Mit ie: fiel, liebe u. s. w.
   b) die geschärften!
      ll: wollte, alle, voll.
      pp: Suppe.
      nn: wenn, verbrannt.
      mm: zusammen, kommt.
   c) te: wollte, alte, legte.
   d) de: beide, würde, Freunde.
   e) d: Kamerad, Land, Dorf.
   f) ng: fing, fangen.
   g) ch: kochen, sprach.
   h) g: legte.
   i) ig: Reisig, sechzig, zwanzig.
   k) ent: entsprungen.
   l) end: glühend.

Schreibt die Wörter in das „Wörterbuch" (soweit sie nicht schon darin stehen)!

   m) die Frau, eine Frau, die Bohne, eine Bohne; der Topf, ein Topf, der Strohhalm, ein Strohhalm; das Land, ein Land, das Stroh.
   n) wo? in einem Dorfe.
      wohin? in den Topf, auf den Boden, neben einen Strohhalm, in ein fremdes Land, ins (in das) Feuer.

5. **Stufe.** Diktat: Strohhalm, Kohle und Bohne wollten in ein fremdes Land ziehen. Die alte Frau hatte Bohnen in den Topf geschüttet. Viele Bohnen waren in einem Topfe. Auf dem Feuer lagen viele Kohlen. Der Strohhalm fiel auf den Boden. Auf dem Boden lagen auch die Kohle und Bohne. (Die gesperrten Worte sollen die Schüler auf die Frage wo? und wohin? selbst angeben.) Das Diktat kann sich auch auf andere Ergebnisse — vierte Stufe a bis m — beziehen.

Das zweite Schuljahr.

IV. Rechnen.

Litteratur: Leipziger Seminarbuch (im Jahrbuch für wissenschaftliche Pädagogik, sechster Jahrgang, 1874.). — Just, das Rechnen im ersten Schuljahr (im Jahrb. f. d. wissenschaftliche Pädagog. 1877.) — Dörpfeld, Theorie des Lehrplans — Goltzsch, Rechenunterricht, II. Theil. — Bräutigam, Methodik des Rechenunterrichts auf den ersten Stufen, Wien 1878. — Göpfert, der Rechenunterricht in den drei ersten Schuljahren, Dresden 1877. — Linke, Rechenbuch f. Volksschulen, 2. Aufl. 1884.

I. Auswahl und Anordnung des Stoffes.

Im Lehrplan der Volksschule nimmt zur Zeit der Rechenunterricht noch fast allerwärts eine völlig selbständige, unabhängige Stellung ein, ein Umstand, infolge dessen dieses Unterrichtsfach in fast gänzliche Isolierung geraten und in eine rein formalistische Richtung hineingetrieben worden ist. Ohne Rücksicht auf das, was sonst die Seele des Kindes bewegt, was der gleichzeitige übrige Unterricht erstrebt und erarbeitet, ist der Rechenunterricht auf den untern und mittlern Stufen fast ausschliesslich bemüht, in seiner Weise die Zahlvorstellungen, losgelöst von den Sachen, ohne welche sie doch gar nicht existieren, auszubilden, uneingedenk dessen, dass leere Zahlübungen ohne einen durch den gesamten Bildungsfortschritt der Schüler bestimmten, wertvollen sachlichen Inhalt weder in der Erziehung überhaupt, noch in der Volksschulerziehung im besondern von irgend welcher Bedeutung sind. „Wir haben," wird behauptet, „gar nicht nötig, die Operationen mit sogenannten praktischen Beispielen in benannten Zahlen einzuleiten und dadurch an Erfahrungen anzuknüpfen, die wir nicht gleichmässig bei allen Schülern voraussetzen können, sondern wir bauen zunächst ausschliesslich auf diejenigen Anschauungen und Erfahrungen, die wir durch gemeinschaftliche Manipulationen mit dem Rechenkasten machen." Man giebt sich hiernach der Meinung hin, wenn nur die Zahlvorstellungen durch formale Übungen rein und sicher ausgebildet seien, so ergebe sich unter einiger Nachhilfe mittels praktischer Aufgaben auf den nachfolgenden Rechenstufen die Anwendung von selbst.

Diese von den Sachgebieten losgelösten, rein formalistischen Zahlübungen stehen im schroffsten Gegensatz zu den Forderungen einer angemessenen Konzentration, nach der aller Unterricht von dem auszugehen hat, „worin das Individuum lebt, worin es sich durch Erfahrung und Umgang völlig eingewöhnt hat", was in der Seele des Zöglings bereits zu Wirksamkeit gekommen."*) An dieses Vorhandene ist jedes in die Seele eintretende Neue eng anzulehnen; an diesem muss es seine Anknüpfungs- und Stützpunkte finden, um mittels derselben selbst in den

---

*) Vergl. Ziller, Grundlegung 2. Aufl. S. 480 f.

Gedankenkreis mit einzugehen und festen Halt in demselben zu gewinnen. Im erziehenden Unterrichte gilt es, einen von lebendigem Interesse getragenen, innig verknüpften, einheitlichen Gedankenkreis zu erzeugen, da nur von einem solchen die kräftige und dauernde Gesamtwirkung auf die wollenden Kräfte der Seele erwartet werden kann, deren es bedarf. Ein solcher Gedankenkreis ist aber in seinem vollen Umfange nur durch das Mittel einer vernünftigen Konzentration des Unterrichts zu gewinnen, gegen welche alle Isolierung der einzelnen Lehrfächer in Widerspruch steht.

Auch das Rechnen muss in den Rahmen der Konzentration mit einbezogen werden, dergestalt, dass die Zahlvorstellungen von allem Anfange an in die engste Beziehung zu den sachlichen Verhältnissen gesetzt werden, welche der gleichzeitige Gesinnungs- und naturkundliche Unterricht behandelt.

Wenn Bräutigam meint, ein solcher Anschluss der Zahlverhältnisse an die entsprechenden Sachverhältnisse sei im Rechnen (des zweiten Schuljahres) nicht nötig, „denn für die gewöhnlich vorgeschützte Anregung des Interesses der Schüler am Unterrichte bedürfe der methodisch und technisch gebildete Lehrer dieses Anschlusses nicht, und für die Bedürfnisse des Hauses und des Lebens seien in diesem Alter äusserst wenige Kinder in der Lage, davon Gebrauch zu machen"*), so muss zugegeben werden, dass es allerdings einem methodisch und technisch gebildeten Lehrer, zumal wenn derselbe mit einer natürlichen Lebendigkeit auch ein kinderfreundliches Wesen verbindet, nicht sonderlich schwer fallen werde, die Schüler auch für diese formalistischen Zahlübungen zu gewinnen. Das leichte Spiel der Kräfte, welches durch den Unterricht angeregt werden kann, die Lust des Könnens und der Reiz des wetteifernden Thuns zieht die Kleinen unwillkürlich an; sie geben sich gern diesen Beschäftigungen hin und eignen sich durch dieselben wohl auch eine recht tüchtige Fertigkeit im Bilden und Behandeln der Zahlen an. Ob aber dieses Interesse am Rechnen auch ein tiefgehendes, dauerndes ist? Ob dieses Interesse, worauf doch alles ankömmt, als bleibendes und treibendes Element in den Gedankenkreis mit übergeführt wird? Das ist die Frage, die verneint werden muss, und die hier nicht zum erstenmale verneint wird. Zum Beweise dafür darf nur an die Namen Eisenlohr, Clas, Erzinger, Goltzsch erinnert werden. Schon vor länger als 30 Jahren schrieb der erstgenannte: „Das Rechnen, ja die grösste an unsern Schulaufgaben erlangte Rechenfertigkeit geht nicht so, wie es sein sollte, ins Leben über. Bei allem Kraftaufwande für die Gewinnung eines Resultates bleiben wir unmittelbar vor dem Ziele stehen und werden der Früchte unserer Arbeit verlustig. Das Kind lernt wohl rechnen, aber unser Volk rechnet nicht. Es ist eben etwas, was es mit dem Verlassen der Schulbänke gern hinter sich lässt und abstreift. Gewiss trägt daran die Schule ihre Schuld durch die einseitige Richtung und schiefe Betreibung des Rechenunterrichts. Die Mängel desselben bestehen darin, dass wir unsere Kinder wohl rechnen, aber zu wenig berechnen lehren.

---

*) Bräutigam, Methodik des Rechenunterrichts S. 34.

Es ist unnatürlich und verkehrt, in unsern Schulen die Kinder an abstrakten formalistischen Übungen festzuhalten und ihnen das Material zur Anwendung vorzuenthalten." Dass unser Rechenunterricht in der Volksschule die nachhaltigen Früchte nicht trägt, die man von ihm zu erwarten berechtigt ist, ist eine Thatsache, welche nicht angezweifelt werden kann. Das beweisen ja täglich aufs neue die Erfahrungen in unsern Fortbildungsschulen, sowie die Resultate der Rekrutenprüfungen. Und auch die Ursache dieser Erscheinung ist oben richtig angedeutet. Denn wenn es psychologisch unanfechtbar ist, wie wir bereits dargelegt, dass eine isolierte Vorstellungsreihe niemals zu einer bleibenden, kräftigen Wirkung auf das gesamte geistige Leben eines Individuums gelangen kann, so ist es nur zu erklärlich, dass auch der Rechenunterricht in seiner gegenwärtigen Loslösung von den Sachen fürs Leben nicht das Erforderliche zu leisten imstande ist.

Aufgabe der pädagogischen Didaktik ist es, das Rechnen aus seiner Isolierung und einseitig formalistischen Richtung zu befreien und dasselbe im Sinne einer vernünftigen Konzentration in sein natürliches Verhältnis, bezüglich Abhängigkeitsverhältnis zu dem Sachunterrichte zu setzen. Der Rechenunterricht muss aufhören, blosser Formenunterricht zu sein, er muss sich in den Dienst des Sachunterrichts stellen*); er muss selbst zum Sachunterrichte werden, indem er die betreffenden Sachgebiete von einem neuen Gesichtspunkte, von dem Gesichtspunkte der Zahl aus, beleuchtet. Mit einem Worte, das Rechnen muss in den Konzentrationsunterricht mit aufgenommen werden.**)

Diese Einordnung ist freilich nicht gerade leicht. Der Konzentration gegenüber ist das Rechnen das sprödeste Unterrichtsfach. Der Grund liegt darin, dass das Rechnen bezüglich seiner Erfolge an einen streng lückenlosen, systematischen Fortschritt gebunden ist***), der sich mit dem Fortschritt des Sachunterrichts nicht immer ohne Schwierigkeit in Übereinstimmung bringen lässt. Aber gleichwohl darf auf die Aufnahme des Rechnens in den Konzentrationsverband nicht verzichtet werden. Der Konzentrationsidee gehört — das ist unsere feste Überzeugung — die Zukunft.

Volle Klarheit besteht über den Anschluss des Rechnens an den übrigen Unterricht, insbesondere an den Gesinnungsunterricht und die Naturkunde, noch keineswegs. Es wird noch viel gedacht, geplant, versucht, kritisiert werden müssen. Doch ist unseres Erachtens die Frage nicht mehr ob, sondern einzig und allein wie dieser Anschluss an die Sachgebiete des Umgangs und der Erfahrung am besten zu erfolgen habe.

Wenn wir in der 1. Auflage unseres „Zweiten Schuljahres" dem Rechnen noch seine Stelle näher der Peripherie als dem Zentrum im Konzentrationsverbande angewiesen, so ist das damals geschehen, weil wir einstweilen keinen bessern Rat wussten; nicht aber, weil wir an diesem

---

*) Vergl. Goltzsch, Rechenunterricht II. S. XI.
**) Ziller, Grundlegung 2. Aufl. S. 451 — Daselbst 276, 281 f.
***) Böhlmann, Praxis, Jahrgang 1883 S. 112.

Punkte eine schwache Stelle des Konzentrationsgedankens hätten konstatieren wollen. Im Nachfolgenden machen wir den Versuch eines engeren Anschlusses des Rehnens an den Gesinnungsunterricht und die Naturkunde des 2. Schuljahres. Bei der Schwierigkeit der Sache kann der Versuch misslingen; dann mag man ihn zurückweisen. Nur wolle man daraus nicht auf die Unausführbarkeit der Idee überhaupt schliessen.*) Der misslungene Versuch möge vielmehr zu einem kräftigen Antriebe für andere werden, die Sache besser zu machen.

Gehen wir nun näher auf die Gestaltung des Rechenunterrichts selbst, speziell des Rechenunterrichts im 2. Schuljahre ein, so sind folgende Gesichtspunkte dabei im Auge zu behalten:

1. Als Fundamentalforderung gilt, dass jede methodische Einheit im Rechnen von einem bestimmten Sachgebiete aus zu bearbeiten ist, dem sie genauere Bestimmungen inbezug auf die formale Seite der Natur beizufügen hat. Dadurch gewinnen die Sachgebiete an Bestimmtheit und Deutlichkeit, das Rechnen selbst aber an Interesse.**) Selbstverständlich darf nur Anknüpfung an Sachverhältnisse gesucht werden, die bei allen Schülern als bekannt angesehen werden können, und das sind diejenigen, welche in dem gleichzeitigen Sachunterrichte bearbeitet worden sind.***)

2. Bei dem Entwurfe des Planes für den Jahreskursus im Rechnen sind daher die Stellen im Gesinnungsunterrichte und in der Naturkunde

---

*) Dies geschieht aber immer aufs neue, so unter andern auch wieder in dem „Rheinischen Schulmann", Jahrgang 1885 S. 387. Daselbst wird der Anschluss des Rechnens an die Sachgebiete des Unterrichts als gesucht und gezwungen hingestellt. Vielleicht hat man dabei mit an unsere 4. methodische Einheit gedacht, in welcher wir die Zahlenreihe von 1—30, bezüglich von 20—30 durch die Berechnung der Dauer von Robinsons Seesturm zu gewinnen suchen. Obenhin betrachtet, mag dieser Anschluss gezwungen, wohl gar „ärmlich", erscheinen; beim nähern Hinschauen gewinnt diese Verbindung ein anderes Aussehen. Wenn die Schüler im Erzählungsunterrichte der Seereise Robinsons u. dem wilden Sturme auf dem Meere mit voller Hingabe gefolgt sind, u. wir greifen dann bei der in ihnen vorhandenen Stimmung in der Rechenstunde auf diesen Gegenstand zurück, indem wir als Ziel hinstellen: „Wir wollen berechnen, wie viel Stunden Robinsons Seesturm gedauert hat?" so wird schon der Eindruck, den die Aufgabe auf die Schüler macht, den Beweis liefern, dass hier von mechanischer, äusserlicher Verknüpfung nicht die Rede sein kann. Damit soll nicht gesagt sein, dass die Anschlüsse an den Gesinnungsunterricht u. die Naturkunde nicht noch besser u. zweckmässiger sein könnten. Bei Lösung einer schwierigen Aufgabe gelingt selten der erste Versuch. Nur sind unsere Anknüpfungen jedenfalls doch besser, als der Ruf, in den man sie zu bringen sucht. Zudem glauben wir, bereits in der vorliegenden 3. Auflage unseres „zweiten Schuljahres" in dem fraglichen Betrachte da u. dort einiges verbessert zu haben. Wie dem aber auch sei, wer schon einmal die Wirkung eines gelungenen Anschlusses einer Rechenaufgabe an die lebendigsten Teile des kindlichen Gedankenkreises und seien es auch nur in einem einzelnen Falle, wahrgenommen, d. h. wer gesehen hat, wie ein solcher Anschluss die Kinder belebt, erfreut u. anregt, wird sicher dem Konzentrationsgedanken auch auf diesem Gebiete sein Recht nicht streitig machen.

**) Vergl. Ziller, Seminarbuch S. 202. — Goltzsch, Rechenunterr. II. S. XI.

***) Bräutigam, Methodik S. 33.

auszuheben, welche eine zahlenmässige Behandlung nicht nur zulassen, sondern zu ihrem tiefern Verständnis geradezu fordern. Die Robinsonerzählung nebst der an dieselbe sich anlehnenden Naturkunde sind reich an Momenten, die zum Rechnen förmlich drängen. Die Länge des Weges von Eisenach bis Bremen, Robinsons Lebensalter bei seiner Entfernung aus dem Elternhause, die Dauer von Robinsons Seesturm, Seereise, von seinen Jagdausflügen, Robinsons Geldfund auf dem Schiffe, seine Einteilung der Zeit, die Anfertigung eines Kalenders und einer Sonnenuhr, die Feier seiner Jahrestage auf der Insel, der Bau seiner Wohnung, die Zunahme seiner Viehzucht, seine Aussaaten und Ernten, die Werte und Preise der Dinge, die sich Robinson selbst schaffen musste und die wir uns für Geld erwerben (Kleider, Töpfe, Körbe, Brot), sind ebenso viel Aufforderungen, nach der sachlichen auch eine zahlenmässige Behandlung dieser Stoffe eintreten zu lassen, so dass es an Anknüpfungspunkten des Rechnens keineswegs fehlt.

3. Da jedoch im Rechnen auf den systematischen Stufengang nicht, wie in Naturkunde, Geographie, Deutsch*), Gesang, verzichtet werden kann, indem hier jeder einzelne Schritt durch einen vorhergehenden bedingt ist und vorbereitet sein muss, so lässt sich in diesem Lehrfache der Gang des Unterrichts nicht lediglich nach den Weisungen vom Konzentrationsstoffe her bestimmen. Vielmehr macht sich für jeden Kursus im voraus die Aufstellung des fachwissenschaftlichen Zieles und die Normierung des durch dieses Ziel bestimmten fachwissenschaftlichen Stufenganges nötig, ehe an die Verknüpfung der Zahlverhältnisse mit den Sachgebieten des Gesinnungsunterrichts und der Naurkunde und in weiterer Folge an die Aufstellung der methodischen Einheiten herangetreten werden kann.

Das Rechnen im zweiten Schuljahr bewegt sich naturgemäss in dem Zahlraume von 1—100. Aber was soll aus dem immerhin schon reichen Gebiete für diesen zweiten Jahreskursus entnommen werden? Fast durchweg wird in den Lehrbüchern und Lehrplänen für diese Stufe die Durcharbeitung der vier Grundrechnungsarten, mündlich und schriftlich, innerhalb des gedachten Zahlenraumes verlangt. Ausnahmen machen: Göpfert (Der Rechenunterricht in den drei ersten Schuljahren, Dresden, Bleyl & Kaemerer), der sich auf Addition und Subtraktion beschränkt, und Lorey-Dorschel (Praktisches Rechenwerk), welche auf die Zahlenreihe von 1—50 zurückgehen. Nach unseren Erfahrungen ist das erstgedachte oben angegebene Pensum für das zweite Schuljahr zu umfangreich und wird auch meist gar nicht oder nur scheinbar bewältigt. Ist doch schon die Subtraktion mit gemischten Zehnern für sieben- bis achtjährige Kinder keineswegs so leicht, als es nach den glatten Darstellungen der Rechenlehranweisungen den Anschein gewinnt. Wieviel Zeit und Mühe beansprucht dann weiter die Entwickelung und Einprägung des Einmaleins, ohne welches die Multiplikationen und Divisionen in der Luft schweben. Und welche Schwierigkeiten bietet nicht das Dividieren mit Resten in der Zahlenreihe bis 100, wenn mehr als ein blosses mecha-

---

*) Vergl. Jahrb. 1873 S.39.

Das zweite Schuljahr.

nisches Thun erzeugt werden soll! Wir stehen daher nicht an, gegen die allgemein übliche Praxis ein Veto einzulegen und wie für das erste*), so auch fürs zweite Schuljahr im Interesse einer frischen, gesunden Geistesentwickelung, wie eines gründlichen Rechenunterrichts eine Reduktion des Rechenlehrstoffs für diese Stufe zu fordern. Wir meinen nun gleichwohl, dass innerhalb der Reihe von 1—100 alle vier Grundoperationen heranzuziehen seien, aber so, dass die beiden ersten, die Addition und Subtraktion, ihre vollständige Erledigung finden, mit der Multiplikation und Division aber nur erst ein tüchtiger Anfang gemacht werde, die Fortführung und den Abschluss dieser Übungen dem dritten Schuljahre vorbehaltend. Ohne Schwierigkeit lässt sich die Multiplikation und Division im Gebiete der reinen Zehnerzahlen ausführen, da sie hier im grunde genommen nur Wiederholungen aus dem vorhergehenden Jahreskursus sind. Für die Zwischenzahlen aber macht sich das ganze Einmaleins nötig, und der zweite Jahreskursus kann sich wohl auf die Einer- bis Sechser-, höchstens Siebener-Reihe und auf die mit Hilfe dieser Reihen lösbaren Multiplikations- und Divisionsaufgaben beschränken. Ein gänzliches Weglassen der beiden letzten Rechnungsarten auf dieser Stufe, wie Göpfert es will, ist aus dem Grunde nicht rätlich, weil alsdann die im ersten Schuljahr begonnene Entwickelung der Begriffe des Vervielfachens, Enthaltenseins und Teilens eine Unterbrechung erfahren würde, welche die stetige Fortbildung des Gedankenkreises beeinträchtigen müsste. Wenn wir gleichwohl hier die Multiplikation und Division im ganzen Umfange des Einmaleins auftreten lassen, so ist das nur geschehen, um inhaltlich Zusammengehöriges nicht auseinander zu reisen, nicht aber, um damit zu sagen, dass das ganze Pensum im zweiten Schuljahre durchgearbeitet werden solle.

Im zweiten Schuljahre sollen die Kinder in die beiden ersten Stufen des Zehnersystems eingeführt werden, nachdem sie im ersten Schuljahre die Elemente hierzu, die Grundzahlen von 1—10, sich erworben haben. Nicht tritt von nun an mehr die einzelne Zahl als Ganzes für sich, als Zahlindividuum, auf; vielmehr will jede derselben von da ab in erster Linie als Glied des Systems und im Sinne des Systems erkannt und begriffen sein. Schon hieraus ergiebt sich, dass auf der zweiten Stufe, im Zahlenraume von 1—100, die Grubesche allseitige Zahlbetrachtung, die wir auf der ersten Stufe, im ersten Schuljahr, für das Richtige halten, aufgegeben werden muss. Ihre Anwendung auch auf die Zahlen der zweiten Rangordnung erschwert die Zahleinsicht und lässt insbesondere das Zehnersytem, die Basis alles folgenden Rechnens, nicht zu voller Geltung gelangen. Wir entscheiden uns darum auf der zweiten Stufe für die absatzweise Entwickelung der Reihe im Zusammenhange, für die Auffassung der Zahlen nach Zehnern und Einern und für die Durcharbeitung der Reihe nach den vier Grundrechnungsarten, so jedoch, dass Addition und Subtraktion einerseits und Multiplikation und Division andererseits verbunden auftreten. Unsern methodischen Einheiten liegen daher nicht die einzelnen auf einander folgenden Zahlen, bezügl. die wichtigeren Zahlen der

---

*) Das erste Schuljahr, 3. Aufl. S. 152.

Das zweite Schuljahr.

systematischen Reihe, sondern die systematischen Reihen bezüglich Teilreihen selbst und die Kategorien von Aufgaben, welche dieselben an die Hand geben, zu grunde.

Nach dem Gesagten gestaltet sich die Gliederung des Rechenlehrstoffs im zweiten Schuljahre wie folgt:

I. Entwickelung der Zahlenreihe von 10—100 in den reinen Zehnerzahlen und Ausführung der vier Grundrechnungsarten innerhalb dieser Reihe.*)

II. Entwickelung der Gesamtreihe von 1—100 mit allen Zwischenzahlen als Summen von Zehnern und Einern, in Absätzen von 1—20, 20—30, 30—40, 40—50, 50—60, 60—80, 80—100, und Addition und Subtraktion im Umkreise dieser Teilreihen und der Gesamtreihe.

III. Entwickelung der Gesamtreihe von 1—100 durch Bildung der einzelnen Glieder aus den Produkten der Grundzahlen (kleines Einmaleins) und Multiplikation und Division mit Hilfe des Einmaleins innerhalb der Einzelreihen und der Gesamtreihe.

Hierzu noch folgende Bemerkungen:

a) Die einzelnen Teile dieser Gliederung bilden zugleich den rechnerischen Grundstock für die methodischen Einheiten, dergestalt, dass der erste Abschnitt (die Zehnerreihe von 10—100) in zwei Einheiten mit Einbeziehung der vier Grundrechnungsarten in dieselben, der zweite Abschnitt nach den Teilreihen 10—20, 20—30, 30—40, 40—50, 50—60, 60—80, 80—100 in sieben Einheiten; der dritte Abschnitt nach den Produktenreihen des kleinen Einmaleins in acht Einheiten (die Einer- und Zehnerreihe sind schon bekannt) behandelt wird.

b) Der Aufbau der Gesamtreihe aus Zehnern und Einern und die Durcharbeitung derselben in Absätzen gewährt den Vorteil, dass bei diesem Gange in den Schülern das Gefühl des stetigen Fortschritts, welches im Unterrichte so wichtig ist, viel lebendiger bleibt, als wenn gleich die ganze Reihe von 1—100 im Zusammenhange zur Entwickelung kommt und die Kinder dann so lange Zeit zur Übung der Grundoperationen ohne das Auftreten neuer Elemente in dem bereits durchmessenen Zahlenkreise festgehalten werden.

c) Bei der Entwickelung des Einmaleins ist daran festzuhalten, dass jede methodische Einheit von einer einzigen Hauptreihe beherrscht wird**), dergestalt jedoch, dass immer Multiplikation und Division gemeinsam in derselben Einheit neben einander auftreten, und dass auf der dritten und fünften formalen Stufe auch auf früher durchgearbeitete Reihen zurückgegriffen werden darf.

Meist lässt man gegenwärtig die Einmaleinssätze nicht in ihrer systematischen Reihenfolge, sondern in einem Gange vom Leichtern zum Schwerern auftreten. Wir schliessen uns dem an und behandeln die Einmaleinsreihen in folgenden Gruppen: a) Zehnerreihe, Fünferreihe; b) Zweierreihe, Viererreihe; c) Dreierreihe, Sechserreihe; d) Siebener-,

---

*) Ziller, Seminarbuch S. 124. — Goltzsch I S. 91 ff. — Bräutigam, Methodik S. 35.
**) Ziller, Seminarbuch S. 207.

Das zweite Schuljahr.

Achter-, Neunerreihe. Will man aber, mit Rücksicht auf ihre Verwandtschaft, die Achter- nach der Viererreihe, die Neuner- nach der Sechserreihe behandeln und mit der Siebenerreihe schliessen (Bräutigam S. 59), so hat diese Anordnung auch etwas für sich, wenngleich die Achterreihe doch schwieriger als die dann auf sie folgende Dreierreihe sein dürfte.

d) Auf die einzelnen Zahlengebiete der Gesamtreihe von 1—100 werden zugleich die einzelnen Rechenfälle und Rechenregeln, die hier in Betracht kommen, in angemessener Folge verteilt. Es tritt also bei der Behandlung des Abschnitts II der obigen Übersicht auf:

Bei der Reihe 1—20 die Addition und Subtraktion der Einer zu und von reinen Zehnern, z. B.

$$a) \ 10 + 5, \ b) \ 20 - 6.$$

Bei der Reihe 1—30 die Addition und Subtraktion reiner Zehner zu und von gemischten Zehnern, z. B.

$$a) \ 14 + 10, \ b) \ 24 - 10.$$

Bei der Reihe 1—40 Addition und Subtraktion gemischter Zehner zu und von reinen Zehnern, z. B.

$$a) \ 20 + 15, \ b) \ 40 - 28.$$

Bei der Reihe von 1—50 die Addition und Subtraktion der Einer zu und von gemischten Zehnern ohne Übergang in den folgenden, bezüglich vorhergehenden Zehner, z. B.

$$a) \ 43 + 5, \ b) \ 38 - 6.$$

Bei der Reihe von 1—60 die Addition und Subtraktion der Einer zu und von gemischten Zehnern mit Übergang von dem einen Zehner in den andern, z. B.

$$a) \ 46 + 8, \ b) \ 52 - 6.$$

Bei der Reihe 1—80 die Addition und Subtraktion gemischter Zehner zu und von gemischten Zehnern ohne Übergang von einem Zehner in den andern, z. B.

$$a) \ 56 + 22, \ b) \ 78 - 54.$$

Bei der Reihe 1—100 die Addition und Subtraktion gemischter Zehner zu und von gemischten Zehnern mit Übergang von einem Zehner in den andern, z. B.

$$a) \ 68 + 27, \ b) \ 95 - 48.$$

In jeder folgenden Reihe treten immer auch die vorhergehenden Übungen bis zum Eintritt voller Sicherheit wieder mit auf. Da dieselben hier in einem neuen Zahlgebiete wiederkehren, so erscheinen sie selber als neu und werden den Schülern weniger leicht lästig, als das ausserdem zu sein pflegt.

4) Nach der Abgrenzung und inhaltlichen Gliederung des Zahlgebietes für das betreffende Schuljahr einerseits und der Aussonderung der Sachgebiete aus den Gesinnungs- und naturkundlichen Stoffen andererseits hat unter gleichmässiger Berücksichtigung beider Momente die Aufstellung der methodischen Einheiten für den Jahreskursus zu erfolgen. Die Einheiten werden selbstverständlich nach den methodischen Grundsätzen unterrichtlich durchgearbeitet, welche wir in unserm „ersten Schuljahre" ausführlich dargelegt haben.*)

---

*) Vergl. I. Schuljahr 3. Aufl. S. 32 ff.

5. An die Spitze einer jeden methodischen Einheit ist als Ziel eine konkrete, dem Sachunterrichte entlehnte grundlegende Aufgabe zu stellen, durch welche Umfang und Charakter der ganzen Einheit bestimmt wird (Siehe die Lehrbeispiele Seite 69 ff.).*) Im Umkreise dieser Aufgabe hat sich die ganze methodische Einheit zu halten; auch die zu der grundlegenden Aufgabe in Beziehung zu setzenden übrigen Aufgaben müssen sich in der Sphäre der erstern bewegen, mit der Beschränkung, dass auf den dritten und fünften Stufen der Einheiten auch Aufgaben auftreten dürfen, welche dem Inhalte früher behandelter Sachgebiete entnommen sind. Nicht aber dürfen statt dessen, wie dies in den meisten Aufgabensammlungen für das Rechnen geschieht, Aufgaben in buntem Wechsel des Inhalts in einer und derselben Einheit auftreten, da durch ein solches Allerlei die Vertiefung in den Gegenstand erschwert, das Interesse abgeschwächt, der Zerstreuung aber Vorschub geleistet wird.**)

6. Auf der ersten Stufe jeder methodischen Einheit ist nicht nur das Formale (das Zahlenmässige), sondern eben so auch das Sachliche der Einheit vorzubereiten. Auf der zweiten Stufe findet die Lösung der grundlegenden Aufgabe statt; auf der dritten Stufe werden andere konkrete und abstrakte Aufgaben zu der grundlegenden Aufgabe in Beziehung gesetzt, um durch diese Verknüpfung die Zahlbegriffe und Rechnungsregeln gewinnen zu lassen; auf der vierten Stufe sind diese Begriffe und Regeln aus dem konkreten Material sauber auszuheben und in der Form von Stichworten und Regelbeispielen, die in ein Heft eingetragen werden, zu fixieren, wobei nicht zu übersehen ist, dass neben den formalen Regeln auch die entsprechenden sachlichen Begriffe und Regeln auszubilden und einzuschreiben sind***); auf der fünften Stufe müssen diese begrifflichen Ergebnisse durch neue Reihen geeigneter konkreter und abstrakter Aufgaben befestigt und in den Gebrauch übergeführt werden.

7. Wenn behauptet wird, dass bei einem derartigen Anschluss des Rechnens an den gleichzeitigen Sachunterricht die Schüler die gehörige Fertigkeit und Sicherheit im Rechnen nicht erlangten, weil die eigentliche Rechenübung, insbesondere die Übung im Rechnen mit abstrakten Zahlen zu kurz komme, so muss entgegnet werden, dass diese Ansicht auf Unkenntnis der Sache beruht. Die dritte und fünfte Stufe aller methodischen Einheiten bieten auch für die abstrakten Zahlübungen den allerweitesten Spielraum, nur dass dieselben zu ihrem Vorteile hier in ein wohlgeordnetes Ganze eingefügt sind und zu diesem Ganzen in enger Beziehung stehen, so dass jede Aufgabe an ihrer Stelle einem bestimmten, auch für die Kinder erkennbaren Zwecke dient, wodurch diesen Übungen ein gut Teil der denselben von Natur anhaftenden Trockenheit genommen wird.

8. Wie im ersten, so ist auch im zweiten Schuljahre für die ausgiebigste Veranschaulichung der Zahlbegriffe zu sorgen. Bei Gewinnung der Grundzahlen im ersten Schuljahre ist der Tillichsche Rechenkasten entschieden das vorzüglichste Veranschaulichungsmittel.†) Im zweiten Schul-

---

*) Ziller, Seminarbuch S. 206.
**) Vergl. Seminarbuch S. 207.
***) Ziller, Grundlegung, 2. Aufl. S. 281.
†) Vergleiche „Erstes Schuljahr" 3. Aufl. S. 154.

jahre geben wir dagegen der russischen Rechenmaschine den Vorzug. Im wesentlichen leisten zwar beide Apparate das Gleiche; bei den nun auftretenden grösseren Zahlen ist aber die Kugelmaschine handlicher, manöverierfähiger als der Würfelapparat. Zur Aufstellung der 64 z. B. am Rechenkasten ist immer eine geraume Zeit erforderlich, abgesehen davon, dass Ungeschick und Zufall noch manchen Strich durch die Rechnung machen; an der Rechenmaschine steht die Zahl im Nu da. So bei allen Manipulationen, welche Lehrer und Schüler an den Apparaten vorzunehmen haben. Zudem dürfte schon der blosse Wechsel im Hauptveranschaulichungsmittel nach dem ersten Schuljahre für die Rechenmaschine mit ins Gewicht fallen. Der Rechenkasten soll darum aber keineswegs ganz ausser Dienst gestellt werden.

9. Von Anfang des Rechenunterrichts an ist für eine gleichmässige Berücksichtigung des mündlichen und schriftlichen Rechnens Sorge zu tragen. Es kann aber die Frage aufgeworfen werden, in welcher Form das schriftliche Rechnen auf dieser Stufe aufzutreten habe, als einfache Darstellung der Operationen des Kopfrechnens oder in Gestalt des schriftlichen Regelrechnens: ob also beispielsweise die Aufgabe 34 und 57 so:

$$34 + 50 = 84, 84 + 7 = 91, \text{ also } 34 + 57 = 91 \text{ oder so: } \begin{array}{r} 34 \\ 57 \\ \hline 91 \end{array} \text{ aufzutreten}$$

habe? Wir halten auf dieser Stufe noch das erstere für das bessere, da eine Verfrühung des schriftlichen Regelrechnens meist mit den übelsten Folgen für den Fortgang des Rechenunterrichts verbunden zu sein pflegt, und das Regelrechnen mit dem dritten Schuljahre noch hinlänglich zeitig auftritt. Jedenfalls muss bei einem frühern Übergange zu demselben mit aller Vorsicht verfahren werden, damit nicht an Stelle der denkenden Zahlbearbeitung ein mechanisches Thun Platz greift.

2. Behandlung des Stoffes.

1. methodische Einheit.

Zahlgebiet: 10—100 in reinen Zehnern.

Zahloperationen: Addieren und Subtrahieren in den reinen Zehnerzahlen.

Sachgebiet: Wegstunden (Meilen)*).

Grundlegende Aufgabe: Wir wollen ausrechnen, wie viel Stunden es von hier bis Bremen sind, wo Robinsons Eltern wohnten.

1. Stufe: a) Wie weit es nach einigen andern Orten ist, wissen wir. Wir waren ja schon selbst auf der Wartburg, in Fischbach, in Stedtfeld, in Hörschel, wo die Hörsel in die Werra fliesst, auf der Hohensonne, in Wilhelmsthal etc. und haben uns gemerkt, wie weit es bis zu

---

*) Da unsern Kindern die Wegstunde als Entfernungsmass bekannter ist als die Meile, so legen wir der Einheit die erstere zu grunde.

Das zweite Schuljahr.

diesen Orten war. Wer will es sagen? Von Eisenach auf die Wartburg $1/2$ Stunde, nach Fischbach auch $1/2$ Stunde, nach Stedtfeld 1 Stunde, nach Hörschel, nach der Hohensonne $1\,1/2$ Stunde, nach Wilhelmsthal 2 Stunden. Wer weiss noch einen Ort, welcher $1/2$ Stunde, 1 Stunde 2 Stunden von Eisenach entfernt liegt? Kennt ihr aber auch schon einen Ort, welcher 3 Stunden von uns entfernt ist? In welchen andern Orten seid ihr schon gewesen, und wie weit ist es bis dorthin? Wie viel Stunden werden es aber bis nach Bremen sein? Es sind mehr als 100 Stunden. So weit kennt ihr noch nicht zählen, das sollt ihr nun lernen.

b) Mit den kleinern Zahlen von 1—10 könnt ihr schon rechnen. Zählt 10 Stunden ab! Zählt dieselben auch rückwärts von 10—1!

Rechnet (im Zahlenraum bis 10) $1+2=3$, $3+2=5$ etc.

Ferner:

$$2+2=4 \qquad 10-2=8$$
$$4+2=6 \qquad 8-2=6$$
$$6+2=8 \qquad 6-2=4$$
$$8+2=10 \qquad 4-2=2$$

Eben so die Additions- und Subtraktionsreihen mit 3, 4, 5.

2. Stufe. Nun zählen wir an der Rechenmaschine die Stunden bis nach Bremen.

a) Die Kinder zählen an der Maschine 10 Stunden ab.
Dann heisst's: „Das sind 10 Stunden."
Hierauf werden wieder 10 Stunden abgezählt.
„Das sind wieder 10 Stunden."
„10 Stunden und 10 Stunden sind 20 Stunden."
Wir müssen aber noch viel weiter zählen, bis wir 100 Stunden bekommen.
„Das sind wieder 10 Stunden."
„20 Stunden und 10 Stunden sind 30 Stunden."
So wird fortgefahren bis zu dem Satze:
90 Stunden und 10 Stunden sind 100 Stunden. So viel Stunden sind es bis Bremen.

b) Zählt die Stunden an der Rechenmaschine*) nochmals so ab, wie wir es eben gethan haben!

c) Durchlaufen der Reihe an der Rechenmaschine**) vorwärts und rückwärts in dieser Form:

10 St. u. 10 St. sind 20 St.   100 St. weniger 10 St. sind 90 St.
20 „ „ 10 „ „ 30 „   90 „ „ 10 „ „ 80 „
30 „ „ 10 „ „ 40 „   80 „ „ 10 „ „ 70 „
40 „ „ 10 „ „ 50 „   70 „ „ 10 „ „ 60 „
        bis   bis
90 St. u. 10 St. sind 100 St.   20 St. weniger 10 St. sind 10 St.

---

*) Siehe S. 68 Nr. 8.
**) Vergl. S. 69 Nr. 8.

Das zweite Schuljahr.

d) Dann kurzes Durchlaufen der Reihe vorwärts und rückwärts im Anschluss an die Maschine oder unter Zuhülfenahme der Finger mit und ohne Benennung der Zahlen in folgender Weise:

10	100
20	90
30	80
40	70
bis	bis
100	10

e) Durchlaufen der Reihe an der Rechenmaschine vor- und rückwärts mit dem Ordnungszahlwort:

Das sind die ersten 10 St. Das sind die zehnten 10 St.
Das sind die zweiten 10 St. Das sind die neunten 10 St.
Das sind die dritten 10 St. Das sind die achten 10 St.
   bis   bis
Das sind die zehnten 10 St. Das sind die ersten 10 St.

f) Schreiben der Zehnerreihe von 10—100 vorwärts und rückwärts senkrecht untereinander, und Einübung der Schreibung durch Zahlendiktate:

10	100
20	90
30	80
40	70
bis	bis
100	10

3. Stufe. a) Mündliches Durchlaufen der Reihe in Intervallen von 20, 30, 40 vorwärts, rückwärts, bald mit benannten, bald mit unbenannten Zahlen.

20 + 20 = 40	100 − 20 = 80
40 + 20 = 60	80 − 20 = 60
60 + 20 = 80	60 − 20 = 40
80 + 20 = 100	40 − 20 = 20
10 + 20 = 30	90 − 20 = 70
30 + 20 = 50	70 − 20 = 50
50 + 20 = 70	50 − 20 = 30
70 + 20 = 90	30 − 20 = 10

In gleicher Weise werden auch die übrigen Reihen gebildet.
b) Dieselben Übungen nach jeder Gruppe auch schriftlich.
c) Übungen ausser der Reihe mit Rückbeziehung auf Früheres, in abstrakten und konkreten Zahlen:

Das zweite Schuljahr.

$$1 + 2 = 3 \qquad 10 - 2 = 8$$
$$10 + 20 = 30 \qquad 100 - 20 = 80$$

$$2 + 3 = 5 \qquad 7 - 4 = 3$$
$$20 + 30 = 50 \qquad 70 - 40 = 30$$

$$4 + 3 = 7 \qquad 8 - 5 = 3$$
$$40 + 30 = 70 \qquad 80 - 50 = 30$$

d) Sachlich gehaltene Aufgaben:

Ein Mann reist erst 30 Stunden weit, hernach noch 20 Stunden; wie viel Stunden weit ist er gereist?

Jemand hat 70 Stunden weit zu reisen; er hat schon 40 Stunden zurückgelegt; wie viel Stunden Wegs muss er nun noch zurücklegen?

Weitere Additions- und Subtraktions-Aufgaben dieser Art.

4. Stufe. Aus dem Vorhergehenden haben die Schüler gelernt, dass die Zehner in der Zehnerreihe gerade so fortschreiten wie die Einer; dass man die Zehner gerade so zusammenzählen und von einander abziehen kann wie die Einer, und ferner haben sie die Zehnerzahlen auch schreiben gelernt.

Sie sprechen sich nun a) darüber aus und tragen b) die Reihe der reinen Zehner in ihr Heft ein.

5. Stufe.

a) 10 St. + 20 + 30 St. = ?   b) 90 St. — 30 St. — 20 St. = ?
30 St. + 40 + 20 St. = ?   100 St. — 40 St. — 30 St. = ?
50 St. + 30 + 20 St. = ?   80 St. — 10 St. — 50 St. = ?
    u. s. w.   u. s. w.

c) 30 + 40 — 50 + 10 — 20 = ?
70 — 30 — 20 + 60 + 10 = ?
60 + 40 — 50 — 30 + 40 = ?
    u. s. w.

d) 40 = 10 + 30   e) 40 = 60 — 20
40 = 20 + 20   40 = 50 — 10
50 = 10 + 40   50 = 80 — 30
50 = 20 + 30   50 = 90 — 40
60 = 10 + 50   30 = 70 — 40
60 = 20 + 40   30 = 90 — 60
60 = 30 + 30   60 = 100 — 40
  u. s. w.   u. s. w.

f) 60 = 20 + 20 + ?
70 = 10 + 30 + ?
50 = 30 + 10 + ?
80 = 40 + 10 + ?
  u. s. w.

Das zweite Schuljahr.

Jede Gruppe dieser Übungen auch schriftlich.

g) Angewandte Aufgaben:
Wer erst 20, dann 30 und zuletzt noch 40 Stunden weit gereist ist, wie weit ist der von seiner Heimat weg?

Nach Kassel, wo Ns Bruder Soldat ist, sinds von uns aus 30 Stunden, nach Frankfurt a. M., wo Ns Onkel wohnt, sinds 50 Stunden, und nach Bremen, wo Robinsons Eltern wohnten, 100 Stunden. Wie viel Stunden ists nach Frankfurt weiter als nach Kassel? Wie viel Stunden sinds von hier nach Bremen mehr als von hier nach Frankfurt? als nach Kassel?

Ein Mann will von Eisenach nach Kassel reisen. Er ist schon 20 Stunden weit gereist; wie viel Stunden Wegs hat er nun noch zurückzulegen?

Mehr dergleichen Aufgaben.

2. Einheit.

Zahlgebiet: 10—100 in reinen Zehnern.

Zahloperationen: Multiplikation und Division innerhalb der Zehnerreihe.

Sachgebiet: Dasselbe wie in der 1. Einheit, nämlich Wegstunden (Meilen).

Grundlegende Aufgabe: Wir wollen ausrechnen, wie viel Wegstunden ein Mann in 10 Tagen zurücklegt, wenn er jeden Tag 10 Stunden weit geht.

1. Stufe. a) Unser längster Weg, den wir gemacht haben, war von hier nach Wilhelmsthal und wieder zurück: 2 Stunden hin, 2 Stunden her, zusammen 4 Stunden. Jener Mann ist aber jeden Tag 10 Stunden weit gegangen. Und er ist 10 Tage lang gereist. Wie viel Stunden weit ist er in den 10 Tagen gekommen?

b) Damit wir das um so leichter ausrechnen können, wiederholen wir erst einige frühere Reihen:

$1 \times 1 = 1$ 1 (liegt) in $1 = 1$ mal
$2 \times 1 = 2$ 1   „   „ $2 = 2$ mal
$3 \times 1 = 3$ 1   „   „ $3 = 3$ mal
$4 \times 1 = 4$ 1   „   „ $4 = 4$ mal
     bis   bis
$10 \times 1 = 10$ 1   „   „ $10 = 10$ mal

2. Stufe. Nun rechnen wir unsere Aufgabe aus. Wiederholt dieselbe!

a) Zählt an der Rechenmaschine die 10 Stunden ab, welche der Mann am ersten Tage zurückgelegt hat! Ebenso die vom zweiten, dritten, bis zehnten Tage!

b) Durchlaufen der aufgestellten Reihen in folgender Weise:

> Das sind die ersten 10 Stunden.
> Das sind die zweiten 10 Stunden.
>   bis
> Das sind die zehnten 10 Stunden.

74 Das zweite Schuljahr.

Ebenso die Reihe auch rückwärts.

c) Alsdann:

Das sind 1×10 Stunden 1×10 St. $= 10$ St.
„ „ 2×10 „ 2×10 „ $= 20$ „
„ „ 3×10 „ 3×10 „ $= 30$ „
„ „ 4×10 „ 4×10 „ $= 40$ „
bis   bis
„ „ 10×10 „ 10×10 St. $= 100$ St.

Ebenso rückwärts!

d) Hierauf ganz kurz, aber angesichts der Maschine:

$1 \times 10 = 10$ $10 \times 10 = 100$
$2 \times 10 = 20$ $9 \times 10 = 90$
$3 \times 10 = 30$ $8 \times 10 = 80$
$4 \times 10 = 40$ $7 \times 10 = 70$
bis   bis
$10 \times 10 = 100$ $1 \times 10 = 10$

3. Stufe. a) Ausbildung der übrigen Reihen, in konkreten Zahlen, in abstrakten Zahlen, mündlich, schriftlich, und zwar jetzt ohne die Rechenmaschine.

10 St. liegen in 10 St. 1 mal $10 = \frac{1}{2}$ von 20
10 „ „ „ 20 „ 2 mal $10 = \frac{1}{3}$ von 30
10 „ „ „ 30 „ 3 mal   bis
bis $10 = \frac{1}{10}$ von 100
10 „ „ „ 100 „ 10 mal

b) Multiplikationen und Divisionen ohne Reihenform in konkreten und abstrakten Zahlen:
Wie viel Stunden weit war der Mann gegangen in 2 Tagen? in 3, 5, 8, 4, 9, 6 Tagen? Aber wie weit in 10 Tagen?
Wie gross ist die Hälfte von 20 Stunden? der dritte Teil von 30 Stunden? der fünfte Teil von 50 Stunden? etc.
4. Stufe. Sagen und Einschreiben der Zehnerreihe in der Multiplikations- und Divisionsform.
5. Stufe. Mannigfache freie Anwendung der gewonnenen Begriffe in Übungen mit benannten und unbenannten Zahlen, und in angewandten Aufgaben, mündlich und schriftlich.
a) Wie vielmal liegt die 10 in der 70? wie vielmal in der 60, 40, 90, 30?
b) $(6 \times 10) + (4 \times 10) = ?$; $(7 \times 10) - (5 \times 10) = ?$ u. s. w.
c) 4×10 Stunden sind wie viel Stunden mehr als 2×10 Stunden? aber wie viel weniger als 7×10 Stunden?

Das zweite Schuljahr.

d) Wie gross ist die Hälfte von 20? wie gross aber $^2/_3$ von 30? $^3/_4$ von 40? $^3/_5$ von 50?

e) Wie viel ist $^1/_2$ von $20 + ^1/_3$ von $30 + ^2/_3$ von 30? u. s. w.

f) Welche Zahl ist um 3×10 grösser als 5×10?

g) Jemand hat einen Weg von 70 Stunden zu machen; wie viel Tage braucht er zu der Reise, wenn er täglich 10 Stunden weit geht? Wie viel Stunden weit hatte er noch zu gehen, als er schon 4 Tage gegangen war?

3. Einheit.*)

Zahlgebiet: Die Zahlenreihe von 1—20.

Zahloperationen: Addieren und Subtrahieren reiner Einer zu und von reinen Zehnern ($10 + 6$; $20 - 5$).

Sachgebiet: Jahre.

Grundlegende Aufgabe. Wir wollen mit dem Alter Robinsons und mit eurem Alter rechnen.

1. Stufe. Wie alt war Robinson, als sein Vater mit ihm über seine Zukunft sprach? 18 Jahre. Wie alt war er, als er heimlich fortging? 19 Jahre. Wann ist beides geschehen? Vor länger als zweihundert Jahren. Zählt hundert Jahre (wie in der früheren Einheit die Stunden) an der Rechenmaschine ab! Wie alt seid aber ihr jetzt? 7 Jahre, 8 Jahre. Zählt auch euer Alter an der Rechenmaschine, an den Fingern ab! Schreibt euer Alter an die Tafel!

2. Stufe. Abzählen der Lebensjahre Robinsons an der Maschine. Bis 10 können die Kinder bereits zählen; neu ist ihnen die Reihe von 11—19 bezüglich 20. Ist die Zahl 19 bezüglich 20 erreicht, so durchlaufen die Kinder nun zählend die Reihe vorwärts und rückwärts bis zu völliger Sicherheit und Geläufigkeit. Dann folgt:

b) Das Schreiben der Zahlen von 11—20 oder von 1—20 vorwärts und rückwärts und zwar in senkrechter Reihe, immer von dem Zehner aus, also von links nach rechts.

Hierbei lernen die Kinder

1. Zehner und Einer unterscheiden,

2. den verschiedenen Stellenwert der Ziffern, die als Zeichen gleich sind, richtig auffassen, wie sie

3. auch erkennen, dass die Einer der gemischten Zehner gerade so fortschreiten, wie die reinen Einer.

3. Stufe. Ausrechnen von Alterssummen und Altersdifferenzen, immer von Zehnern und Einern aus, erst stetig (in Reihen), dann ausser der Reihe:

---

*) Vergl. Ziller, Seminarbuch (im Jahrbuch 1874) S. 125 ff.

Das zweite Schuljahr.

10 Jahre + 1 Jahr = 11 Jahre	20 Jahre — 10 Jahre = 10 Jahre
10 „ + 2 Jahre = 12 „	19 „ — 9 „ = 10 „
10 „ + 3 „ = 13 „	18 „ — 8 „ = 10 „
10 „ + 4 „ = 14 „	17 „ — 7 „ = 10 „
bis	bis
10 Jahre + 10 Jahre = 20 Jahre	11 Jahre — 1 Jahr = 10 Jahre.

Ebenso die Reihe rückwärts.

Dann so:

1 Zehner + 1 Einer = 11	11 = 1 Zehner und 1 Einer
1 „ + 2 „ = 12	12 = 1 „ „ 2 „
1 „ + 3 „ = 13	13 = 1 „ „ 3 „
1 „ + 4 „ = 14	14 = 1 „ „ 4 „
bis	bis
1 Zehner + 10 Einer = 20	20 = 2 Zehner.

Ebenso rückwärts.

10 + 1 = 11	20 — 1 = 19
10 + 2 = 12	20 — 2 = 18
10 + 3 = 13	20 — 3 = 17
10 + 4 = 14	20 — 4 = 16
bis	bis
10 + 10 = 20	20 — 10 = 10.

Zahlendiktate. Schreibt ordentlich unter einander die Zahlen: 14, 11, 17, 13, 19, 12, 16, 10, 15! Lest die Zahlen und gebt die Zehner und Einer an, aus denen jede besteht!

Schreibt die Zahlen, welche bestehen aus 1 Zehner und 4 Einern, aus 1 Zehner und 7 Einern, aus 1 Zehner und 8 Einern, aus 1 Zehner und 5 Einern! Lest die Zahlen!

Ein Kind ist 10 Jahre alt; wie alt ist es nach 2, 3, 5, 8, 9 Jahren?

Ihr seid jetzt 7 Jahre alt; nach wie viel Jahren seid ihr 10 Jahre alt? — Wenn aber hernach noch 4 Jahre vorübergegangen sind, wie alt seid ihr dann? Du bist 7 Jahre alt, deine Schwester 10 Jahre, dein Bruder 12 Jahre. Wieviel Jahre bist du jünger als deine Schwester? Wieviel Jahre ist deine Schwester jünger als dein Bruder?

Ebenso dergleichen Fragen vom Alter Robinsons aus.

4. Stufe. a) Eintragen der Reihe von 11—20 in senkrechter Stellung ins Heft.

b) Eintragen der Merkworte: Zehner, Einer.

c) Eintragen zweier Beispiele für das Addieren und Subtrahieren der reinen Einer zu und von reinen Zehnern:

$$10 + 7 = 17$$
$$20 - 4 = 16.$$

5. Stufe. a) Weitere Übungen in der Zahlenreihe von 11—20 im Zerlegen der Zahlen in ihre Zehner und Einer, sowie im Bilden von Zahlen aus Zehnern und Einern (mündlich und schriftlich).

b) Mündliche und shriftliche Übungen im Zuzählen und Abziehen reiner Einerzahlen zu und von reinen Zehnerzahlen.

Zu Übung a und b können leicht die Beispiele auch von den Schülern selbst gegeben werden.

c) Konkrete Alterssummen und Altersdifferenzen mit Anwendung der gewonnenen Begriffe und Regeln (siehe Stufe IV c), namentlich auch mit Beziehung auf das Alter Robinsons (18, 19).

4. Einheit.

Zahlgebiet: Die Zahlenreihe von 1—30.

Zahloperationen: Addieren und Subtrahieren reiner Zehner zu und von gemischten Zehnern (15 + 10; 28 — 10),

Sachgebiet: Tage und Stunden.

Grundlegende Aufgabe: „Wir wollen Robinsons Seesturm berechnen." *)

1. Stufe. a) Da können wir nicht mehr mit Jahren rechnen, sondern es muss mit Tagen und Stunden gerechnet werden

b) Feststellung des Thatsächlichen aus der Erzählung: Beginn des Sturmes am ersten Tage zu Mittag. Aufhören des Sturmes am andern Tage des Abends. Von Mittag bis wieder Mittag ist ein voller Tag. Von Mittag bis zum Abend (um 6 Uhr) sind noch 6 Stunden.

c) Nochmaliges Durchlaufen der Reihe von 1—20, in der Form der Addition und Subtraktion, mit Jahren.

2. Stufe. Der Sturm hat gedauert 1 Tag und 6 Stunden. Wieviel Stunden dies zusammen sein mögen? Wie rechnen wir das? Wir zählen die Stunden, die ein Tag hat, an der Uhr (dem Zifferblatte) ab. Da muss man aber weiter zählen können als bis 20.

Zählen von 20—30 und Einüben dieser Reihe.

Darauf Abzählen der Stunden eines vollen Tages (von Mittag zu Mittag) an der Uhr und Hinzuzählen der 6 Stunden = 30 Stunden. Der Sturm hat gedauert 30 Stunden.

Durchzählen der Reihe von 20—30, von 1—30, vorwärts, rückwärts (an der Rechenmaschine).

Schreiben der neuen Zahlen von 20—30.

Zerlegen derselben in Zehner und Einer.

Bilden der neuen Zahlen aus Zehnern und Einern (2 Zehner 6 Einer = 26).

3. Stufe. 1. Die früheren Übungen in der jetzt erweiterten Reihe in konkreten und abstrakten Beispielen, mündlich, schriftlich:

---

*) Vergl. Ziller, Seminarbuch, S. 127.

Das zweite Schuljahr.

10 St. + 1 St. = 11 St. 20 St. + 1 St. = 21 St.
10 „ + 2 „ = 12 „   20 „ + 2 „ = 22 „
10 „ + 3 „ = 13 „   20 „ + 3 „ = 23 „
u. s. w.   u. s. w.

Ebenso rückwärts.

20 St. — 1 St. = 19 St. 30 St. — 1 St. = 29 St.
20 „ — 2 „ = 18 „   30 „ — 2 „ = 28 „
20 „ — 3 „ = 17 „   30 „ — 3 „ = 27 „

Dann auch so:

10 Jahre + 1 Jahr = 11 Jahre   10 Jahre — 1 Jahr = 9 Jahre
20 „ + 1 „ = 21 „   20 „ — 1 „ = 19 „
10 „ + 2 Jahre = 12 „   30 „ — 1 „ = 29 „
20 „ + 2 „ = 22 „   10 „ — 2 Jahre = 8 „
10 „ + 3 „ = 13 „   20 „ — 2 „ = 18 „
20 „ + 3 „ = 23 „   30 „ — 2 „ 28 „

Hierauf auch Aufgaben ausser der Reihe a) in abstrakten Zahlen, b) mit Stunden, Tagen, Jahren.

2. Die neuauftretenden Übungen im Addieren und Subtrahieren reiner Zehner zu und von gemischten Zehnern.

a) 1 + 10 = 11   11 + 10 = 21   11 — 10 = 1   21 — 10 = 11
    2 + 10 = 12   12 + 10 = 22   12 — 10 = 2   22 — 10 = 12
    3 + 10 = 13   13 + 10 = 23   13 — 10 = 3   23 — 10 = 13
    u. s. w.

b) 1 St. + 10 St. = 11 St.   11 Tage — 10 Tage = 1 Tag
    11 „ + 10 „ = 21 „   21 „ — 10 „ = 11 Tage
    2 „ + 10 „ = 12 „   12 „ — 10 „ = 2 Tage
    12 „ + 10 „ = 22 „   22 „ — 10 „ = 12 Tage
    u. s. w.

c) Konkrete und abstrakte Beispiele ausser der Reihe.

Die Übungen in und ausser den Reihen werden so lange fortgesetzt, bis sich die beiden neuen Rechenregeln ergeben haben.

4. Stufe. a) Sagen und Eintragen der neuen Reihe von 20—30.

b) Eintragen der neuen Regel in der Form von zwei Rechenbeispielen:

$$16 + 10 = 26; \quad 28 — 10 = 18.$$

5. Stufe. a) Schreibt 12 Tage und 21 Tage und erklärt diese Zahlen! (12 = 1 Z. u. 2 E.; 21 = 2 Z. u. 1 E.)

Stellt 12 Tage und 21 Tage an der Rechenmaschine auf!

Das zweite Schuljahr.

b) 14 Stunden + 10 Stunden = 24 Stunden
   18 „ + 10 „ = 28 „
   7 „ + 10 „ = 17 „
   u. s. w.

29 Stunden — 10 Stunden = 19 Stunden
19 „ — 10 „ = 9 „
u. s. w.

c) 7 + 3 + 5 + 10 = ?
   20 — 8 + 10 — 20 = ?
   26 — 20 + 10 + 10 = ?

d) Zählt die Vormittagsschulstunden der Woche zusammen! (18.) Ebenso die Nachmittagsschulstunden! (8). Wieviel Schulstunden haben wir in einer Woche an den Vormittagen mehr als an den Nachmittagen? etc.

5. Einheit.

Zahlgebiet: 1—40.
Zahloperationen: Addieren und Subtrahieren gemischter Zehner zu und von reinen Zehnern (20 + 18; 40 — 15).
Sachgebiet: Schritte (Fuss, Meter).

Grundlegende Aufgabe: Wir wollen die Schritte zählen, welche unser Schulhaus, der Korridor desselben, unser Schulzimmer in der Länge und in der Breite hat. (Im Anschluss an Robinsons Hausbau.)

1. Stufe. a) Zusammenstellen der Resultate, die wir beim Abschreiten gefunden haben.
Länge des Schulhauses: 30 Schritte (so weit können die Kinder zählen) und noch 8 Schritte.
Breite des Schulhauses (Tiefe): 16 Schritte.
Länge des Korridors: 28 Schritte.
Breite desselben: 4 Schritte.
Länge des Schulzimmers: 15 Schritte.
Breite desselben: 12 Schritte.
b) Wiederholungsweises Durchlaufen der Reihe von 1—30.

2. Stufe. a) Erweiterung der Zahlenreihe von 30—38 durch Zuzählen der 8 Schritte zu den 30 Schritten (an der Rechenmaschine): Das Schulhaus ist 38 Schritte lang. Stellt die vorgenannten Längen und Breiten an der Maschine an! Zählt an der Maschine 40 Schritte ab!
b) Zählen (an der Maschine) von 30—40, von 1—40, vorwärts, rückwärts!
c) Schreiben der neuen Zahlen vorwärts, rückwärs, ausser der Reihe (nach Diktat) und Zerlegen der Zahlen in Zehner und Einer.
d) Schreibt die Zahlen, welche bestehen aus 3 Z. u. 7 E., aus 3 Z. u. 2 E., aus 2 Z. u. 9 E. etc. und lest die geschriebenen Zahlen!

80 Das zweite Schuljahr.

3. Stufe. 1) Die früheren Übungen in der erweiterten Reihe:

a) $10 + 1 \quad 20 + 1 \quad 30 + 1 \quad 10 - 1 \quad 20 - 1 \quad 30 - 1 \quad 40 - 1$
$10 + 2 \quad 20 + 2 \quad 30 + 2 \quad 10 - 2 \quad 20 - 2 \quad 30 - 2 \quad 40 - 2$

b) $10 + 1 \quad 10 + 2 \quad 10 + 3 \quad 10 - 1 \quad 10 - 2 \quad 10 - 3$
$20 + 1 \quad 20 + 2 \quad 20 + 3 \quad 20 - 1 \quad 20 - 2 \quad 20 - 3$
$30 + 1 \quad 30 + 2 \quad 30 + 3 \quad 30 - 1 \quad 30 - 2 \quad 30 - 3$

c) $11 + 10 \quad 21 + 10 \quad 11 + 10 \quad 12 + 10 \quad 11 + 20$ u. s. w.
$12 + 10 \quad 22 + 10 \quad 21 + 10 \quad 22 + 10 \quad 12 + 20$ u. s. w.

d) $11 - 10 \quad 21 - 10$ u. s. w.
$12 - 10 \quad 22 - 10$ u. s. w.

2. Die neuauftretenden Übungen:

a) 10 Schritte + 11 Schritte = 21 Schritte
10 „ + 12 „ = 22 „
10 „ + 13 „ = 23 „
u. s. w.

20 Schritte + 11 Schritte = 31 Schritte
20 „ + 12 „ = 32 „
bis
20 Schritte + 19 Schritte = 39 Schritte.

b) 40 Schritte − 11 Schritte = 29 Schritte
40 „ − 12 „ = 28 „
u. s. w.

40 Schritte − 21 Schritte = 19 Schritte
40 „ − 22 „ = 18 „
u. s. w.

c) Summen und Differenzen von Schritten, Stunden, Tagen, Jahren nicht in Reihenform.

Fortsetzung dieser Übungen mündlich und schriftlich, bis die neue Regel sich ergiebt.

4. Stufe. a) Sagen und Eintragen der neuen Reihe von 30—40.

b) Eintragen der neuen Rechnungsregeln in der Form von Rechenbeispielen: $20 + 18$; $40 - 15$.

5. Stufe. a) Schreibt 12, 21; 13, 31; 23, 32. Vergleichendes Zerlegen dieser Zahlen in ihre Zehner und Einer.

b) 20 Schritte + 16 Schritte = ? $\quad$ 30 Stunden − 14 Stunden = ?
10 „ + 17 „ = ? $\quad$ 40 „ − 26 „ = ?
10 „ + 28 „ = ? $\quad$ 40 „ − 21 „ = ?

Das zweite Schuljahr.

c) 24 Schritte + 10 Schritte — 20 Schritte = ?
20 Jahre + 17 Jahre — 7 Jahre — 15 Jahre = ?
u. s. w.

d) Im Schulgarten: Schreitet 34 Schritte ab! geht wieder 10 Schritte zurück, noch 12 Schritte zurück; wieviel Schritte seid ihr noch vom Ausgangsorte entfernt? etc.

6. Einheit.

Zahlgebiet: Die Zahlenreihe von 1—50.
Zahloperationen: Einer zu und von gemischten Zehnern ohne Übergang von einem Zehner in den andern (42 + 6; 48 — 5).
Sachgebiet: Monate, Wochen, Tage.

Grundlegende Aufgabe: „Wir wollen berechnen, wie lange Robinsons Seereise bis zum Untergang des Schiffes gedauert hat."
Abfahrt des Schiffes am 13. August; Ankunft Robinsons auf der Insel am 30. September.
Wir haben schon die Monate des Jahres besprochen, (siehe Naturkunde, S. 32) und wissen auch, wie viel Tage jeder Monat hat. Wiederholung desselben. Der August hat 31 Tage. Zählt an der Rechenmaschine die Tage, welche der August vom 13. an (diesen mitgezählt) noch hat! 19 Tage. Vom 1. September aber bis zum 30. September sinds 30 Tage. Zählt auch die 30 Tage des September an der Maschine ab. Hierauf von den 19 Tagen 10 zu den 30 giebt 40 Tage, und nun noch zur Fortführung der Reihe die 9 Tage hinzu. Resultat: die Reise hat 49 Tage gedauert. Wir haben die Zahlenreihe dabei weiter bis 49 gelernt. Nehmen wir noch einen Tag hinzu, so erhalten wir die Zahl 50, die uns schon bekannt ist. Nun die Zahl- und Rechenübungen innerhalb der erweiterten Reihe. Das übrige nunmehr bekannt.

7. Einheit.

Zahlgebiet: Die Zahlenreihe 1—60.
Zahloperationen: Einer zu und von Einern und gemischten Zehnern, auch mit Übergang von einem Zehner in den andern (8 + 7; 47 + 6; 53 — 6).
Sachgebiet: Jahre, Wochen.

Grundlegende Aufgabe: Wir wollen (im Anschluss an den Jahrestag Robinsons auf der Insel, an die Geburtstage der Kinder, an den Anfang des neuen Schuljahres zu Ostern) die Wochen ausrechnen, die zu einem Jahre gehören.

8. Einheit.

Zahlgebiet: 1—80.
Zahloperationen: Gemischte Zehner zu und von gemischten

Zehnern ohne Übergang von einem Zehner in den andern (45 + 32; 78 — 26).
Sachgebiet: Jahre, Wochen (wie in der vorhergehenden Einheit).

Grundlegende Aufgabe: Vor kurzem haben wir ausgerechnet, wieviel Wochen Robinson auf der Insel gewohnt hatte, als er seinen ersten Jahrestag auf derselben feierte; jetzt wollen wir ausrechnen, wieviel Wochen ihr nun schon in die Schule gegangen seid.

(Die Behandlung dieser Einheit wird in die Zeit fallen, in welcher die Schulwochenzahl zwischen 70 und 80 fällt. Wo nicht, so ist ein anderer Anknüpfungspunkt zu suchen.)

9. Einheit.

Zahlgebiet: 1 — 100.
Zahloperationen: Gemischte Zehner zu und von gemischten Zehnern mit Übergang von einem Zehner in den andern.
Sachgebiet: Mark, Pfennige.

Grundlegende Aufgabe: Rechnen mit den Pfennigen, die zu einer Mark gehören.

Der Geldfund Robinsons auf dem Schiffe hat uns Veranlassung gegeben, die Kinder mit unseren Geldsorten (Markstücke, 50-, 20-, 10-, 5-, 2-, 1-Pfennigstücke, 2-Mark-, 3-Mark-, 5-Mark-, 10-Markstücke) bekannt zu machen. Hieran anknüpfend, kommen wir zu der Pfennigzahl der Mark und damit zum Zahlenraume von 1 — 100.

10. Einheit.

Zahlgebiet: Fünferreihe des Einmaleins.
Zahloperationen: Multiplizieren und Dividieren im Bereiche der Fünferreihe.
Sachgebiet: Gliedmassen des menschlichen Körpers.

Grundlegende Aufgabe. Wir wollen ausrechnen, wie viel Finger die fünf Kinder auf der ersten Bank zusammen haben.

Die Kinder stellen sich vor und halten ihre Finger in die Höhe. Ist das nicht eine ganze Schar von Fingern? Wie viel mögen's ihrer sein?
I. Stufe. Können wir das nicht schon rechnen? Wie denn? Jedes Kind hat 2 Hände, an jeder Hand 5 Finger, an beiden Händen zusammen 10 Finger. Fünf Kinder sind's, also zusammen $5 \times 10 = 50$ Finger. Denn $1 \times 10 = 10$, $2 \times 10 = 20$, $3 \times 10 = 30$, $4 \times 10 = 40$, $5 \times 10 = 50$. Ja, wir könnten auch schon gleich ausrechnen, wie viel Finger 6, 7, 8, 9, 10 Kinder zusammen hätten; denn wir wissen ja $6 \times 10 = 60$, $7 \times 10 = 70$, $8 \times 10 = 80$, $9 \times 10 = 90$, $10 \times 10 = 100$. Wir konnten das leicht ausrechnen mit den Mal-Sätzchen der Zehn. Ob wir es nicht aber auch auf eine andere Weise ausrechnen könnten? Die 5 Kinder sollen wieder ihre Hände in die Höhe halten!

Wie viel Hände haben sie zusammen? Wie viel Finger an jeder Hand? Wie vielmal 5 Finger macht das? 10×5 Finger. Wie viel Finger dies giebt, rechnen wir jetzt.

2. Stufe. a. Übertragen der 10×5 Finger auf die Rechenmaschine in senkrechten Reihen untereinander.

b., Das sind die 5 Finger der rechten Hand des A.; das sind die 5 Finger der linken Hand des A.; das sind die 5 Finger der rechten Hand des B. u. s. w.

c. Durchlaufen der Reihe in dieser Form: 5 Finger, 10 Finger, 15 Finger, 20 Finger, 25 Finger ... bis 50 Finger.

d. Das sind 1×5 Finger,
Das sind 2×5 Finger,
bis
Das sind 10×5 Finger.

e. 1×5 Finger $= 5$ Finger
2×5 „ $= 10$ „
3×5 „ $= 15$ „
bis
10×5 Finger $= 50$ Finger.

Die 5 Kinder haben zusammen 50 Finger. Es trifft mit unserer früheren Rechnung überein: $5 \times 10 = 50$; $10 \times 5 = 50$.

3. Stufe. a. Wiederholtes Durchlaufen der Fünferreihe an der Rechenmaschine teils mit andern Bezeichnungen der Zahl, teils ohne Bezeichnung derselben.

b. Durchlaufen der Reihe von den Produkten aus, wieder teils mit, teils ohne Bezeichnung der Zahlen:

$5 = 1 \times 5$
$10 = 2 \times 5$
$15 = 3 \times 5$
bis
$50 = 10 \times 5$

c. Durchlaufen der Reihe mit und ohne Zahlbezeichnung in der Divisionsform:

5 in 5 $= 1$ (mal)   5 ist der 2. Teil von 10
5 „ 10 $= 2$ „   5 „ „ 3. „ „ 15
5 „ 15 $= 3$ „   5 „ „ 4. „ „ 20
bis   bis
5 „ 50 $= 10$ „   5 „ „ 10. „ „ 50

d. Multiplikations- und Divisionsaufgaben in konkreten und abstrakten Zahlen ausser der Reihe mit der 5, bei welchen die Rechenmaschine den Schülern noch vor Augen bleibt.

84 Das zweite Schuljahr.

4. Stufe. Sagen und Eintragen der Fünferreihe in der Multiplikations- und Divisionsform (der Mal- und In-Sätzchen) mit der 5:

$1 \times 5 = 5$ $5 \text{ in } 5 = 1 \text{ (mal)}$
$2 \times 5 = 10$ $5 \text{ in } 10 = 2\ \text{„}$
bis   bis
$10 \times 5 = 50$ $5 : 50 = 10\ \text{„}$

Sichere Einübung der Fünferreihe; Zusammenordnung derselben mit der Zehnerreihe.

5. Stufe. a. Durchlaufen der Mal- und In-Sätzchen mit der 5 vorwärts und rückwärts.

b. Sagen der Mal-Sätzchen von den Produkten aus ($5 = 1 \times 5$, $10 = 2 \times 5$, $15 = 3 \times 5$ u. s. w.), der In-Sätzchen von den Quotienten aus (5 ist der 2. Teil von 10, 5 ist der 3. Teil von 15 u. s. w.).

c. Dergleichen Übungen in unbenannten Zahlen und in angewandten Aufgaben ausser der Reihe. Z. B. 15 ist wie vielmal 5? 35 ist wie vielmal 5? u. s. w. 5 ist der wievielte Teil von 10, 30, 45? An 6 (4, 8) Händen sind wie viele Finger? 6 Fünfpfennigstücke gelten wie viele Pfennige? Wie viel Fünfpfennigstücke kann man einwechseln für 35 (20, 45, 15) Pfennige?

d. Wie viel ist 2×5 (4×5, 6×5, 8×5, 10×5)? 10 (20, 30, 40, 50). Bei welchen Sätzchen kam aber die 10 (20, 30 u. s. w.) auch schon vor? Wie können wir das schreiben?

$2 \times 5 = 10$ $4 \times 5 = 20$ $6 \times 5 = 30$
$1 \times 10 = 10$ $2 \times 10 = 20$ $3 \times 10 = 30$

e. Leichte kombinatorische Übungen z. B.

6×5 Jahre $+ 2 \times 5 =$ Jahre?
8×5 Jahre $- 4 \times 5 =$ Jahre?
10×5 Stunden $+ 8 \times 5 =$ Stunden?
9×5 Wochen $+ 3 \times 10 =$ Wochen?

f. Bestimmen der Zahlen von 5 bis 50 nach der Fünferreihe.

$5 = 1 \times 5$ $11 = 2 \times 5 + 1$
$6 = 1 \times 5 + 1$ $12 = 2 \times 5 + 2$
$7 = 1 \times 5 + 2$ $13 = 2 \times 5 + 3$
$8 = 1 \times 5 + 3$ $14 = 2 \times 5 + 4$
$9 = 1 \times 5 + 4$ $15 = 3 \times 5$
$10 = 2 \times 5$ u. s. w.

g. Dieselben Übungen in Divisionsform: z. B.

5 liegt in $20 = 4$ mal
5 „ in $21 = 4$ mal (Rest 1)

Das zweite Schuljahr. 85

5 liegt in 22 = 4 mal (Rest 2)
5 „ in 23 = 4 mal (Rest 3)

h. Angewandte Aufgaben im Bereiche aller Übungen von a — g.

II. Einheit.

Zahlgebiet: Zweierreihe des Einmaleins.
Zahloperationen: Multiplizieren und Dividieren mit 2.
Sachgebiet: Produkte des Landbaues; Preise derselben.

Grundlegende Aufgabe: Wir wollen berechnen, wie viel der Landmann, mit dem wir jüngst bei unserm Gang über den Wochenmarkt sprachen, für seine Kartoffeln gelöst haben wird.

Ein Gang über den Wochenmarkt hat uns mit dem Produktenreichtum unseres Landbaus bekannt gemacht, der um so grösser erscheint, wenn wir ihn mit der geringen Zahl von Robinsons Feldbauerzeugnissen zusammenhalten. Bei Robinson finden wir, abgesehen von einigen wildwachsenden essbaren Früchten, nur die Gerste, den Mais, den Reis. Wie gross ist dagegen die Menge der Feldgewächse bei uns! Auch mit den Preisen von verschiedenen Produkten haben wir uns bekannt gemacht. Ganz besonders auffällig war uns die grosse Anfuhr von Kartoffeln, auch von weither (Mühlhausen); es war eben die Zeit der Kartoffelernte. In der naturkundlichen Stunde wird das Wahrgenommene besprochen; von dieser aus gehen dann auch Fragen und Aufgaben, wie die obige, an das Rechnen über.

1. Stufe: Der Mann, mit dem wir sprachen, hatte auf seinem kleinen Wagen 10 Sack Kartoffeln. Er war aus Tiefenort. Er klagte, dass die Kartoffeln dieses Jahr (1885) so niedrig im Preise ständen; in früheren Jahren habe er für den Sack 3 ℳ gelöst, dieses Jahr müsse er sie für 2 ℳ den Sack verkaufen. Wie viel wird der Mann dieses Jahr für seine 10 Sack Kartoffeln lösen? Und wie viel hätte er bei dem frühern Preis von 3 ℳ gelöst?

2. Stufe: a) Zählt die Mark, welche der Mann für seine 10 Sack Kartoffeln löst, an der Rechenmaschine ab! Die Kinder stellen an der Rechenmaschine in den Kugeln 10 mal 2 ℳ senkrecht unter einander, indem sie dazu sprechen:

Das sind die 2 ℳ für den ersten Sack,
Das sind die 2 ℳ für den zweiten Sack
bis
Das sind die 2 ℳ für den 10. Sack.

b) Hierauf Durchlaufen der Reihe in folgender Weise:

2 ℳ, 4 ℳ, 6 ℳ, 8 ℳ, 10 ℳ bis 20 ℳ.

Der Mann hat also für seine Kartoffeln 20 ℳ gelöst. Hätte er aber 3 ℳ bekommen, so hätte das für jeden Sack 1 ℳ mehr gemacht; für die 10 Sack also 10 ℳ. Diese 10 ℳ zu den 20 ℳ = 30 ℳ. Demnach hätte der Verkäufer vor 2 Jahren für seine zehn Sack Kartoffeln 30 ℳ gelöst.

c) Wir fassen aber die aufgestellte Reihe noch etwas genauer ins Auge, um noch mehr daran zu lernen. Es folgt nun das Durchlaufen der Reihe in folgender Weise:

$$\begin{aligned}&\text{Das sind } 1 \times 2 \text{ ℳ}\\&\text{Das sind } 2 \times 2 \text{ „}\\&\text{Das sind } 3 \times 2 \text{ „}\\&\text{bis}\\&\text{Das sind } 10 \times 2 \text{ ℳ.}\end{aligned}$$

d) Alsdann:

$$\begin{aligned}1 \times 2 \text{ ℳ} &= 2 \text{ ℳ}\\ 2 \times 2 \text{ „} &= 4 \text{ „}\\ 3 \times 2 \text{ „} &= 6 \text{ „}\\ &\text{bis}\\ 10 \times 2 \text{ ℳ} &= 20 \text{ ℳ.}\end{aligned}\qquad\begin{aligned}2 \text{ ℳ sind } &1 \times 2 \text{ ℳ}\\ 4 \text{ „ „ } &2 \times 2 \text{ „}\\ 6 \text{ „ „ } &3 \times 2 \text{ „}\\ &\text{bis}\\ 20 \text{ ℳ sind } &10 \times 2 \text{ ℳ}\end{aligned}$$

e) Durchlaufen der Reihen ohne Benennung der Zahlen, aber im Anschluss an die Rechenmaschine:

$$\begin{aligned}1 \times 2 &= 2\\ 2 \times 2 &= 4\\ 3 \times 2 &= 6\\ &\text{bis}\\ 10 \times 2 &= 20\end{aligned}\qquad\begin{aligned}2 &= 1 \times 2\\ 4 &= 2 \times 2\\ 6 &= 3 \times 2\\ &\text{bis}\\ 20 &= 10 \times 2\end{aligned}$$

f) Schreiben der Sätzchen an die Wandtafel, immer von der Anschauung (der Rechenmaschine) aus; Lesen und Einüben derselben vorwärts und rückwärts. Schreiben der Sätzchen seitens der Schüler auf die Schiefertafeln.

3. Stufe. a) Durchlaufen der Reihen in Intervalle, bald in der einen, bald in der andern Bezeichnungsweise für die Zahl (Mark, Wochen, Stunden, Pfennige).

$$\begin{aligned}1 \times 2 \text{ ℳ} &= 2 \text{ ℳ}\\ 3 \times 2 \text{ „} &= 6 \text{ „}\\ 5 \times 2 \text{ „} &= 10 \text{ „}\\ 7 \times 2 \text{ „} &= 14 \text{ „}\\ 9 \times 2 \text{ „} &= 18 \text{ „}\end{aligned}\qquad\begin{aligned}2 \times 2 \text{ ℳ} &= 4 \text{ ℳ}\\ 4 \times 2 \text{ „} &= 8 \text{ „}\\ 6 \times 2 \text{ „} &= 12 \text{ „}\\ 8 \times 2 \text{ „} &= 16 \text{ „}\\ 10 \times 2 \text{ „} &= 20 \text{ „}\end{aligned}$$

Dieselben Übungen auch von den Produkten aus z. B.

$$2 = 1 \times 2;\ 6 = 3 \times 2;\ 10 = 5 \times 2 \text{ etc.}$$

Das zweite Schuljahr.

b) Durchlaufen der Reihen in Divisionsform:

2 ℳ liegen in 2 ℳ 1 mal	2 ist der 2. Teil von 4
2 „ „ 4 „ = 2 mal	2 „ „ 3. „ „ 6
2 „ „ 6 „ = 3 mal	2 „ „ 4. „ „ 8
bis	bis
2 „ „ 20 „ = 10 mal	2 „ „ 10. „ „ 20.

c) **Multiplikations- und Divisionsaufgaben mit der 2 ausser der Reihe** teils mit benannten Zahlen (Mark, Jahre, Wochen etc.), teils mit unbenannten.

4. **Stufe.** Sagen und Eintragen der Multiplikations- und Divisionsreihen mit der 2 (der Zweierreihe des Einmaleins, der Mal- und der In-Sätzchen mit 2).

$1 \times 2 = 2$ 2 in 2 = 1 (mal)
$2 \times 2 = 4$ 2 „ 4 = 2 „
$3 \times 2 = 6$ 2 „ 6 = 3 „
bis   bis
$10 \times 2 = 20$ 2 „ 20 = 10 „

5. **Stufe.** a. Sagt die Mal-Sätze mit der 2 vorwärts! rückwärts! Ebenso die In-Sätze mit der 2!

b. Sagen der Mal-Sätzchen von den Produkten aus ($2 = 1 \times 2$; $4 = 2 \times 2$ etc.), der In-Sätzchen von den Quotienten aus (2 ist der 2. Teil von 4; 2 ist der 3. Teil von 6 etc.), vorwärts, rückwärts.

c) Dergleichen Übungen ausser der Reihe z. B. 8 (12, 10, 18, 6, 20, 14) ist wie vielmal 2? — Wie vielmal liegt die 2 in der 10 (4, 14, 6, 16)? — 2 ist der wie vielte Teil von 16 (18, 12, 20, 8)?

d) Zehn ist wie vielmal 2? Aber wie vielmal 5? Wie vielmal 1? Wie vielmal 10?

20 ist wie vielmal 2? Wie vielmal 5? Wie vielmal 10? Wie vielmal 1?

e) Wenn der Sack Kartoffeln 2 ℳ kostet, wie viel muss man dann bezahlen für 6 Sack? für 2, 8, 7, 5 Sack?

Wie viel Sack kann man kaufen für 12 ℳ? für 8, 16, 6, 18 ℳ?

Auf der ersten Bank sitzen 6 Kinder; wer rechnet schnell aus, wie viel Hände (Augen, Füsse) sie zusammen haben? Wie viel aber 10 Kinder? 8 Kinder?

Ihr habt 4 mal die Woche des Nachmittags 2 Stunden Schule. Wie viel Nachmittagsstunden sind das in einer Woche? in 2 Wochen?

f) Leichte kombinatorische Übungen.

6×2 Jahre $+ 2 \times 2$ Jahre 10×2 Jahre $- 3 \times 2$ Jahre
5×2 „ $+ 4 \times 2$ „ 7×2 „ $- 5 \times 2$ „
4×2 „ $+ 3 \times 2$ „ 8×2 „ $- 2 \times 2$ „
u. s. w.   u. s. w.

4×2 St. $+ 15$ St. $=$ 8×2 St. $- 10$ St. $=$
9×2 „ $+ 12$ „ $=$ 10×2 „ $- 16$ „ $=$

g) Bestimmen der Zahlen von 10 bis 20 nach der Zehner-, nach der Fünfer- und nach der Zweierreihe:

$$10 = 1 \times 10 \qquad 12 = 1 \times 10 + 2$$
$$10 = 2 \times 5 \qquad 12 = 2 \times 5 + 2$$
$$10 = 5 \times 2 \qquad 12 = 6 \times 2$$
$$11 = 1 \times 10 + 1 \qquad 13 = 1 \times 10 + 3$$
$$11 = 2 \times 5 + 1 \qquad 13 = 2 \times 5 + 3$$
$$11 = 5 \times 2 + 1 \qquad 13 = 6 \times 2 + 1$$

h) Anwenden des Zweiersatzes auf reine Zehnerzahlen:

$$1 \times 2 \text{ Zehner} = 2 \text{ Zehner} = 20 \qquad 1 \times 20 = 20$$
$$2 \times 2 \quad " \quad = 4 \quad " \quad = 40 \qquad 2 \times 20 = 40$$
$$3 \times 2 \quad " \quad = 6 \quad " \quad = 60 \text{ kurz: } 3 \times 20 = 60$$
$$4 \times 2 \quad " \quad = 8 \quad " \quad = 80 \qquad 4 \times 20 = 80$$
$$5 \times 2 \quad " \quad 10 \quad " \quad = 100 \qquad 5 \times 20 = 100$$

$$20 \text{ in } 20 = 1 \text{ mal} \qquad 20 = 1/_2 \text{ von } 40*)$$
$$20 \text{ } " \text{ } 40 \quad 2 \text{ } " \qquad 20 = 1/_3 \text{ } " \text{ } 60$$
$$20 \text{ } " \text{ } 60 \quad 3 \text{ } " \qquad 20 = 1/_4 \text{ } " \text{ } 80$$
$$20 \text{ } " \text{ } 80 = 4 \text{ } " \qquad 20 \text{ } 1/_5 \text{ } " \text{ } 100$$
$$20 \text{ } " \text{ } 100 \quad 5 \text{ } "$$

i) Angewandte Aufgaben aus dem Bereiche der Übungen unter f — h.

12. Einheit.

Zahlgebiet: Viererreihe des Einmaleins.
Zahloperationen: Multiplizieren und Dividieren im Bereiche der Reihe.
Sachgebiet: Backwerk, Bäckerware, Preise.

Grundlegende Aufgabe. Wie viel Geld müssen wir dem Bäckerjungen geben, wenn jedes von euch zum Frühstück ein Brötchen für 4 Pfennige erhalten soll?

Robinson war froh, als er sich endlich aus Gerste Brot bereiten konnte. Bei uns giebt es vielerlei Backwerk, welches teils die Mutter, teils der Bäcker backt. Aufzählen desselben. Es wird wohl auch besser schmecken, als Robinsons Gerstenbrot geschmeckt hat. Gründe. Was für Backwerk bringt uns der Bäckerjunge in der Freiviertelstunde in unsere Schule? Was kostet ein Brötchen, eine Semmel? Nachdem in der Naturkunde dieser Gegenstand besprochen worden ist, wird aus diesem Gebiete die vorstehende grundlegende Aufgabe für das Rechnen herübergenommen.

Der Gang der Übungen ist aus den voranstehenden Beispielen ersichtlich.

---

*) Die Kinder sagen das so: 20 ist der 2. Teil von 40.

Das zweite Schuljahr.

13. Einheit.

Zahlgebiet: Dreierreihe des Einmaleins.
Zahloperationen: Multiplizieren und Dividieren im Bereiche der Dreierreihe; dann auf der 5. Stufe in der unten angegebenen Weise darüber hinaus.
Sachgebiet: Thaler (= Dreimarkstücke), Mark.

Grundlegende Aufgabe: Berechnen, wie viel 10 Thaler Mark sind.
Schritte der 2. Stufe: Jeder Thaler gilt 3 Mark.
    a) Bildung der Dreierreihe an der Rechenmaschine (je 3 Mark senkrecht unter einander) und sprechen dabei:

        Das sind die ersten 3 Mark.
        Das sind die zweiten 3 Mark
        bis
        Das sind die zehnten 3 Mark.

    b) Durchlaufen der aufgestellten Reihe mit dem Intervall Drei:

        3, 6, 9, 12 bis 30.

    c) $1 \times 3 \text{ } \mathcal{M} = 3 \text{ } \mathcal{M}$ $3 \text{ } \mathcal{M} = 1 \times 3 \text{ } \mathcal{M}$
       $2 \times 3 \text{ } \mathcal{M} = 6 \text{ } \mathcal{M}$ $6 \text{ } \mathcal{M} = 2 \times 3 \text{ } \mathcal{M}$
       $3 \times 3 \text{ } \mathcal{M} = 9 \text{ } \mathcal{M}$ $9 \text{ } \mathcal{M} = 3 \times 3 \text{ } \mathcal{M}$
       bis   bis
       $10 \times 3 \text{ } \mathcal{M} = 30 \text{ } \mathcal{M}$ $30 \text{ } \mathcal{M} = 10 \times 3 \text{ } \mathcal{M}$

Ebenso rückwärts; dann auch in abstrakten Zahlen.
    Auf der 5. Stufe treten auch folgende Abänderungen und Erweiterungen der Hauptreihen auf:

    a) $1 \times 3 = 3$ $1 \times 30 = 30$
       $2 \times 3 = 6$ $2 \times 30 = 60$
       $3 \times 3 = 9$ $3 \times 30 = 90$

b) $3 \times 1 = 3$ $3 \times 11 = 33$ $3 \times 21 = 63$ $3 \times 31 = 93$
   $3 \times 2 = 6$ $3 \times 12 = 36$ $3 \times 22 = 66$ $3 \times 32 = 96$
   $3 \times 3 = 9$ $3 \times 13 = 39$ $3 \times 23 = 69$ $3 \times 33 = 99$
   $3 \times 4 = 12$ $3 \times 14 = 42$ $3 \times 24 = 72$
   $3 \times 5 = 15$ $3 \times 15 = 45$ $3 \times 25 = 75$
   $3 \times 10 = 30$

    Ebenso die entsprechenden Divisionsreihen.

14. Einheit.

Zahlgebiet: Die Sechserreihe des Einmaleins.
Zahloperationen: Multiplizieren und Dividieren im Bereiche der Reihe und Fortführung der Erweiterungsreihen.

Das zweite Schuljahr.

Sachgebiete: Wöchentliche Arbeitstage. Oder: Verbrauchsgegenstände (Brot, Kaffee, Salz etc.), Gewicht derselben, Preise derselben.

Grundlegende Aufgabe. Wie viel Pfund Brot werden in einer Familie in 8 Tagen, in 14 Tagen gebraucht, wenn täglich ein Brot (von 6 ℔) verzehrt wird? Das Brod ist unser tägliches Nahrungsmittel. Darum bitten wir im Vaterunser um unser täglich Brot. Wir können daher wohl die Freude Robinsons begreifen, als es ihm gelungen war, sich Brot zu bereiten. Habt ihr auch schon einmal acht gegeben, wie viel Brote ihr täglich braucht? Warum ist das aber nicht überall gleich? Wie schwer wiegen aber die grossen Brote, wie wir sie allermeist beim Bäcker kaufen? 6 Pfund. Aber die kleinen Laibchen? ein Kümmelbrötchen? In der naturkundlichen Stunde sind bei der Besprechung dieser Gegenstände auch Abwägungen mittelst der Wage erfolgt. Wie viel Pfund Brot die Familie in 8 Tagen, in 14 Tagen brauchen würde, wenn sie täglich nur ein kleines Brot von 3 Pfund, von 4 Pfund nötig hat, könnten wir leicht nach der Dreier-, der Viererreihe ausrechnen. Geschieht, unter Wiederholung und Anwendung der Dreier- und Viererreihe des Einmaleins. Was wollen wir nun aber jetzt berechnen? Wie viel Pfund sie in 8 Tagen, in 14 Tagen braucht, wenn sie täglich ein Brot von 6 Pfund verzehrt. Folgt Lösung der Aufgabe auf der II. Stufe.

Abänderungs- und Erweiterungsreihen auf der V. Stufe.

a) $1 \times 6 = 6$
$2 \times 6 = 12$
$3 \times 6 = 18$
$4 \times 6 = 24$
$5 \times 6 = 30$
$6 \times 6 = 36$

b) $6 \times 1 = 6$
$6 \times 2 = 12$
$6 \times 3 = 18$
$6 \times 4 = 24$
$6 \times 5 = 30$
$6 \times 6 = 36$

c) 6 in 6 = 1 mal
6 „ 12 = 2 „
6 „ 18 = 3 „
bis
6 „ 60 = 10 „

d) $6 = \frac{1}{2}$ von 12 *)
$6 = \frac{1}{3}$ „ 18
$6 = \frac{1}{4}$ „ 24
bis
$6 = \frac{1}{10}$ „ 60

15. Einheit.

Zahlgebiet: Siebenerreihe.
Zahloperationen: Multiplizieren und Dividieren im Bereiche des Siebenersatzes, und Fortführung der auf den 5. Stufen der vorhergehenden Einheiten begonnenen Erweiterungsreihen.
Sachgebiet: Wochen und Wochentage. Jahreszeiten.

---

*) Zu sprechen u. zu lesen: 6 ist der zweite Teil von 12.

Das zweite Schuljahr.

Grundlegende Aufgabe: Wir wollen die Schulferien nach Tagen berechnen, die es in einem Jahre giebt.

Auf der ersten Stufe Erörterung des Thatsächlichen: 4 Wochen Sommerferien, $1\frac{1}{2}$ Woche Herbstferien, 2 Wochen Weihnachtsferien. 2 Wochen Osterferien, $\frac{1}{2}$ Woche Pfingstferien; zusammen $4 + 1\frac{1}{2} + 2 + 2 + \frac{1}{2} = 10$ Wochen. Jede Woche hat 7 Tage; also giebt's 10×7 Tage Ferien.

Oder: **Grundlegende Aufgabe**: Berechnen, wie viel Tage ein Vierteljahr (das Wintervierteljahr) hat.

Unter Heranziehung des Kalenders haben wir schon früher die Wochenzahl (52) des Jahres ermittelt, und wir können daraus schon berechnen, wie viel Wochen (13) auf ein Vierteljahr kommen. Wir zählen hierauf zur Probe auch die Wochen des Wintervierteljahres im Kalender, wobei wir dasselbe von Mitte November bis Mitte Februar nehmen. Es ist nun auszurechnen, wie viel 13 Wochen Tage sind, wobei die Tage von 10 Wochen und von 3 Wochen einzeln berechnet und alsdann addiert werden.

16. Einheit.

Zahlgebiet: Achterreihe.

Zahloperationen: Multiplizieren und Dividieren im Bereiche der Reihe, und Fortführung der Erweiterungsreihen.

Sachgebiet: Schreib- und Druckpapier, Format, 4 Quartblätter, 8 Seiten.

Grundlegende Aufgabe. Anschliessend an Robinsons Tagebuch, unser Schultagebuch, die Schreibebücher der Kinder: Wir wollen ausrechnen, wie viel Seiten, wie viel Blätter dieses Schreibebuch (von 10 Bogen) hat.

Die Bogen des Schreibpapiers sind in zwei Hälften (Halbbogen) gefaltet. Faltet man den Bogen in der Richtung der Breite nochmals, so erhält man Viertelsbogen (Viertelsbogengrösse); beim nochmaligen Falten Achtelsbogen (Achtelsbogengrösse). Man kann Hefte (und Bücher) machen von Halbbogengrösse (unsere Versäumnisliste, die Censurtabelle), von Viertelsbogengrösse (Schreibhefte der Kinder), von Achtelsbogengrösse (Tagebüchlein, Regelheftchen, Lesebuch). Wie viel Blätter und wie viel Seiten hat ein Bogen bei Halbbogengrösse? (2, 4); bei Viertelsbogengrösse? (4, 8); bei Achtelsbogengrösse? (8, 16).

Untersucht, wie viel Bogen unsere Versäumnisliste, euer Zeichenbuch (je 2 Bl. = 1 Bg.), dieses (Quart-) Heft (je 4 Bl. = 1 Bg.) enthält! Die Schönschreibe- und Zeichenhefte liefert uns der Buchbinder. In der Arbeitsstunde haben wir aber auch schon selbst Bücher (z. B. Tagebücher) geheftet, hier dieses Heft von 5 Bogen, dieses von 6 Bogen, dieses dickere von 10 Bogen. Rechnet aus, wie viel Blätter und wie viel Seiten euer Zeichenbuch von 6 Bogen hat? wie viel Blätter euer Schönschreibebuch von 6 Bogen, dieses dickere (Quart-) Heft von 10 Bogen enthält! Hierbei immanente Wiederholung des Zweier- und des Vierersatzes vom Einmaleins.

Nun wollen wir auch ausrechnen, wie viel Seiten euer Schönschreibebuch von 6 Bogen, und wie viel Seiten dieses dickere Buch von 10 Bogen, beide in Viertelsbogengrösse, enthält (S. die grundlegende Aufgabe). Auf der 2. Stufe folgt in der in den Einheiten 10 und 11 dargelegten Weise die Lösung der grundlegenden Aufgabe unter Entwickelung der Achterreihe vom Einmaleins.

Auf der 5. Stufe erscheinen neben den anderen Übungen
a) die korrespondierenden Reihen

$$1 \times 8 = 8 \qquad 8 \times 1 = 8$$
$$2 \times 8 = 16 \qquad 8 \times 2 = 16$$
$$3 \times 8 = 24 \qquad 8 \times 3 = 24$$
$$\text{bis} \qquad\qquad \text{bis}$$
$$8 \times 8 = 64 \qquad 8 \times 8 = 64$$

b) die Vergleichsreihen

$$1 \times 8 = 8 \qquad 2 \times 8 = 16 \qquad 3 \times 8 = 24$$
$$2 \times 4 = 8 \qquad 4 \times 4 = 16 \qquad 4 \times 6 = 24 \quad \text{u. s. w.}$$
$$4 \times 2 = 8 \qquad 8 \times 2 = 16 \qquad 4 \times 6 = 24$$

c) die angewandten Aufgaben: Ein Heft in Viertelsbogengrösse von 6 (7, 9) Bogen hat wie viel Blätter? Seiten? Ein ebensolches Heft von 56 (72, 24, 40) Seiten hat wie viel Bogen?

17. Einheit.

Zahlgebiet: Neunerreihe.
Zahloperationen: Multiplizieren und Dividieren im Bereiche der Reihe und Fortführung der Erweiterungsreihen.
Sachgebiet: Saat, Ernte; Scheffel, Liter.

Grundlegende Aufgabe: Ausrechnen, wie viel Scheffel Getreide ein Landwirt ernten werde, wenn er 10 Scheffel ausgesäet hatte.

Robinson säete zum drittenmale $1/2$ Scheffel Gerste aus und erntete 5 Scheffel; zum viertenmale säete er 2 Scheffel aus und bekam wieder 20 Scheffel. Er hatte das Zehnfache der Aussaat geerntet. So ist es nicht überall. Wo das Land nicht so fruchtbar ist, da erntet man weniger, zuweilen nur das Sechsfache; wo das Land recht fruchtbar ist und recht gut zubereitet wird, mehr, zuweilen das 12- bis 14fache. Im Durchschnitt, hat man uns gesagt, erntet man das Neunfache. Wie viel Scheffel darf nun jemand von seinen Getreidefeldern bei der Ernte erwarten, wenn er 10 Scheffel ausgesäet hat, und das Neunfache der Aussaat als Ernte angenommen wird?

Nachdem auch die Neunerreihe gewonnen ist, wird das ganze Einmaleins in systematischer Anordnung zusammengestellt und in der zweifachen Form a) mit fortschreitendem, b) mit gleichbleibendem Multiplikator (z. B. $1 \times 3 = 3, 2 \times 3 = 6, 3 \times 3 = 9, 4 \times 3 = 12$ u. s. w. und: $3 \times 1 = 3, 3 \times 2 = 6, 3 \times 3 = 9, 3 \times 4 = 12$ u. s. w.) eingeprägt und für den Gebrauch bereit gestellt. Es folgt sodann gewissermassen eine grosse 5. Gesamtstufe, auf welcher das gewonnene System (das Einmaleins) im Bereiche der Zahlenreihe von 1 bis 100 in den mannigfachsten Multiplikations- und Divisionsaufgaben, mündlich und schriftlich, in angewandten und abstrakten Zahlen, zur allseitigen Anwendung kommt.

Es mag zum Schlusse wiederholt werden, dass der vorstehend skizzierte Rechenkursus im zweiten Schuljahre nicht ganz erledigt werden kann und soll, dass vielmehr ein Teil desselben (vielleicht die 3—4 letzten Einheiten) mit ins dritte Schuljahr hinüberzunehmen ist.

V. Das Schönschreiben.

Litteratur: Hesse, K. A. J. Der Schreibunterricht, ein Versuch, die Methode dieses Unterrichtsgegenstandes auf Psychologie zu basieren und den Einfluss desselben auf die sittliche und intellektuelle Bildung nachzuweisen. Schweidnitz. 1860. — Dietlein, H. R. Wegweiser für den Schreibunterricht. Leipzig, Klinkhardt. 1876. — Hey, C, Die Methodik des Schreibunterrichts. (In Kehr. Geschichte der Methodik. 2. Band. Gotha. 1878. — Schröder. Der Unterricht im Schönschreiben. (In Lauckhardt, Magazin in der gesamten Unterrichtsstoffes. Darmstadt, Brill. 1870.) — Zschille, K. A. Elementar-Schreibschule. Leipzig. 1845. — Neff, Taktschreibmethode nach Schreuer. Heidelberg. 1846. — Hertzsprung, P. W. Lehrbuch der Kalligraphie. Berlin. 1854. Evangelisches Schulblatt von Dörpfeld, Jahrg. 1882. Oktoberheft. Wunderlich, Th. Der Stoff für den Schreibunterricht in der Volksschule. Berlin. 1882.

I. Die Auswahl des Stoffes.

Schreiben in der Schule kann sein: Aufsatzschreiben, Rechtschreiben und Schönschreiben. Wenn nun schon der starken Betonung des Rechtschreibens in der Volksschule von gewichtiger Seite (Raumer, Gesch. der Pädagog. III. S. 117) Bedenken entgegengestellt worden sind, so ist es nicht zu verwundern, dass der Unterricht im Schönschreiben noch viel mehr Angriffe erfahren hat. Er hat es ja eigentlich bloss zu thun mit den Schriftformen, deren möglichst vollkommene Darstellung bezweckt wird. Wiederholt ist ausgesprochen worden, die Volksschule habe nicht die Aufgabe, Kalligraphen zu bilden; bei ihrer sehr beschränkten Zeit habe sie wichtigere Dinge zu thun, als schöne Buchstaben malen zu lassen, auch habe die Mehrzahl der Schüler später gar keine Gelegenheit, von der mühsam erworbenen Fertigkeit Gebrauch zu machen. (Vergl. hierzu Kellner, Aphorismen 62.)

Nun muss allerdings zugegeben werden, dass die Form der Buchstaben mit dem Inhalt des Geschriebenen zunächst nichts zu thun hat, wie es ja auch allbekannt ist, dass sehr bedeutende Menschen und Schriftsteller eine recht schlechte Handschrift hatten, und dass noch heute sehr häufig eine „gelehrte" und „unleserliche" Schrift als zusammengehörig gedacht werden. Es hat auch noch niemand behauptet, die Erzeugnisse der Kalligraphen von Profession, der Lithographen, Firmenschreiber etc. seien einem guten schriftstellerischen Erzeugnis gleich zu schätzen.

Gleichwohl lässt sich unschwer nachweisen, dass der Schönschreibunterricht in der Volksschule eine Stelle erhalten muss.

Zunächst fordert denselben das **praktische Leben**. Es genügt doch nicht, dass man überhaupt nur schreiben kann. Alles Geschriebene soll ja gelesen werden, folglich muss es mindestens **deutlich**, d. h. mit richtigen, zweifellosen Schriftformen dargestellt sein. Wer aber irgend welchen nennenswerthen Gebrauch von der Schrift machen will, muss eine gewisse Fertigkeit im Schreiben erreicht haben: er muss **fliessend** schreiben können. Das erfordert aber viele Übungen, die jedenfalls am zweckmässigsten in besonderen Stunden vorgenommen werden.

Das **Schönschreiben ist in der Volksschule aber auch berechtigt**, weil es **erziehlichen Wert** hat. Es stellt an den Schüler die Forderung, seine Arbeit möglichst **vollkommen, mit Anstrengung aller Kraft zu thun; es weckt und pflegt den Sinn für Reinlichkeit, Ordnung und Schönheit.**

Das sind aber sehr wichtige Dinge für die Erziehung. Denn „das **Schöne wirkt sittlich**, indem es die Omnipotenz des Nützlichen hindert und grobsinnige Genüsse verachten lehrt.*) Der Geschmack am Schönen bedingt aber gewissermassen die Reinlichkeit und umgekehrt bricht der Sinn für Reinlichkeit die Bahn für die sittliche Wirkung des Schönen. Je grössere Sorgfalt die Schüler auf ihre Schrift verwandt haben, desto grösser wird die Achtsamkeit sein, sie durch Unreinlichkeit nicht zu verunstalten. — Wenn man bedenkt, wie oft diese einzige Untugend im Stande ist, das Glück des ganzen Lebens zu zerstören, wie sie sich selbst auf künftige Generationen fortpflanzt und gleichverderbliche Wirkungen äussert, so wird der Lehrer das, was er dafür thun kann, gewiss nicht für unwichtig halten." (Hesse.)

Ferner ist zu bedenken, dass beim Schönschreiben der Schüler sich nicht blos beobachtend und empfindend dem Schönen gegenüber verhält, sondern **handelnd**; und zwar ist es eine der ersten Arbeiten, die dem Kinde in der Schule zugemutet wird. Hier wird der Grund gelegt zu Sorgfalt und Genauigkeit, zu andauerndem Fleiss, aber auch zu den entgegengesetzten Fehlern, die den Menschen für jedes Geschäft unzulänglich und unbrauchbar machen. — Es ist eine bekannte Erfahrung, dass eine schöne Handschrift ebenso empfehlend wirkt, wie ein ansprechendes

---

*) Den weitern Nachweis hierfür S. Hesse, der Schreibunterricht. § 40. Der sittliche Wert des Schreibunterrichts.

Äussere, und dass schon „mancher junge Mensch durch dieselbe sein Glück gemacht hat."

Wenn dem Schreibunterricht sittliche Wirkung beigelegt wurde, weil er den Sinn für das Schöne befördere, so musste vorausgesetzt werden, dass man den Schriftformen überhaupt Schönheit zuschreiben kann. Worin besteht aber diese Schönheit? In dem Sinne, in welchem wir von der Schönheit einer Statue oder eines Gemäldes sprechen, werden wir allerdings die Buchstaben nicht schön nennen können. Denn es liegt ihnen keine Idee zu Grunde, die durch die Gestalt eines Buchstabens ihren Ausdruck fände. Da die Buchstaben aber nicht einzelne Elemente (z. B. Punkte) sind, sondern Zusammensetzungen aus geraden und krummen Linien), so sind die Bedingungen des ästhetischen Wohlgefallens und Missfallens hinreichend gegeben. (Je mehr die gebogene Linie vorherrscht, desto schöner werden wir einen Buchstaben nennen können. Deshalb gelten die Grossbuchstaben, welchen der Schwung und die Wellenlinie in grösserem Masse eigen ist, allgemein als die schönsten, und unter den verschiedenen Schriftgattungen erkennt man ebenso allgemein der englischen Schrift den Preis zu.) Die Schönheit der Schrift liegt besonders in der Regelmässigkeit, Symmetrie, Gesetzmässigkeit, und in der Vollkommenheit der Ausführung ihrer Teile.

Zur Regelmässigkeit und Symmetrie gehört aber schon viel. Stockmayer (Schmids Encyklopädie VII, S. 748 rechnet dazu folgendes: a) Jeder Buchstabe muss vollständig und rein ausgeführt werden; es darf kein Teil fehlen, aber es ist auch keine Zuthat, z. B. Bogen und Schnörkel, zu gestatten. b) Grundstriche und Haarstriche müssen sich in der Stärke wohl unterscheiden. c) Die Höhe oder Länge der Buchstaben muss in richtigem Verhältnis sein, ein kurzer Buchstabe durchweg so hoch als der andere, ein langer Buchstabe lang als der andere. (Es sind also alle die Vorschriften zu verwerfen, in den einzelne Grossbuchstaben höher sind als die andern; auch die geringere Länge des *t* in der englischen Kurrent kann nicht als berechtigt angesehen werden. Über das richtige Verhältnis der Höhen ist man etwas verschiedener Ansicht. Als feststehend kann gelten, dass die Länge der Hochbuchstaben der Länge der Tiefbuchstaben gleich sein muss. In den meisten neueren Alphabeten ist das Verhältnis der Grundhöhe zur Gesamthöhe, z. B. das n zum f wie 1 : 7 in der deutschen, wie 1 : 5 in der englischen Kurrent angenommen.) d. Die Richtung der Grundstriche muss durchaus die gleiche sein, dabei weder zu aufrecht noch zu liegend. (Über die Grösse des Winkels, welchen die Grundstriche mit der Grundlinie bilden, streitet man noch, die Ansichten schwanken zwischen 45 und 60°. Am meisten findet sich die Neigung von 55°.) e) Die Grundstriche der einzelnen Buchstaben müssen immer dieselbe Entfernung haben. (Damit ist nicht gemeint, dass die Grundstriche aller Buchstaben in der Entfernung übereinstimmen müssen, z. B. n und v, e und a.) f) Die Schleifen müssen rein ausgeführt sein, so dass die Striche nicht zusammenfliessen, die Weite und Länge der Oberschleifen ebenso gross ist, als die der Unterschleifen etc. g) Sämmtliche Buchstaben eines Wortes sollen zusammenhängen. (Bei einigen Buchstaben geht das nicht, zum Beispiel beim deutschen x. und I. — Es ist zu beachten, dass Anfang und Ende eines jeden Buchstabens merklich begrenzt sein müssen, sonst fehlt die Deutlichkeit.) h) Die Räume zwischen den einzelnen Wörtern müssen gleich gross sein (etwa so gross als ein n). i) Die Buchstaben der verschiedenen Linien sollen die rechte Entfernung von einander haben. (Die Unterlängen der obern und die Oberlängen der untern Linie dürfen nicht in einander übergreifen, noch zu weit von einander abstehen. Zwischen zwei Zeilen soll man noch eine Linie ziehen können, ohne damit die langen Buchstaben zu berühren.)

Die Regelmässigkeit der Schrift allein macht aber noch keinen angenehmen Eindruck, es darf ihr dabei nicht die Anmut fehlen. Diese fordert, dass jeder Zug in möglichster Vollkommenheit ausgeführt wird, dass z. B. Licht und Schatten richtig verteilt sind, die Übergänge aus dem Starken ins Feine ganz allmählich geschehen, die Schleifen nicht bauchig oder hager, die Bogenlinien mehr dem Oval als dem Kreise entnommen sind und jeder Zug mit Freiheit und Sicherheit geschrieben ist.*)

Wie hoch soll nun die Volksschule in Beziehung auf die genannten Eigenschaften ihr Ziel stecken? Eine bestimmte Antwort hierauf vermögen wir nicht zu geben, es muss vielmehr bei jeder einzelnen Schule die Erwägung angestellt werden, ob durch ein höheres Ziel die Schüler noch wesentlich gefördert werden, oder ob dies durch andern Unterricht, dem der Schönschreibunterricht die Zeit wegnimmt, nicht noch mehr geschehe.**) Auf den Oberstufen wird der Schreibunterricht sich jedenfalls mit weniger Stunden begnügen müssen (in besonders günstigen Verhältnissen ganz wegfallen können), als auf den Unterstufen. (Die Lehrpläne weisen ihm hier

---

*) Von einer guten Schrift fordert man auch Konsequenz und einen bestimmten Charakter, was man gewöhnlich eine „ausgeschriebene Hand" nennt. Sie wird nicht gelehrt, sondern erworben. Es ist eine recht sonderbare Forderung, wenn verlangt wird, alle Schüler einer Schule oder eines Landes sollten dieselbe Handschrift haben. Ob man bei Aufstellung dieser Forderung wohl daran gedacht hat, dass es einen „Charakter der Handschrift giebt", der stets individuell ist? Wollte doch der bekannte Henze aus der Handschrift den Charakter eines Menschen überhaupt beurteilen können! Wir haben Grund, zu vermuten, dass beregte Forderung auf einem Missverständnis beruht: Man hat geredet von „Gleichmässigkeit der Handschrift", das ist „Konsequenz" und hat gemeint, darunter sei „Gleichmässigkeit (Uniformität) der Handschriften" zu verstehen. Dass man in einer Schule einen uniformen Duktus erwartet und verlangen muss, ist selbstverständlich; dass man einen solchen wohl auch für ein ganzes Land fordert, ist wenigstens erklärlich und würde, da die Lehrer öfter die Stellen wechseln, manchen Vorteil bieten.

**) Im allgemeinen kann man Dietleins (Wegweiser S. 20) Forderungen zustimmen: „Der Schreibunterricht befähige die Schüler in einer den Anforderungen der Pädagogik und Didaktik streng entsprechenden, also in einer wahrhaft erziehenden und bildenden Weise dahin, dass sie die herkömmlichen und gebräuchlichen, in ihren Elementen geistig klar aufgefassten Schriftzeichen für den Gedankenausdruck, einzeln und verbunden kennen und verstehen, und in deutlichen, gefälligen und angenehmen Formen geläufig, sicher und schnell versichtlichen lernen, und zwar mit stets gegenwärtiger Vorstellung und klarem Bewusstsein des die Schriftzeichen erfüllenden Inhalts."

gewöhnlich 2 bis 4, oben 2 Stunden an.) Dieselbe Erwägung entscheidet auch über die Zahl der zu lehrenden Schriftarten. Für mehr als zwei — deutsche Kurrent- und lateinische Kursivschrift nebst den Ziffern — wird die Volksschule nur bei Ausnahmeverhältnissen Zeit haben. Es würde für dieselbe schon ein Alphabet genügen, wenn in Deutschland nicht zwei allgemein gebräuchlich wären. Welchem von beiden die Volksschule vorläufig noch den Vorzug zu geben hat, ist zweifellos, da die grosse Mehrzahl des Volkes sich noch der deutschen Kurrent bedient. (Welcher „Duktus" derselben der schönste sei, wird wohl so lange unentschieden bleiben, als der Geschmack noch verschieden ist. „Die „Gosky-Henzesche deutsche Preis-National-Handschrift" ist ebenso wenig als solche anerkannt worden, als andere „National-Handschriften". Für die Volksschule muss der zu wählende „Duktus" vor allen Dingen einer elementaren Behandlung fähig sein.) Wenn man aber berücksichtigt, dass durch den Schreibunterricht der Schönheitssinn der Schüler gebildet werden soll, so verdient ganz besondere Berücksichtigung die lateinische (englische) Kursivschrift, „bei welcher bekanntlich das Oval vorherrscht, und die deshalb in Bezug auf ihre wirklich schönen Formen, auf ihre Abrundung und Geschmeidigkeit der Schriftzüge und ihrer besonderen Eignung zu Verzierungen, Titeln etc. wegen, unsere Schrift und die aller Nationen übertrifft."*)

*) Die Frage, welcher Schriftart der Vorzug zu geben sei, ist sehr lebhaft erörtert worden. Sowohl die deutsche als die lateinische haben beredte Verteidiger aufzuweisen. Die Verteidiger der deutschen Schrift behaupten: „Die deutsche Kurrentschrift ist Nationalschrift, in der sich der Typus unserer Nation abspiegelt. Ihr Charakter ist Festigkeit, Bestimmtheit, Schärfe und Deutlichkeit; nicht ein grossartiger Handel und Wandel hat sie bedingt, gebildet und geformt, sondern vielmehr das tiefe Studium der Wissenschaften und Künste." — Dagegen sagt Jakob Grimm (Deutsche Grammatik, Einleitung S. 26): „Es geschieht ohne vernünftigen Grund, dass man diese verdorbene Schrift, wie sie zur Zeit der erfundenen Druckerei sich gerade gebildet hatte, eine gotische oder deutsche nennt. Die Goten waren längst ausgestorben, und ausser deutschen Handschriften und Drucken herrschte die scharfeckige Buchstabenform ebenso in allen lateinischen, französischen, italienischen, slavischen. Nachdem die meisten übrigen Nationen in Europa zu der edleren und gefälligeren Gestalt der Schrift zurückgekehrt sind, hat sich unter uns, zum Teil noch den Dänen, Schweden, Finnen, Lithauern, Wenden und Böhmen jenes verzerrte Alphabet für die Schrift und den Druck einheimisher Sprache im Gegensatz zur lateinischen behauptet: es könnte mit gleichem Fug z. B. das böhmische wie das deutsche heissen und darf durchaus nicht für eine organische Modifikation der lateinischen Schrift zum Behuf der deutschen Sprache gelten. — Nicht genug, dass diese Schrift das Auge beleidigt, Schreiben und Druck mühsamer macht als die lateinische, hindert sie auch die Verbreitung unserer Litteratur im Auslande." — Es ist sehr möglich, dass die lateinische Schrift schliesslich die deutsche wieder verdrängt. Die meisten wissenschaftlichen Werke werden bereits mit lateinischen Lettern gedruckt, und fast jedes Schriftstück des vielschreibenden Kaufmannstandes zeigt zwischen der deutschen Kurrent auch lateinische Charaktere, die sich bei dem regen Verkehr mit Engländern und Franzosen allmählich eingeschlichen haben. „Drei Genien sind vereinigt uns das Bessere zu bringen: der Genius der pädagogischen Wissenschaft, der Genius der kalligraphischen Kunst und der endlich der klugäugige Genius des praktischen Lebens." Hirsche, Rhein-Blätter 1872, S. 147.)

Insofern die Buchstabenformen der eigentliche Gegenstand des Schönschreibunterrichts sind, ist der Stoff für mehrere Schuljahre teilweise derselbe, nur wird man in jedem Schuljahr vollkommenere Formen verlangen. Man kann aber auch noch von einem andern Schreibstoff reden; denn die Buchstaben werden ja nicht nur einzeln geübt, sondern auch mit andern zusammengestellt. Dass wir sinnlosen Buchstabenverbindungen nicht das Wort reden, haben wir bereits im „ersten Schuljahr" ausgesprochen. Je weiter der Unterricht fortschreitet, desto mehr Freiheit gewinnt er. Welchen Gebieten soll er dann den Schreibstoff entlehnen? Manchem Schreiblehrer macht diese Frage wenig Kummer: Er meint, die „genetische" oder alphabetische Folge der Buchstaben sei allein zu berücksichtigen; heute wird geschrieben: „Morgenstunde hat Gold im Munde", morgen: „Nürnberg ist eine Stadt in Bayern". Wir meinen, dass der Konzentrationsidee auch hier ihr Recht werden kann und soll und entlehnen deshalb den Schreibstoff, und zwar immer für eine längere Zeit, einem andern, gleichzeitig behandelten Unterrichtsgegenstand. Das nächste Anrecht auf Berücksichtigung hat der Sprachunterricht. Der Schönschreibunterricht wird deshalb Rücksicht nehmen auf das Lautieren, Buchstabieren und Lesen, auf die Rechtschreib-, Interpunktions-, Wort-, Satz- und Aufsatzlehre.*) Alle diese verwandten Lehrgegenstände kann er unterstützen, fördern und ergänzen. Ganz besonders eignen sich als Schreibstoff in höhern Klassen die sogenannten Geschäftsaufsätze, welche eine bestimmte Form verlangen (Briefe, Quittungen, Rechnungen etc.). In den letzten Schuljahren können die Reinschriften der deutschen Arbeiten zugleich die Übungen im Schönschreiben sein.

Wenn auf diese Weise der Schreibunterricht den andern Unterricht unterstützt, so **kann und muss er von diesem denselben Dienst verlangen; sonst ist er zum grossen Teil zwecklos.****). Besonders

---

*) Es ist durchaus nicht nötig, dass der einzuübende Buchstabe der **Anfangsbuchstabe** der zu schreibenden Wörter oder Sätze ist; er soll nur eine **hervorragende Stelle** in denselben einnehmen. Nicht nach den Anfangsbuchstaben sollen die Wörtergruppen gebildet werden, sondern nach ihren orthographischen Eigentümlichkeiten (Vergleiche „Deutscher Unterricht", dritte bis fünfte formale Unterrichtsstufe) oder ihrem Inhalt. Es ist ferner auch nicht nötig, das Wort „genetisch" so streng zu nehmen, besonders nicht in spätern Schuljahren, wenn das Alphabet in den vorhergehenden schon ein- oder mehrere male durchgenommen worden ist; man hat sonst für die ersten Buchstabenfamilien äusserst wenig, für die letzten überflüssig viel Schreibstoff zur Verfügung.

) Vergleiche hierzu den sehr beherzigenswerten Artikel im Evang. Schulblatt (1882 Seite 371). Dort heisst es: „Acht Jahre lang besuchen die Kinder die Schule und fast vom ersten Tage an wird im Durchschnitt täglich wenigstens eine Stunde geschrieben, macht in acht Jahren rund 2000 Stunden! Und welches ist das Resultat? Man besehe einmal die Leistungen genau, aber nicht bloss die trügerischen **Scheinleistungen, nicht bloss das, was in die Schönschreib- und Aufsatzhefte **gezeichnet** zu werden pflegt, sondern auch das, was der Schüler **für sich** schreibt, das, was ausserhalb des Lobes und Tadels, ausserhalb der **Kontrolle** des Lehrers steht, das, was keine Parade mitzumachen braucht; ja, man sehe darauf hin nur einmal seine **eigene Handschrift** an. — Welches ist nun aber die Ursache solcher geringen Resultate der ungeheuren Übungen? Ist vielleicht das Schreiben eine so überaus schwere Kunst? Oder kommt vielleicht das Ästhetisch-Geometrische der Formen und Züge nicht genügend

wo mehrere Lehrer in einer Klasse beschäftigt sind, wird das leider nicht immer berücksichtigt. Alle schriftlichen Arbeiten (selbst das schriftliche Rechnen) sind auch der Beurteilung nach der kalligraphischen Seite hin unterworfen. „In Schulen, wo ein besonderer Schreiblehrer für alle Klassen angestellt ist, müsste daher demselben das vollste Recht der Einsichtnahme, Beurteilung und Korrektur aller Hefte zustehen, wenn anders das in den untern Klassen mühsam Erworbene nicht in den obern wieder gänzlich verloren gehen soll."

Verteilung des Unterrichtsstoffes auf acht Schuljahre:

I. Schuljahr. Die Schreibübungen schliessen sich an die Leseübungen an. Besondere Stunden für das Schönschreiben giebt es noch nicht.

II. Schuljahr. Beginn der Schreibübungen mit Feder und Tinte. Das kleine (event. auch das grosse) deutsche Alphabet. (Wöchentlich zwei Stunden.) Wörter möglichst der 4. Stufe des deutschen Unterrichts entnommen.

III. Schuljahr. Das kleine und grosse deutsche Alphabet. Ziffern. (Wöchentlich drei Stunden.) Wörtergruppen aus dem deutschen Unterricht. Ziffern.

IV. Schuljahr. Das kleine und grosse deutsche Alphabet. (Wöchentlich eine bis zwei Stunden.) Wörtergruppen und kleine Sätze. Fehlerhaft oder schlecht geschriebene Buchstaben werden nochmals gelehrt und geübt wie im dritten Schuljahr. — Die ersten Familien des englischen Alphabet.*) Ziffern. (Wöchentlich eine Stunde.)

V. Schuljahr. Das deutsche Alphabet wie im vierten Schuljahr. (Hefte ohne Hilfslinien.) Das englische Alphabet. (Wöchentlich zwei bis drei Stunden, deutsche und englische Schrift wechseln ab.

VI. Schuljahr. Übungen in beiden Schriftarten abwechselnd (ohne Hilfslinien im Schreibheft). Wörtergruppen, Sätze. Dabei Wiederholung des Buchstabenelemente und Verbesserung schlecht geschriebener Buchstaben. (Wöchentlich zwei Stunden.)

VII. Schuljahr. Grössere Sätze. (Inhalt längere Zeit hindurch einem Unterrichtsgegenstand — besonders der vierten Stufe — entnommen.) Reinschriften. (Wöchentlich zwei Stunden.)

VIII. Schuljahr. Wie im siebenten Schuljahr. Geschäftsaufsätze. (Lassen die Verhältnisse es wünschenswert erscheinen, so können wenigstens die besseren Schreiber noch eine andere Schriftart, z. B. die Rundschrift erlernen.)

---

zur Anschauung und Übung? — Die Ursachen des Übels liegen zunächst darin, dass man Wissen und Handeln, Kenntnis der richtigen und guten Formen und beständiges Schreiben diesen erkannten idealen Formen gemäss nicht stets und überall in Einklang zu bringen bestrebt ist, darin, dass man zweierlei Schreibunterricht betreibt, oder doch wenigstens zweierlei Schreiben duldet: ein Schön schreiben nach idealen, mustergiltigen Formen und ein Schlechtschreiben, Kladdeschreiben oder doch wenigstens ein nachlässig-gleichgiltiges Schreiben, das bald mehr bald weniger jedem ästhetischen Ideal Hohn spricht; darin, dass wir in der Schönschreibstunde oft kaum wissen, wie wir die Buchstaben beschnörkeln und ausputzen lassen wollen und bei dem Schreiben in das Aufsatzheft, in das Diarium und auf die Schiefertafel wenig oder gar kein achtgeben auf die Formrichtigkeit der Buchstaben."

*) Kleine und grosse Buchstaben derselben Familie werden zusammen geübt; das grosse Alphabet also nicht erst nach Beendigung des kleinen.

2. Die Bearbeitung des Stoffes.

Wie einige andere Unterrichtsfächer, hat auch der Schreibunterricht eine Menge sogenannter „Methoden" aufzuweisen. So führt C. Hey, (in „Geschichte der Methodik des deutschen Volksschulunterrichts", herausgegeben von C. Kehr, B. 2) folgende Methoden auf: das mechanische Verfahren, die genetische Methode, die Linearmethode, die Carstairsche Methode, die Taktschreibmethode, die stigmographische, die Oliviersche, die Denzelsche, die Grasersche, die Lehmannsche, die Demetersche, die Überzieh-Methode, die Schmittsche, Wiedemannsche, Bunzelsche oder pantachykalligraphische Methode. Er hat damit aber nur die bekanntesten genannt; denn noch viele andere Schreiblehrer haben ihr Verfahren als eine besondere Methode angesehen und manchmal recht marktschreierisch bekannt gegeben. Uns interessiert zunächst nur das mechanische und genetische Verfahren, weil jenes den Schreibunterricht der alten, dieses den der neuern Zeit charakterisiert. Das mechanische Verfahren bestand in einem stummen Vor- und Nachmachen. Nachdem die Schreibhefte ausgeteilt waren, malten die Schüler nach Vorschriften, die entweder auf Papierstreifen oder gleich ins Heft gedruckt, im glücklichsten Falle an die Wandtafel geschrieben waren, die Buchstaben oder Wörter nach, so gut sie eben konnten. Von einer Zerlegung, Beschreibung und Auffassung der Buchstabenformen war dabei keine Rede. Fast der ganze Unterricht war Einzelunterricht; der eine Schüler schrieb schnell, der andere langsam, der eine weitläufig, der andere eng, der eine dies, der eine jenes. Die Arbeit des Lehrers bestand im Überwachen des Austeilens der Hefte und Vorschriften, vielleicht im Anschreiben der letzteren, in allgemeinen Ermahnungen, wie: gebt euch rechte Mühe! Seht die Vorschrift genau an! Schreibt recht langsam! etc. Hatte ein Schüler eine Seite voll geschrieben, so zeigte er sie dem Lehrer, der sein Urteil darüber abgab, vielleicht auch einige falsch geschriebene Buchstaben verbesserte. Den Schreibanfängern musste wohl auch „die Hand geführt" werden. Es soll aber auch Lehrer gegeben haben, denen diese Arbeiten noch zu gross waren, die wie angenagelt an ihrem Tisch sassen und zufrieden waren, wenn in der Klasse halbwegs Ruhe herrschte. Die Schreibstunde wurde fast allgemein (wie auch heute noch Laien meinen) als willkommene Erholungsstunde angesehen. Kellner durfte deshalb sagen (Aphorismen 62): „Es giebt keinen trostloseren Unterricht in unseren Volksschulen, als den nach dem gewöhnlichen Mechanismus erteilten Unterricht im Schönschreiben."

Dieser Zustand des Schreibunterrichts kann für überwunden erklärt werden; die Schreiblehrer huldigen jetzt wohl alle der „genetischen Methode". Sie ist durchaus nicht eine Entdeckung der Neuzeit; denn als Vater derselben gilt Albrecht Dürer (Vnderweysung der messung mit dem zirkel und dem richtscheyt. Nürnberg. 1538). Das Wesen derselben besteht in Folgendem: Alle Schriftzeichen werden in ihre Elemente (Grundzüge) zerlegt, diese gelangen einzeln, sowie auch in ihren Zusammensetzungen zur Einübung und zwar in der Reihenfolge, wie die zusammengesetzten Schriftformen von einander abstammen. Die klare Erkenntnis der Schriftelemente bietet dem Schreibunterricht die naturgemässe Grundlage. „Bevor der Schüler einen Buchstaben schreibt, soll er eine vollkommen klare Vorstellung von demselben haben, die gewonnen wird durch gründliche Anschauung und scharfe Auffassung der Elemente."

Dass man ausserdem auch anderen Forderungen, wie z. B. dass der Schulunterricht nicht Einzelunterricht, sondern Klassenunterricht sein muss, beim Schreibunterricht jetzt nachkommt, versteht sich von selbst.

Der Grundgedanke der „genetischen Methode" ist sicher richtig. Ein Eingehen auf die Elemente — hier also auf die Schriftelemente — kann bei keinem methodischen Unterricht entbehrt werden. Der Schreiblehrer muss mit denselben natürlich vollkommen vertraut sein, weshalb wir hier zunächst eine Übersicht derselben geben. Bei ihrer Benennung schliessen wir uns meist Dietlein an.

A. Die Grundzüge und Buchstabenformen.

Sowohl beim kleinen als beim grossen Alphabet treten vier Elemente — Grundzüge — auf, die für die Schrift wesentlich sind, nämlich: Grundstrich, Keilstrich, Oval rechts und Oval links (beim kleinen Alphabet); Oval rechts und Oval links, F-Zug und U-Zug (beim grossen Alphabet). Diese Grundzüge stehen aber in der Schrift nicht unvermittelt neben einander, sondern sind durch weitere Züge (Anstriche, Aufstriche) mit einander verbunden. Dazu kommt noch der Punkt, welcher das i auszeichnet (auch kann man den Schleifpunkt noch besonders nennen).

Vom geometrischen Gesichtspunkt aus lassen sich alle Schriftelemente, die wir in der Volksschule sämtlich Grundzüge nennen können, in drei Gruppen bringen:

1. Punkte.
2. Gerade Linien.
   a) Die wagerechte Linie.
   b) Schräge Linien.
      aa) Aufstriche: 1. Der kurze Aufstrich (schräg in der deutschen, steil in der englischen Kurrent. Bei letzterem kommt noch dazu der Aufstrich mit angehängtem Punkt: c-Anstrich, und mit angehängtem Häkchen*): e-Anstrich). 2. Der lange Aufstrich (Anstrich).
      bb) Abstriche: 1. Der kurze Abstrich (Grundstrich); 2. Der lange Abstrich (nur in der englischen Kurrent); 3. Der zugespitzte Abstrich (verkehrte Keilstrich); 4. Der verstärkte Abstrich (Keilstrich); 5. Der feine Abstrich (nur Verbindungslinie im z des englischen Alphabets).
3. Gebogene Linien (Teile der Ellipse).
   a) Teile der einfachen (schrägstehenden) Ellipse:
      aa) Dieselbe ist von oben nach unten in zwei gleiche Teile ge-

---

*) Vergl. hierzu aber Seite 108 c.

schieden: **linker und rechter Seitenbogen** (Oval rechts und links). Durch Verbindung mit einem Anstrich entsteht die linke und rechte **Schleife** (bei einigen Buchstaben) und durch Zusammenziehung derselben der linke und rechte Schleifpunkt.

bb) Dieselbe ist wagrecht in zwei gleiche Teile geschieden: **oberer und unterer Halbbogen**. (Durch Ansetzen eines Aufstriches mit einer Verbindungslinie entsteht der obere und **untere Schleifpunkt**, der aber, wie bereits erwähnt, auch von den Seitenbögen abgeleitet werden kann. Den Schülern ist nur die eine oder andere Ableitung vorzuführen. Wir ziehen die erstere vor.)

b) Teile der zusammengesetzten (schrägstehenden) Ellipse.

aa) Die beiden an einander stossenden Ellipsen beginnen und endigen in gleicher Höhe. Geht man aus der ersten in die zweite über, so entsteht die **Schlangenlinie** (U-Zug); geht man aus der zweiten in die erste über, so erhält man die **Flammenlinie** (F-Zug),

bb) Die zweite Ellipse steht höher als die erste. Geht man aus der untern in die obere über (rechts herum), so entsteht die **tiefe Wellenlinie** (oder kurze Schlangenlinie). Legt man zwei flache Ellipsen auf einander, so erhält man die **flache Wellenlinie**.

Bevor wir nun weitere Angaben über die einzelnen Grundzüge machen sei bemerkt: **Die Form der Grundzüge ergiebt sich aus den Buchstaben in Musteralphabeten; nicht aber werden die Buchstaben nach den angenommenen, geometrisch bestimmten Elementen umgeformt**. Ein mit geometrischer Genauigkeit konstruiertes Alphabet macht den Eindruck eines gekünstelten und kann nicht einmal als historisch berechtigt nachgewiesen werden. Wir verwerfen deshalb auch aus diesem Grunde das Einzwängen aller Buchstaben in ein Quadratnetz, wie es z. B. Zschille durchführt und wie es uns auch in neueren Schreibheften zu Gesicht gekommen ist.

Zu den einzelnen Grundzügen bemerken wir noch folgendes:

1. Der **Punkt**. Er wird stets mit einem Druck der richtig gehaltenen Feder ausgeführt; es darf dabei nicht „geringelt" werden. Beim i steht er genau über dem Abstrich und wird immer erst nach Vollendung des Buchstabens resp. Wortes gemacht.

2. Der **kurze Aufstrich**. Er wird von manchen Schreiblehrern dem Handgelenk zugewiesen. Die Hand ermüdet aber weniger, wenn er ebenfalls, wie auch der lange Aufstrich, mit Fingerbewegung ausgeführt wird. Es ist darauf zu achten, dass er im deutschen Kurrent immer eine gerade Linie ist; im englischen wird er steiler und erhält eine leise Einbiegung nach rechts.

3. Der **lange Aufstrich**. Er steht viel steiler als der kurze und erhält ebenfalls nur eine leise Einbiegung nach innen oder (bei den rechten Schleifen) nach aussen.

4. Der **kurze Abstrich** oder **Grundstrich**. Er ist in der

deutschen Kurrent durchweg gerade und von gleicher Stärke, muss deshalb mit ganz gleichmässigem Druck ausgeführt werden; mit dem Aufstrich muss er oben und unten einen spitzen Winkel bilden und darf nie in demselben herabgehen. Anders erscheint er in der englischen Kurrent. Hier geht er bis über die Hälfte wieder im Abstrich herab; ausserdem erhält er einen gebogenen Fuss (beim i und u) oder einen gebogenen Ansatz (beim n, m, r etc.) oder auch einen solchen Fuss und Ansatz zugleich (beim p, v etc.). Dadurch wird er einem halben Seitenbogen oder der Schlangenlinie so ähnlich, dass er von Einigen (z. B. von Dietlein) von der Ellipse abgeleitet wird. Die Umbiegungen besitzen aber durchaus nicht die Breite und Rundung derselben. Der kurze Abstrich in seiner verschiedenen Gestalt charakterisiert die beiden genannten Schriftarten und ist deshalb sehr tüchtig zu üben. In der englischen Schrift ist besonders noch darauf zu sehen, dass er oben nicht umgebogen oder spitz wird, dass er nicht auch in der Mitte eine Biegung und im Ansatz eine zu grosse Rundung erhält, wodurch er einem Seitenbogen oder unterm Halbbogen ähnlich wird. (Um diese Fehler zu vermeiden, lässt man bei der Einübung nach dem Aufstrich absetzen — was in der deutschen Kurrent nicht erlaubt ist — oben mit geöffnetem Federspalt und gehörigem Fingerdruck gleich wieder einsetzen und die Grundstriche auch in Verbindung, eng an einander gestellt und genau im Abstrich herabgehend, schreiben.)

5. Der lange Abstrich. Er kommt nur in der englischen Kurrent und zwar ohne und mit gebogenem unterm Ansatz vor (in den Buchstaben t, l, b, q, d etc.). Da dieser Zug der Flüchtigkeit der Schrift wenig günstig ist und der Schrift auch keine Eleganz verleiht, so haben ihn viele Kalligraphen (bis auf die Buchstaben d und t) beseitigt und durch die linke Schleife oder einen verstärkten Abstrich ersetzt (l, b, h, q, p).

6. Der zugespitzte Abstrich. Für Anfänger ist er gewöhnlich etwas schwer; sie brauchen aber beim Schreiben desselben nur die Feder schnell vom Blatte abzuziehen, so wird er stets spitz.

7. Der verstärkte Abstrich (Keilstrich). Derselbe ist kurz, halblang und ganz lang. Oben fängt er ganz fein an und endet in Grundstrichbreite — nicht breiter.

Von diesem Strich leiten einige Schreiblehrer direkt die rechte Schleife ab (und, um konsequent zu sein, wohl auch die linke). Der dadurch geschaffene Duktus, an manchen Orten unter dem Namen „Keilschrift" bekannt, hat etwas recht Steifes und Eckiges. Rechte und linke Schleife sind in eleganten Alphabeten etwas verschieden, die rechte ist dann abgeleitet teils von einem doppelt zugespitzten Abstrich (j, g, h), teils vom rechten Seitenbogen (z, h), die linke vom linken Seitenbogen. Die Schleifen dürfen weder zu schlank noch zu voll sein; bei der linken (obern) ist besonders darauf zu achten, dass der Seitenbogen nicht zu viel Rundung erhält. (Schreibregel: Bogen nahe am Aufstrich herab! Wo der Aufstrich den Abstrich oder Bogen durchschneiden muss, wird durch die untere und obere Grundlinie angegeben.)

8. Der feine Abstrich. Da er streng genommen kein Grundzug, sondern nur eine Verbindungslinie (beim z und Z) ist, flüchtig und fein geschrieben wird, darf er beim Taktschreiben nicht betont werden.

Alle Abstriche sind durch Finger-, nicht durch Armbewegung herzustellen. (Dass dabei nicht zwei- oder mehrmal gestrichen werden darf, braucht wohl kaum bemerkt zu werden. Beim Schreiben in ein Liniennetz sind die Abstriche, so oft es möglich ist, an die Richtungslinien zu stellen.)

9. Der rechte und linke Seitenbogen. Beide treten in dreifacher Gestalt auf; der rechte als kurzer (v, w etc.), halblanger (f) und zusammengezogener (rechter oder unterer Schleifpunkt); der linke als kurzer (o, a etc.) langer (I, O etc.) und zusammengezogener (linker oder oberer Schleifpunkt). Diese Bogen erfordern sehr viel Übung, nicht allein damit die Form überhaupt eine gute wird, sondern weil es den Schülern gewöhnlich schwer fällt, den Druck richtig zu verteilen und die Biegungen rein und schwach auszuziehen. (Der linke Seitenbogen wird anfangs gewöhnlich oben oder unten stark und mit einer kreisrunden, statt ovalen Biegung geschrieben. Beim kurzen Seitenbogen geht man am Aufstriche bis zur Hälfte zurück, darf aber nicht erst da mit dem Druck beginnen. Der Schleifpunkt kann bei der Einübung zunächst auch mit nicht ausgefüllter Rundung geschrieben werden. Der kleine rechte Seitenbogen endigt vielfach zu breit, wie ein oberer Halbbogen; beim f und k tritt er gern zu weit nach rechts heraus.)

Hierher gehören auch die Vorschwünge oder Anschwünge, von welchen in der Volksschule ein sehr mässiger Gebrauch zu machen ist. Viele Kalligraphen geben ihnen eine andere Lage als den Hauptzügen; leichter auszuführen sind sie aber in gleicher Lage mit den Hauptzügen, nur dürfen sie nie so stark sein als diese. Im deutschen Alphabet ist nur bei den Buchstaben E, L, B und H ein Anschwung nötig.

10. Der untere Halbbogen. Er kommt vor beim u, t, f, r, Z, E, S, B, C, K r (und s). Wenn er nicht in den langen Aufstrich übergeht, sollen seine beiden Schenkel gleiche Höhe haben; beim u hat der linke Teil gleiche Lage mit dem ersten Grundstrich, der rechte darf nicht weiter als der zweite Grundstrich reichen. (Manche Schreiblehrer gebrauchen statt des untern Halbbogens einen kurzen Abstrich mit angehängtem Aufstrich; u-Haken nennen sie dies hässliche Ding.)

11. Die Schlangenlinie. Sie wird gewöhnlich zu sehr gebogen und erhält den Druck zu weit unten, während derselbe gleichmässig verteilt werden muss.

12. Die Flammenlinie (Schönheitslinie). Sie setzt Formensinn und Gewandtheit in Hand- und Fingerbewegungen voraus. Stellt man sie an eine Richtungslinie. so muss sie dieselbe so durchschneiden, dass rechts und links gleiche Teile liegen. Von Anfängern im Schreiben wird sie zu wenig oder zu stark gebogen, zu steil gestellt und der Druck an der unrechten Stelle gegeben.

13. Die tiefe Wellenlinie (D, T etc.). Sie wird auch als kurze Schlangenlinie angesehen, darf aber dann nicht zu lang werden. Hauptsächlich wird gegen die richtige Lage derselben gefehlt. (Wir stellen sie in der Volksschule zur Schlangenlinie, damit sie nicht mit der flachen Wellenlinie verwechselt wird.)

14. Die flache Wellenlinie. (E, L, B). Sie wird ganz ohne Druck mit der rechten Seite der Feder geschrieben. Man hat darauf zu

Das zweite Schuljahr.

achten, dass dabei die Feder nicht gedreht wird und die Welle sich nur wenig über die Grundlinie erhebt.

Es braucht wohl kaum bemerkt zu werden, dass diese Grundzüge nicht auf einmal und systematisch dem Schüler zu bieten sind, sondern nach und nach (aber wenn nötig alljährlich), wie es der eben zu behandelnde Buchstabe fordert.

Ordnen wir die Buchstaben nach den **vier wesentlichen Grundzügen**, so erhalten wir für das **kleine deutsche Alphabet** folgende Gruppen (Familien):

I. Familie des Grundstrichs: i, n, m, e, ü, u.
II. Familie des Keilstrichs: t, f, f, j, h, ch, fch.
III. Familie des linken Seitenbogens: b, l, b, c, o, a, ä, q, g, z.
IV. Familie des rechten Seitenbogens: f, s, (p), r, v, w, y, z, (p), h.

Für das grosse deutsche Alphabet:

I. Familie des linken Seitenbogens: D, Ö, A, Ü (O), G, H, E.
II. Familie des rechten Seitenbogens: S, N, M, B, W, P, P, Z, X.
III. Familie der Schlangenlinie (mit Einschluss der Tiefwellenlinie): U, R, (O), D, T, J, (J).
IV. Familie der Flammenlinie (mit Einschluss der flachen Wellenlinie): J, J (J), C, L, V, K.

Für das kleine englische (lateinische) Alphabet:

I. Familie des Grundstrichs:
   a) mit gebogenem Fuss: i, u, ü, t, f, j, (l, b);
   b) mit gebogenem Ansatz: n, m, v, w, r, h, p, (z, y).
II. Familie des linken Seitenbogens: (l, b), c, e, o, a, d, q, g.
III. Familie des rechten Seitenbogens: k, x.
IV. Familie der Flammenlinie: s.

Für das grosse englische Alphabet:

I. Familie des linken Seitenbogens: C, O, Q, E, G, A, (N, M).
II. Familie des rechten Seitenbogens: X.
III. Familie der Schlangenlinie: U, Y, Z, (V, W).
IV. Familie der Flammenlinie: S, I, T, F, P, B, R, A, D, H, K, (V, W, N, M).

Es ist von Wichtigkeit, bei der Besprechung und Einübung eines Buchstabens besonders die Teile desselben zu berücksichtigen, welche am häufigsten falsch ausgeführt werden. Deshalb folgen noch einige Bemerkungen über einzelne Buchstaben.

1. Das kleine deutsche Alphabet.

a) i, n, m, e, ü, u.

Der Punkt über dem i steht oft nicht genau in der Richtung des Grundstrichs, hat auch nicht die richtige Entfernung (Grundstrichhöhe) von demselben. Letzteres ist auch von den Strichen beim ü und dem

Das zweite Schuljahr.

Halbbogen beim u zu bemerken, ausserdem steht beim ü der erste zugespitzte Abstrich häufig gar nicht über dem ersten Grundstrich. Das n wird oft zu breit gezogen (Regel, so breit als hoch) und beim m haben die drei Grundstriche nicht gleiche Entfernung von einander. Das e fällt bald zu schmal, bald zu breit aus; den zweiten Grundstrich desselben kleiner als den ersten zu machen, liegt kein Grund vor.

b) t, ſ, f, j, h, ch, ſch.

Der untere Halbbogen beim t und f darf nicht auf der Linie aufstehen (wenn in Doppellinien geschrieben wird, hat er genau zwischen den beiden Grundlinien seinen Platz) und darf auf keinen Fall links über den Aufstrich hinausreichen. Das h ist aus dem f abzuleiten, damit nicht ein Bogen mit Druck in die Mitte desselben kommt; die obere Schleife wird gewöhnlich zu flach geschrieben. Die Durchschnittspunkte aller Schleifen geben die Doppellinien an. Das c erhält beim ch die Form eines i ohne Punkt. (Man schreibe z. B. beim ſch das c mit einem linken Seitenbogen, um den Grund dieser Abänderung des c einzusehen. Beim d kann es in beiden Formen auftreten, ohne dass es den Parallelismus stört. Natürlich wählt man für seine Schule nur eine Form.) Recht häufig wird das c zu nahe an das h gerückt.

c) b, l, b, c, o, a, ä, q, g, z, (p).

Am b wird der Kopf vielmals zu lang und flach, wohl auch eckig. Die Verlängerung des Kopfes zum Zweck der Verbindung mit dem nachfolgenden Buchstaben ist in Volksschulen nicht zu empfehlen; es entsteht gewöhnlich eine Missgestalt, die Ähnlichkeit mit einem cl hat (nur bt geht an.) Der linke Seitenbogen beim l und b erhält häufig zu starke Krümmung, den Druck zu weit unten und wird dort kreisrund statt flachoval umgebogen.

Über den kurzen linken Seitenbogen ist bereits das Nötige bemerkt; man halte bei den Buchstaben o, a etc. fest darauf, dass der linke Schleifpunkt recht kräftig geschrieben wird (sonst verschwindet er in der Schnellschrift gewöhnlich ganz und gar) und beim a, q und g die letzte Hälfte des Buchstabens genau die Höhe der ersten Hälfte erreicht. Das p findet man vielfach in diese Gruppe eingereiht. Es gehört zu den schwereren Formen und hat sich deshalb viele Umänderungen gefallen lassen müssen. Die von Herzsprung eingeführte und auch in die Henze-Goskysche „Nationalschrift" übergegangene Form (nach welcher das p mit rechtem Seitenbogen beginnt) will vielen Schreiblehrern durchaus nicht gefallen. Wir haben auch nicht gefunden, dass sie leichter sei, als die mit linkem Seitenbogen. Bei letzterer muss die rechte Schleife aus dem rechten Seitenbogen (oder noch besser von der Flammenlinie) abgeleitet werden, sonst wird sie leicht zu steif. (Wir stellen es deshalb in die nächste Gruppe ein.) Die Verbindungslinie zum Abstrich der Schleife muss den linken Seitenbogen unten durchschneiden noch vor der Stelle, wo er aufwärts umgebogen ist. Das gilt auch beim z, bei welchem noch zu beachten ist, dass alle drei Bogen parallel laufen müssen.

d) f, s, (p), r, v, w, y, z, (p), ß.

Beim f wird fast immer der rechte Seitenbogen zu hoch und der untere Halbbogen zu tief gesetzt; ersterer hat ausserdem oft noch den Druck zu weit oben und geht zu weit nach rechts. Er muss in der Mitte ansetzen und sich bis dreiviertel der Höhe erheben; seine Entfernung vom verstärkten Abstrich beträgt nur Grundstrichshöhe. Beim s dürfen unterer und oberer Bogen nicht in einer Linie liegen. Das r sieht oft schlecht aus, weil die Striche nicht parallel und rechter Schleifpunkt und unterer Halbbogen nicht kräftig genug sind. Bei v und w findet man häufig den zugespitzten Abstrich mit dem Grundstrich verwechselt und zu grosse Breite; auch trifft der rechte Seitenbogen vielfach nicht genau in den Schleifpunkt. Das z wird oft durch die schlechte Ausführung des ersten Bogens verunstaltet, auch einen Buckel im untern findet man nicht selten. Letzterer entsteht dadurch, dass oberer und unterer Bogen nicht in eine Linie gelegt werden. Schiebt man zwischen ersten und zweiten Bogen einen feinen Schleifpunkt ein, so ist der Schüler zu richtigerer Darstellung gezwungen. Über das p ist unter der Gruppe c das Nötige bemerkt. Das ß gehört zu den schwierigsten Formen, deshalb ist auch viel an ihm herumgestaltet worden. Die Einen sehen es als eine Zusammenziehung von ſ und s, die Andern von ſ und z an. Die erste Ansicht verhilft zu ebenso falschen Meinungen über seine Bedeutung als die zweite — ß steht ja nicht immer für ff — die aber wenigstens den Namen für sich hat. Wir stehen deshalb auch nicht an, als Form für das ß die Zusammensetzung aus ſ und einem richtigen z zu empfehlen. Die andere gebräuchliche Form haben wir wenigstens bei jüngeren Schülern noch nie gut ausgeführt gefunden.

2. Das grosse deutsche Alphabet.

a) O, Ö, A, Ä, U, G, H, E.

Hier kommt alles auf richtige Einübung des linken Seitenbogens an. Die Form des hierher gehörigen O (mit verstärktem Abstrich statt der Tiefwellenlinie) kann sich gerade keiner besondern Schönheit rühmen, wir ziehen die andere vor. Beim E wird der Druck im Hauptzug vielmals zu hoch gelegt, wodurch der Buchstabe auch zu starke Krümmung erhält.

b) S, N, M, B, W, Y, P, Z, X.

Bei dieser Gruppe giebt es reichlich Gelegenheit, das Auge für den Parallelismus zu schärfen. Vielen Schülern will das M nicht gelingen, weil sie die richtige Entfernung des letzten Hauptzuges vom vorhergehenden nicht finden. Die hier vielfach angegebene Regel: alle drei Striche haben gleiche Entfernung, veranlasst bei strenger Befolgung eine Entstellung des M. Beim P gelangt manchmal der rechte Seitenbogen nicht in die gleiche Höhe mit der Verbindungslinie zum verstärkten Abstrich, auch kommen die beim f angemerkten Fehler vor. Vom Z gilt das vom z Gesagte, doch darf hier der Schleifpunkt nicht auf die Linie fallen, sondern eine halbe Grundstrichslänge höher.

108   Das zweite Schuljahr.

c) U, R, O, D, T, J (j).

Hierzu ist das Nötige bei den Grundzügen bereits angegeben worden. Besondere Aufmerksamkeit erfordert das R, bei welchem der kleine rechte Seitenbogen leicht so gross wird als die Schlangenlinie; letztere wird auch öfter nicht parallel dem ersten Hauptzug und nicht in eine Linie mit dem zweiten gelegt. Es gelingt eher, wenn man, wie beim z, ebenfalls einen kleinen Schleifpunkt einschiebt.

d) F, J, C, L, B, K.

Die Flammenlinie muss sehr viel geübt werden. F und J werden unten zu wenig ausgeschweift (erhalten zu wenig Fuss), der Strich durch das F ist oft nicht wagerecht. Bei C, L und B wird anfangs gewöhnlich die flache Wellenlinie in eine tiefe Wellenlinie verwandelt. Das K gelingt nur nach und nach, es ist meist links und rechts von der Flammenlinie fehlerhaft; gewöhnlich liegt das daran, dass die Rundung von der Flammenlinie aufwärts gleich unten zu gross oder zu klein genommen wird und der Aufstrich dann gerade bleibt bis zum Durchschnitt der Flammenlinie. Der rechte Seitenbogen darf kein oberer Halbbogen werden.

3. Das kleine lateinische Alphabet.

a) i, u, ü, t, f, j (l, b).

Das t wird von vielen eine halbe Grundlinienlänge kürzer als die andern Hochbuchstaben geschrieben; notwendig ist diese Ausnahme durchaus nicht. Das f leitet man jetzt meist vom deutschen f ab, es erhält aber statt des Halbbogens einen Schleifpunkt. Lässt man die Buchstaben l und b in der hierher gehörigen Form (mit langem Abstrich) schreiben, so ist ganz besonders darauf zu achten, dass der Aufstrich recht steil und der Abstrich oben nicht spitz wird. Die andere Form ist der deutschen völlig gleich oder etwas schlanker.

b) n, m, v, w, r, h, p (z, y).

Die Schüler setzen hier beim zweiten Aufstrich gern mit der Feder ab, was nur beim p stattfinden darf; auch entfernt sich derselbe leicht zu weit oben oder bereits zu weit unten vom Abstrich (Regel: Beginn der Entfernung in der Mitte des kurzen Abstrichs). Beim z wird der feine Abstrich fast immer zu stark oder als verstärkter Abstrich geschrieben. (Man zeige dem Schüler, wie es früher geschrieben wurde: oberer Zug, unterer Zug, dann erst seine Verbindungslinie. — Zu bemerken ist noch, dass bei z und y eigentlich nicht der Abstrich mit gebogenem Ansatz und Fuss, sondern die kurze Schlangenlinie auftritt. Die Schüler sehen das aber erst ein, wenn das grosse Z und Y geschrieben werden.)

c) (l, b), c, e, o, a, d, q, g.

Das hier auftretende kurze Oval kann auf mehrfache Weise dargestellt werden. Am gebräuchlichsten sind wohl folgende zwei: a) Aufstrich, oben umgebogen zum rechten Seitenbogen (beim c dann Punkt, beim e Häkchen), abgesetzt, in der Mitte des Aufstrichs zum linken Seitenbogen wieder eingesetzt; b) Aufstrich nur von halber Höhe (der Grundbuchstaben), abgesetzt, in der Mitte der rechten Seite, oder da, wo das Häkchen oder der Punkt anfängt, eingesetzt, linker Seitenbogen, der genau an den Aufstrich sich anschliessen muss.

Das unter a) angegebene Verfahren ist der Schnellschrift nicht günstig. Wer es einhält, halte darauf, dass der Punkt beim c mit einem Druck gemacht wird und nicht oben in die Biegung, sondern in die rechte Seite des Ovals kommt. Bei der andern Verfahrungsweise wird gewöhnlich der kleine Aufstrich nicht steil genug gestellt.

d) k, x, s.

Beim k ist an das deutsche ℜ zu erinnern. Das s ist ein ziemlich schwerer Buchstabe, der meist zu steif oder zu krumm ausfällt; deshalb lasse man anfangs bei der Einübung nach dem Aufstrich absetzen.

4. Das grosse lateinische Alphabet.

a) C, O, Q, E, G, A (N, M).

Wählt man für das C die aus zwei sich schneidenden Ovalen bestehende Form, so erhält es oft die Gestalt eines deutschen ℭ; das Durchschneiden muss in der Mitte stattfinden. O und Q werden oft mit einem Aufstrich begonnen, was nicht gut aussieht; der Abschluss des Ovals (auch ein linker Seitenbogen) muss genau die Richtnug des ersten haben. Beim E wird die obere Hälfte vielfach zu gross gemacht und die untere zu weit nach links gestellt. Beim A (und allen Buchstaben mit dem linken Vorschwung) wird der Vorschwung gern zu steil gestellt; man lasse deshalb vorher fast horizontal liegende Ovale üben. Auch der Aufstrich fällt bald zu gerade, bald zu gebogen aus. (In vielen Alphabeten sind N. und M, mit verstärktem Abstrich statt der Flammenlinie geschrieben; deshalb fügen wir sie hier an. Die Form ist nicht unschön und etwas leichter als die andere. Der Abstrich hat beim N dann dieselbe Lage wie beim M., während man bei Anwendung der Flammenlinie etwas von der Richtung abweichen muss, wenn das N nicht auffallend schmale Form erhalten soll.)

b) X.

Hier bietet die Verbindungslinie der beiden Hauptteile die grössten Schwierigkeiten; sie kehrt auch beim H. und K. wieder. Man lasse sie (als steife Wellenlinie) fleissig allein üben. Sie muss den ersten Hauptzug der betreffenden Buchstaben in der Mitte durchschneiden, der zweite kann ein wenig höher getroffen werden. Beim K kann es aber auch anders sein.

c) U, Y, Z (V, W).

(Schreibt man V und W in der hierher gehörigen Form, so ist besondern die Richtung und Biegung des letzten Aufstrichs [Nachstrichs] zu beachten, damit im Ganzen ein Oval erkannt werden kann).

d) S, I, T, F, B, R, L, D, H, K (V, W, N, M).

Bei Ausführung der Wellenlinie über T und F wird die Feder von manchen Schülern gedreht, wodurch falscher Weise Druck in die Linie kommt. P, B und R werden oft verunstaltet durch eine nicht symmetrische Haube (zwei verbundene rechte Seitenbogen), deren beide Teile nicht gleiche Höhe über der Grundlinie haben, zu kurz oder zu lang geraten.

Das D gilt als Prüfstein für die Schreibgewandtheit des Schülers. Gewöhnlich geht die Verbindungslinie zu bald in die Höhe, oder sie entfernt sich zu weit von der Flammenlinie. Beide Fehler haben in einer falschen Beurteilung der Wellenlinie ihren ersten Grund. Der linke Seitenbogen muss mit der Schleife an der Wellenlinie gleiche ovale Lage bekommen, so dass sich das D fast ganz in ein Oval einschliessen lässt.

Das K ist in mehreren Formen gebräuchlich. Wird es in einem Zug geschrieben, so kann die steife Wellenlinie die erste Flammenlinie in der Mitte durchschneiden, dann muss der Übergang der zweiten Flammenlinie in die Schlangenlinie über derselben geschehen. Soll dieser Übergang in der Mitte des Buchstabens stattfinden, so muss der Durchschnitt etwas über die Mitte gelegt werden, damit die Wellenlinie nicht mit der hintern Flammenlinie zusammenfällt.

Die Ziffern und Interpunktionszeichen bestehen aus denselben Grundzügen als die Buchstaben.

B. Die methodischen Einheiten.

Den Schreibstoff gliedern wir ebenso wie den andern Unterrichtsstoff in methodische Einheiten. Diese sind uns hier in den einzelnen Buchstaben gegeben. Denn es wird sich zeigen, dass bei gründlicher Behandlung eines Buchstabens sämtliche fünf (formale) Stufen auftreten. Eigentlich sind auch alle Grundzüge als methodische Einheiten anzusehen; da wir aber aus denselben die Buchstaben nicht willkürlich zusammenstellen können, die Grundzüge vielmehr aus den Buchstaben herausnehmen, so reihen wir die Behandlung der Grundzüge der zweiten Stufe ein.*) Der mehr als hundert Formen umfassende Unterrichtsstoff verlangt zur leichtern und sichern Beherrschung eine Gruppierung. Von Zeit zu Zeit müssen deshalb noch grössere methodische Einheiten auftreten: die oben genannten Buchstabenfamilien. (In den oberen Klassen, wo der Schreibkursus zweckmässig alljährlich einmal wiederholt wird, aber nur eine geringe Stundenzahl beansprucht, wird man die Wiederholung gleich nach den grösseren Einheiten anlegen. Der übrige

---

*) Wir stellen also z. B. das Ziel nicht auf: richtige Darstellung des linken Seitenbogens, sondern richtige Darstellung des o. Um aber den Hauptteil dieses Buchstabens klar zu erfassen, ist nötig die Betrachtung und Beschreibung desselben (2. Stufe), die Vergleichung mit dem Grundstrich (3. Stufe) und die Hervorhebung des Charakteristischen (4. Stufe). Die 5. Stufe (Anwendung) fehlt schliesslich auch nicht.

für diese Klassen genannte Schreibstoff, z. B. die Reinschrift eines Aufsatzes, wird natürlich nicht in Form von methodischen Einheiten behandelt.) Die unterrichtliche Behandlung eines Buchstabens geschieht nun wie folgt:

Als **Ziel** wird entweder der einzuübende Buchstabe oder eine Wörtergruppe genannt. (Buchstabenkenntnis wird vorausgesetzt.)

Die **erste Stufe** erinnert an verwandte Buchstaben, welche bereits eingeübt sind, an Zeichnungen, in welchen der neue Grundzug enthalten ist (vergl. „Erstes Schuljahr" S. 188) oder an die Form des Buchstabens im allgemeinen, soweit sie dem Schüler aus dem ersten Schreibunterricht gegenwärtig ist.

Auf der **zweiten Stufe** wird der Buchstabe angeschrieben und in seine Teile zerlegt. Diese werden beschrieben und eingeübt und wieder zum Buchstaben zusammengestellt. Dann folgt Beschreibung des Buchstabens, Einübung und Korrektur desselben.

Auf der **dritten Stufe** wird der Buchstabe mit andern (derselben oder auch einer andern Familie angehörigen) Buchstaben verglichen. Daraus ergiebt sich für

die **vierte Stufe** das Charakteristische des Buchstabens (die **wesentlichen Grundzüge und die eigentümliche Verbindung derselben**).

Auf der **fünften Stufe** wird der Buchstabe aus dem Kopfe geschrieben und in Wörtern und Sätzen angewandt.

Zu den einzelnen Stufen bemerken wir noch folgendes:

Zu Stufe I. Aus dem ersten Schreib- und Leseunterricht ist den Schülern die Form der Buchstaben im allgemeinen bekannt, auch die Hauptteile derselben haben sie unter entsprechenden Bezeichnungen kennen gelernt, über die Beschaffenheit derselben im einzelnen werden sie aber nur mehr oder minder mangelhafte Vorstellungen haben. Das wird man den Schülern zum Bewusstsein bringen, damit in ihnen das Verlangen nach einer nochmaligen Darbietung entsteht. Auf der ersten Stufe dürfen die Schüler für die Bestandteile der Buchstaben noch die Bezeichnungen gebrauchen, welche im ersten Unterricht angewandt wurden, auch Vergleichungen, besonders mit Dingen, die gezeichnet wurden, sind gestattet. Da innerhalb der einzelnen Buchstabenfamilien die Buchstaben „genetisch" geordnet sind, jeder neue Buchstabe also schon bekannte und geübte Züge enthält, so wird man auf die vorangegangenen verwandten Buchstaben Bezug nehmen. An nicht verwandte kann man erinnern beim Übergang zu einer neuen Gruppe. Durch beides wird die Aufmerksamkeit für das Neue an dem im Ziel genannten Buchstaben erregt.

Zu Stufe II. Der Buchstabe wird hier in solcher Grösse an die Wandtafel geschrieben, dass auch die entfernt sitzenden Schüler alle Einzelheiten erkennen können. Das Anschreiben muss sicher und vorbildlich (d. h. musterhaft) geschehen, wie alles, was der Lehrer thut. Mehrmaliges Streichen mit der Kreide, Wegwischen und Verbessern einzelner Teile soll dabei ebenso wenig vorkommen, als später beim Schüler. Deshalb hat der weniger gewandte Lehrer den Buchstaben vor der Schreibstunde gehörig zu üben. Ein Hinweis auf eine lithographierte Wandtafel statt des Anschreibens ist nicht statthaft, es kommt darauf an, dass der

Schüler den Buchstaben entstehen sieht, weshalb beim Anschreiben auch die entschiedenste Klassenaufmerksamkeit zu verlangen ist. Blosses Anschauen des Buchstabens verhilft aber noch nicht zu einer klaren Vorstellung von demselben (man versuche z. B. die Druckbuchstaben g oder a aus dem Kopfe zu schreiben), er muss deshalb verdeutlicht werden. Das geschieht, indem wir ihn in seine Elemente zerlegen.*) Dieselben werden einzeln unter den Buchstaben geschrieben. Tritt hierbei ein neuer Grundzug auf, so wird derselbe wieder allein und wenn nötig, in vergrössertem Massstab angeschrieben, dann wird er genau beschrieben, benannt und eingeübt bis zur Fertigkeit. (Diese ist so lange noch nicht vorhanden, als das Vorgestellte nur mangelhaft in Wirklichkeit übersetzt werden kann, bald gelingend, bald misslingend, oder wenn die Thätigkeit nur langsam vor sich geht. — Übung macht den Meister.) Die Einübung geschieht zunächst in grossen Formen: Luftschreiben, wobei die Schüler die Federspitze auf den Zug an der Wandtafel richten und denselben in Gedanken überfahren; dann im sogenannten Probebuch. Wo es geht, geschehen die Übungen ohne Absetzen nach dem einzelnen Zuge; denn es muss gleich in den ersten Schuljahren darauf Bedacht genommen werden, dass die Handschrift „geläufig" wird. Schliesslich werden die Züge in gewöhnlicher Grösse geschrieben.**) Durch diese Übungen „kommen sie in die Muskeln", d. h. es wird ein Zusammenhang zwischen Vorstellung und Muskelempfindung begründet. Als Hilfsmittel hierbei sind von verschiedenen Schreiblehrern dieselben Veranstaltungen empfohlen worden, die wir bei der Einübung der Buchstaben erwähnen werden. Wir beanspruchen bei Übung der Grundzüge gar kein Hilfsmittel, sondern lassen dieselben (wie Dietlein) auf einem Blatt (sog. Probeblatt) ohne alle Linien etc. ausführen. Ein Mass für die Grundzüge brauchen wir nicht, da sie in ein Verhältnis zu einander noch nicht treten, höchstens könnte die Richtungslinie einige Dienste leisten. Das leere Blatt gestattet Übungen in verschiedener Grösse, wagrechte und senkrechte Verbindungen. Diese sind aber wesentlich, damit „Arm und Hand frei gemacht werden". Dass ein neuer Zug nicht immer gleich gelingt, ist eine bekannte Erfahrung. Der Lehrer hat deshalb öfter nachzusehen, wo noch Mängel vorhanden sind, und die Ursachen derselben zu erforschen. Sie haben meist ihren Grund in der mangelhaften Auffassung des Vorbildes, in der unklaren innern Vorstellung desselben, oder in der Ungeschicklichkeit der Hand. Je nach der Ursache werden die Mittel zur Abhilfe verschiedene sein. Hauptsache ist: Fehler nicht zur Gewohnheit werden lassen, sondern sofort auf Abstellung derselben mit aller Strenge halten. Die Korrektur ist natürlich eine gemeinsame.

---

*) Herbart (Psychologie II, § 139): „Verdeutlichen heisst auseinandersetzen, welcher Ausdruck so wörtlich als möglich zu nehmen ist."
**) Bei Kaufleuten, deren Schrift sehr häufig durch einen gewissen Schwung besticht, kann man oft beobachten, wie sie Buchstaben oder Züge mit dem Arm in der Luft ausführen, ehe sie auf dem Papier ansetzen. — Manche Schreiblehrer lassen umgekehrt alle Züge anfangs sehr klein üben. Die Schrift erhält dadurch allerdings eine gewisse Zierlichkeit, wird aber ziemlich charakterlos. Wir bezweifeln auch, dass die dadurch erlangte Handschrift beständig bleibt.

Das zweite Schuljahr.

Wenn die Grundzüge richtig geschrieben werden, so ist sehr viel für die richtige Darstellung des Buchstabens gewonnen. Dieser wird jetzt aus seinen Elementen zusammengesetzt, dann folgt eine (mündliche) Beschreibung desselben, wobei die Schüler anzugeben haben, aus welch Teilen der Buchstabe besteht, wie gross jeder dieser Teile im Verhältnis zum andern ist, welche Entfernung, Höhe, Richtung etc. er hat, und auf welche Weise die einzelnen Teile zum Ganzen verbunden sind. Die Beschreibung erfolgt zuerst bei unmittelbarer Anschauung des Buchstabens, dann ohne dieselbe. Hierbei führt der Lehrer auf der Tafel gleich aus, was die Schüler angeben, „sie sehen auf diese Weise ihre fehlerhafte Angabe gleich verkörpert und werden immer bald das Rechte finden." Bei der Beschreibung wird der Lehrer sein Augenmerk darauf zu richten haben, dass von den Teilen des Buchstabens, welche erfahrungsgemäss gewöhnlich falsch geschrieben werden, besonders klare Vorstellungen entstehen. Nur hüte er sich dabei, die falschen Formen, welche er vielleicht zur Veranschaulichung nötig hat, zu eben solcher Klarheit zu bringen wie die richtigen; sonst könnte der Schüler leicht das Falsche mit dem Richtigen verwechseln. Falsche Formen werden deshalb gleich wieder weggewischt, nachdem die Fehler gezeigt worden sind.

Zur Veranschaulichung der Verhältnisse im Buchstaben bedient man sich zweckmässig eines Liniensystems. Namhafte Schreiblehrer haben zwar dies vollständig verworfen; bei kleinen Schülern ist aber das Augenmass noch nicht so weit ausgebildet, dass sie ohne Hilfe die Verhältnisse richtig schätzen. Einer verwirrenden Überfülle von Hilfslinien reden wir aber nicht das Wort. (Zschille z. B. empfiehlt ein Netz, das nicht bloss aus acht horizontalen, punktierten oder gezogenen Linien, sondern auch aus so viel schrägen Linien bestehen soll, als Grundstriche auf das Blatt geschrieben werden können.) In ein quadratisches Netz passen nicht alle Buchstaben; auch wird bei Benutzung eines solchen dem kleinen Schreibschüler nicht weniger zugemutet als ohne diese „Hilfe"; denn er soll sich die Quadrate wieder teilen (während des Schreibens), damit er den Strich an die richtige Stelle bringt. Dass auch der freie Zug der Hand, ohne welchen schliesslich doch kein wirkliches Schönschreiben gedacht werden kann, zu sehr durch enge Netze gehemmt wird, muss wohl zugestanden werden. Ausserdem ist vom hygieinischen Standpunkte aus alles Papier, das den Eindruck des Gegitterten macht, zu verwerfen. Besonders anstrengend für das Auge ist es, wenn die Gitterung nur durch das Blatt hindurch scheint (wie beim Heckmaun'schen Linienblatt). Nach unserer Erfahrung genügt ein Netz von vier wagrechten Linien (obere und untere Grundlinie, Hoch- und Tieflinie) und einigen Richtungslinien vollständ:g.

In dieses Liniennetz werden die Buchstaben auch bei der Einübung (wo es irgend angeht in Verbindung) geschrieben. Der Lehrer bestimmt zugleich, bei welcher Richtungslinie der erste Abstrich eines jeden Buchstabens beginnt. Dadurch wird das zu enge und zu weitläufige Schreiben verhindert und die Schülerhefte werden gleichmässig beschrieben, was beim Taktschreiben unbedingtes Erfordernis ist. Notwendig ist, dass der Lehrer seine Wandtafel ebenso liniert, wie es die Schreibhefte sind.*) Grundstriche wird man möglichst oft mit den Richtungslinien zusammenfallen lassen, Bogen neben dieselben stellen. Von grösseren Schülern kann man auch Buchstaben und Buchstabenverbindungen im Probebuch üben lassen; die Sicherheit der Hand wird dadurch nicht unwesentlich befördert.

Von anderen Hilfen, die man dem Schüler bei Einübung der Buchstaben zukommen lässt, erwähnen wir das Handführen und Überziehen oder Nachziehen. Ersteres kann als veraltet angesehen werden und wird wohl nur noch angewandt, wenn alles nichts helfen will. Es kann nicht dazu dienen, „einen Zusammenhang zwischen Vorstellung und Muskelempfindung zu begründen"; denn die Muskeln werden dabei von der Hand des Führenden festgehalten. Eher scheint das Überziehen oder Nachziehen seinem Zweck zu entsprechen, weshalb auch eine Menge Vorschläge hierzu gemacht worden sind. Locke und Rattich liessen rote Buchstaben mit schwarzer Tinte überziehen, andere wählten blau oder grün statt rot, zeichneten die Buchstaben nur durch rote Punkte vor u. s. w. Die jungen Römer zogen die in Wachstafeln eingegrabenen Buchstaben mit dem Griffel nach, in neuerer Zeit wurden Metallplatten empfohlen. Herbart (ABC der Anschauung S. 79) will Hornplatten, die zugleich zur Schriftkorrektur dienen sollen. Unseres Wissens werden alle diese Mittel nur wenig angewandt (doch rühmt man die damit in Frankreich erzielten Erfolge). Jedenfalls hat man keine Bürgschaft dafür, dass bei diesem rein mechanischen Thun die Schüler eine Vorstellung vom Buchstaben haben; die Muskelempfindungen werden also auch nicht mit einer solchen in Verbindung treten. Fordert man auf jeder Stufe vom Schüler nur das, was er leisten kann, so wird das Gelingen das Misslingen überwiegen und nur selten ein weiteres Hülfsmittel als das Liniennetz nötig sein.

Ob und welche Korrekturen nötig sind, wird der Lehrer sehr bald nachsehen müssen, damit nicht erst falsche Formen sich festsetzen. Kleinere Fehler, die vielleicht nur bei dem einen und andern Schüler vorkommen, werden kurzer Hand abgemacht. Das sind aber die selteneren Fälle, die meisten Fehler finden sich bei mehreren Schülern; die Korrektur ist deshalb eine gemeinschaftliche. Das Wesen der Korrektur ist aber dies: Der Schüler muss durch dieselbe zu klarer Erkenntnis seines Fehlers gelangen und mit derselben Klarheit das Richtige an Stelle des Falschen setzen. Ein allgemeines Urteil über die Schrift (gut, nicht gut etc.) hilft gar nichts, wie auch allgemeine Mahnungen (seht die Schrift besser an, schreibt schöner!) vergeblich sind. Den bemerkten Fehler schreibt vielmehr der Lehrer an die Wandtafel, die Schüler finden ihn auf und geben die richtige Schreibung an. Der Lehrer verbessert den falschen Zug an der

---

*) Die Herstellung der Liniennetze auf den Wandtafeln oder dem Schreibpapier darf man nicht einem beliebigen Anstreicher oder Lithographen zumuten. Es ist unbedingt nötig, dabei die genauesten Angaben zu machen und die Sache zu kontrollieren. Wir haben eine Menge Wandtafeln gesehen, die grundfalsch liniiert waren, ebenso Schreibpapier.

Tafel, indem er den richtigen darauf legt (was den Fehler besser erkennen lässt, als wenn Richtiges und Falsches neben einander stehen) und löscht dann das Falsche wieder weg. Nun wird der korrigierte Buchstabe nochmals geschrieben und, wenn nötig, wieder verbessert, bis er billigen Anforderungen entspricht. Anfangs darf man die Forderungen nicht zu hoch spannen, sie gehen erst nach und nach immer mehr ins Einzelne, „die Beschreibungen werden genauer, der Lehrer, um ein Gleichnis zu gebrauchen, muss die Vorstellungen seiner Schüler bearbeiten wie der Bildhauer den Marmorblock, an dem er auch erst die hervorragendsten Punkte der Statue nach allen Seiten hin markiert und so die in die Augen fallendsten Verhältnisse derselben an ihm richtig darstellt, ehe er das Einzelne herausarbeitet." — Hauptgrundsatz muss sein: „Die Forderung, die auf jeder Stufe an den Schüler gemacht wird, muss genau seiner Leistungsfähigkeit entsprechen, damit das Geleistete immer relativ vollkommen sei." (Hesse).

Trotz aller Korrektur werden in jeder Klasse einige Schüler vorkommen, welche im Schreiben nicht genügen. Für den Fortschritt im allgemeinen sind diese nicht massgebend; denn man soll die schlechtesten Schüler zwar stets besonders berücksichtigen, aber nicht eine ganze Klasse durch sie aufhalten. Kann ihnen nicht privatim nachgeholfen werden, so kommen sie in eine besondere Abtheilung, welche den Schreibkursus noch einmal durchmacht, während die anderen Schüler mit angewandtem Schreiben beschäftigt sind.

An die Übung des einzelnen Buchstabens wird gewöhnlich als weitere Übung und ebenfalls nach Vorschrift die Verwendung desselben in Wörtern und Sätzen angeschlossen. Das halten wir nicht für genügend. Das Ziel kann erst dann als erreicht angesehen werden, wenn der Schüler den Buchstaben vollständig unabhängig darstellen und anwenden kann. Deshalb muss noch die dritte und vierte (formale) Stufe durchlaufen werden. Aus Vergleichungen ersieht der Schüler, wodurch sich der Buchstabe von anderen (oder Buchstabenverbindungen) unterscheidet, welche Züge er unter allen Umständen haben muss und welche Verbindung derselben ihm eigentümlich ist. Dies Charakteristische wird auf der vierten Stufe präcis ausgesprochen. Nun kann verlangt werden, dass (Stufe V) der Buchstabe aus dem Kopfe ebensogut geschrieben wird als nach Vorschrift. Auch bei seiner Verwendung in Wörtern oder Sätzen ist keine Vorschrift nötig; denn er wird (wenigstens in den ersten Kursen) nur mit solchen Buchstaben zusammengestellt, die bereits geübt sind. Will man der Orthographie wegen, oder um zu zeigen, wie die Buchstaben und Wörter auf der Zeile verteilt werden sollen, die Anwendung vorschreiben, so geschehe das an der Wandtafel oder (in obern Klassen) auf Papierstreifen, die mit dem Schülerbuch übereinstimmen. Zu verwerfen sind die Hefte, in welchen auf jeder Seite die erste Zeile als Vorschrift vorgedruckt ist, nach der nun die ganze Seite beschrieben werden soll. Es fällt dem Schüler gewöhnlich gar nicht ein, diese Vorschrift mehr als einmal anzusehen; er richtet sich bequemer nach der unmittelbar vorhergehenden Zeile. Deshalb werden die nachfolgenden auch gewöhnlich immer schlechter, und ein in der dritten oder vierten Zeile gemachter orthographischer Fehler geht durch die ganze Seite. Sollen Vorschriften überhaupt einen Zweck haben, so muss der Schüler gezwungen sein, dieselben anzuschauen. Sie dürfen deshalb nicht so kurz sein, dass sie ohne weiteres gemerkt werden; auch muss man die häufige Wiederholung vermeiden. (Beim ersten Anblick sieht eine Seite im Schreibheft zwar hübscher aus, wenn eine einzeilige Vorschrift fein symmetrisch darauf verteilt ist; man prüfe aber nur die Schrift der letzten Hälfte! Eine Vorschrift darf mehrere Zeilen, vielleicht eine halbe Seite einnehmen.) Dass alle Vorschriften inbezug auf die Schriftzüge genau übereinstimmen müssen, braucht kaum erwähnt zu werden. Der Lehrer schreibt sie deshalb am besten selbst.

Zum Schluss erinnern wir noch an eins: Das Schreiben ist hauptsächlich nicht ein Wissen, sondern ein Können. Die Belehrung über einen Buchstaben ist zwar notwendig, die Übung desselben aber die Hauptsache; deshalb hat letztere in jeder Schreibstunde den grössten Zeitteil zu erhalten.

Anhang.

a) Schnellschönschreiben und Taktschreiben.

Vielfach begegnet man der Ansicht, dass die Schnellschrift eines Schülers (d. i. die Schrift, welche er im gewöhnlichen Leben anwendet) um so besser ausfalle, je weiter es derselbe in der Kalligraphie gebracht habe. Das ist aber durchaus nicht immer der Fall, besonders wenn die Schüler nur angehalten wurden, ja recht langsam zu schreiben, wobei sich leicht ein Buchstabenmalen oder Buchstabenzeichnen einstellt. (Die Handschriften von Lithographen und Malern sind manchmal gar nicht musterhaft.) Nun schreibt zwar auch ein Schreiblehrer in einem Briefe anders, als wenn er Vorschriften schreibt, aber eine sogenannte doppelte Hand darf auf keinen Fall zur Regel werden. Denn dann wäre der Schönschreibunterricht zum guten Teil Zeitverschwendung. Es muss verlangt werden, dass derselbe den Schüler befähigt, auch schnell richtig und schön schreiben zu können, wie man auch im Lesen ein fliessendes und gutes als Ergebnis der Leseübungen verlangt. Wir meinen nun nicht, dass man für Schnellschönschreiben besondere Stunden ansetzen soll, sondern es muss sich aus dem Schreibunterricht nach und nach ergeben. Man halte streng darauf, dass alle Schreibübungen derselben Klasse in demselben Tempo ausgeführt werden, das man im Schönschreibunterricht auf der fünften Stufe anwendet. Also nicht in dem einen Heft schnell, in dem andern langsam schreiben lassen! Wann ein schnelleres Tempo

---

*) „Die Tendenz der abgesonderten Schönschreibübungen ist auf das rein praktische Bedürfnis zu beschränken, d. h. man lehre statt Kalligraphie ein möglichst schnelles Schreiben von Formen, die, wenn auch keinen schönen, so doch wenigstens einen angenehmen Eindruck auf ein gebildetes Auge machen; man lehre ein Schreiben, wie es gebraucht werden kann und auch gebraucht werden wird." Evangel. Schulblatt S. 372.

eintreten oder wie schnell dieses sein soll, lässt sich ohne weiteres nicht bestimmen; im allgemeinen kann man nur sagen, nicht zu früh, damit die Handschrift nicht verdorben werde. Denn leicht stellen sich zwei Fehler ein: einzelne Züge werden vernachlässigt, andere erhalten ungebührliche Ausdehnung.

Um beide Fehler nicht aufkommen zu lassen, giebt es ein sicheres Mittel: das Taktschreiben. Vielfach sieht man in demselben nur ein Mittel, um gute Disziplin und gleichmässigen Fortschritt der ganzen Klasse zu erzielen; wir halten den vorher angedeuteten Zweck für den viel wichtigeren. Die Möglichkeit seiner Erreichung gründet sich auf den Satz, „dass eine Reihe widerstandsfähiger ist, wenn sie mit einer andern Reihe verflochten wird." Im Schreiben müssen also die Vorstellungen von den Buchstaben kompliziert werden mit anderen, Disparaten. Dazu eignen sich sehr gut die Zahlen. Deshalb wird bei der Einübung eines Buchstabens gezählt, und zwar kann man dabei jeden Strich mit einer Zahl verbinden oder nur jeden Abstrich (wesentlichen Teil des Buchstabens). Das Letztere halten wir für das Richtigere. (Aufstriche werden also nicht gezählt!) Assoziiert man nämlich jeden Auf- und jeden Abstrich mit einem Gliede der Zahlenreihe, so ist zu bemerken, dass bei langsamem Schreiben diese Assoziation ganz überflüssig ist und beim Schnellschreiben der Zahlenreihe eine Schnelligkeit zugemutet wird, der sie nicht fähig ist. Wird dagegen nur der Abstrich mit einem Gliede der Zahlenreihe assoziiert, so bleibt sie deutlich, auch wenn ziemlich schnell geschrieben wird. Die Aufstriche kommen unter allen Umständen zur Darstellung, auch wenn sie nicht gezählt werden, da sie die notwendige Verbindung der Abstriche bilden. — Manche Schreiblehrer lassen nur 1, 2, 1, 2 u. s. f. zählen, ohne nach Anfang und Ende des Buchstabens zu fragen. Möglichst einfach ist diese Zählweise, aber nach dem Gesagten auch möglichst unvollkommen. Auch andere Taktweisen, wie auf, ab, oder (beim m) eins m, eins m, eins m, können wir für unsern Zweck nicht gebrauchen. Beginnen wir jeden Buchstaben mit der Eins, so erreichen wir dasselbe, was die letzterwähnte Zählweise will: die einzelnen Buchstaben werden von einander getrennt, während sie sonst oft zusammenfliessen. Das Wort „mein" wird z. B. „taktiert": auf (damit der erste Aufstrich von allen Schülern gleichzeitig ausgeführt wird), eins, zwei, drei (m), eins, zwei (e), eins (i), eins, zwei (n), Punkt.

Soll die Zahlenreihe aber eine Kontrolle über die Buchstabenteile ausüben, so muss die Zahl mit ihrem entsprechenden Buchstaben vollkommen fest assoziiert sein. Deshalb wird ein Buchstabe so lange geübt, bis sich erwarten lässt, dass mit seiner Gestalt auch seine Zahl reproduziert wird. So lange die Association noch nicht eine vollkommene ist, treibe man durchaus nicht zu grösserer Schnelligkeit; der Übergang sei sehr allmählig, sonst leidet die Sicherheit. Bei der Ausführung lässt man von jedem Worte angeben, wie dabei gezählt wird, und fährt damit so lange fort, bis der Schüler die Art und Weise des Zählens mit grösster Schnelligkeit angeben kann. Schliesslich wird das Zählen überflüssig. Wie der angehende Musikschüler anfangs den Takt sich laut angiebt, während er später alles taktmässig spielt, ohne auch nur an Takt zu denken, so ergeht es auch dem geschulten Schreibschüler. In der Volksschule wird man mit einem mässigen Tempo zufrieden sein. Kann man nicht Gruppen von gleichstehenden Schülern bilden, so sind für das Tempo die schwächeren Schüler massgebend. (Strahlendorff in Berlin brachte seine Schüler bis zu 220 Taktteilen in der Minute. Das Zählen liess er von dem für die Musik erfundenen Metronom besorgen.) Die anderen Vorteile, welche das Taktschreiben bietet, wollen wir nicht unterschätzen. Sein Einfluss auf die Disziplin im Schreibunterricht, auf die Belebung desselben, auf den gleichmässigen Fortschritt der Schüler etc. ist ein mächtiger — aber nur, wenn es mit grösster Konsequenz gehandhabt, wenn der Lehrer unerbittlich darauf sieht, dass jeder Befehl aufs genaueste befolgt wird. (Wer sich das nicht zutraut, mag das Taktschreiben unterlassen; denn es wird bei lockerer Handhabung nur Verwirrung in den Unterricht bringen.) Im Takt geschieht während der Schreibstunde alles: Austeilen, Aufschlagen der Hefte, Anfassen der Feder, Eintauchen, Ansetzen, Schreiben, Absetzen, Haltung des Körpers. „Gesetz und Ordnung durchdringen alle, auch die unscheinbarsten Verrichtungen beim Taktschreiben." Das Tempo bestimmt stets der Lehrer; anfangs zählt er selbst, dann zählen bessere Schüler, ganze Bänke oder Abtheilungen etc. Auch durch leises Klopfen kann der Takt angegeben werden, während die Schüler leise oder in Gedanken zählen. In Schreien, Leiern oder Singen darf das Zählen nie ausarten. Dass man über die Taktteile erst klar geworden ist (Luftschreiben, mehrmaliges Vorzählen von verschiedenen Schülern), bevor in das Heft geschrieben wird, versteht sich wohl von selbst. Dann darf aber kein Schüler während des Schreibens eines Wortes absetzen, etwa um die Feder einzutunken; er schreibt ruhig ohne Tinte weiter. Das unvollendete Wort wird nach Beendigung der ganzen Zeile geschrieben, wo eine grössere Pause eintritt.

b) Zur Technik des Schreibunterrichts.

Die Technik des Schreibunterrichts hat es zu thun mit den Schreibmaterialien, der Haltung, den Bewegungen beim Schreiben u. dergl.

Gutes Schreibmaterial ist dem Schüler ebenso notwendig, als dem Handwerker gutes Handwerkszeug.

Das Papier ist jetzt überall in genügender Güte sehr billig zu haben. Der Lehrer hat darauf zu halten, dass es nicht zu schlecht ist, besonders nicht durchschlägt, und dass die Hefte gleiches Format und sonstige gleiche Einrichtungen haben. Am zweckmässigsten würde er sie selbst besorgen, wenn das nicht, besonders in Städten, zu allerlei Unzuträglichkeiten und Anfeindungen von Geschäftsleuten führte. Aber mit Buchbindern oder Händlern, welche das Gewünschte liefern wollen und den Schülern namhaft gemacht werden, kann sich der Lehrer in Verbindung setzen. Sollte es die Konkurrenz nicht thun, so darf er auch bei Feststellung des Preises ein Wörtchen mit reden. (Unter allen Umständen halte er sich aber von jedem „Geschäftchen" rein.)

Das zweite Schuljahr.

Was vom Papier, gilt auch von den Stahlfedern, die den Gänsekiel vollständig aus dem Felde geschlagen haben. Die Wahl derselben darf den Schülern nicht anheim gegeben werden; denn diese bringen meist zu harte und zu spitze. Besonders leiden die sogenannten „Schulfedern" häufig an diesen Fehlern. Eine einzige Sorte passt aber nicht für alle Schüler und ist auch nicht nötig; die Auswahl unter guten Federn ist ja eine sehr grosse.

Die Tinte muss leicht fliessen, schnell trocknen und gleich aus der Feder heraus schwarz erscheinen. Die Tintengefässe sind im Pult befestigt und werden nur von je zwei Schülern benutzt. Jedes Gefäss soll seinen (eignen) Verschluss haben, damit die Tinte nicht verdirbt und die Schulbücher vor Beschmutzung gesichert sind. Wird Unfug mit der Tinte getrieben, so ist streng einzuschreiten. Die kleineren Tintenflecke in den Heften (ohne die es besonders in den untern Klassen nicht abgeht) sind wegzuradieren; kann das nicht mehr geschehen, so wird das beschmutzte Blatt sorgfältig herausgeschnitten. (Bei manchem Schüler darf das Blatt auch zerrissen werden, wenn man die Ueberzeugung hat, dass dadurch auf ihn bessernd gewirkt wird.) Sauber innen und aussen sollen die Schreibhefte immer sein, sie sind „das Gesicht der Schule".

Für zweckmässige Schulschreibtische geschieht in neuerer Zeit viel. Sie dürfen nicht zu eng an einander gerückt sein, damit der Lehrer zu jedem Schüler gelangen kann, ohne die andern zu stossen und zu drängen.

Von nicht geringer Wichtigkeit ist die Haltung beim Schreiben. Manche Lehrer scheinen zwar zu meinen, darauf komme gar nichts oder wenigstens nicht viel an; denn während ihres Unterrichts sitzt ein Schüler gerade, der andere krumm, der eine liegt auf der Seite, der andere scheint auch mit der Nase zu schreiben, dieser hält die Feder mit gestreckten Fingern, jener mit gekrümmten u. s. w. Aus solchen Wahrnehmungen kann man sofort auf die Energie des Lehrers und die ganze Schulzucht schliessen. Die Haltung des ganzen Körpers muss beim Sitzen eine natürliche sein, eine Krümmung des Rückrats darf weder nach aussen noch nach einer Seite hin stattfinden; der Oberkörper darf sich etwas vorwärts neigen, doch nie die Tischkante berühren. Der linke Arm bildet die Stütze des Körpers und liegt so auf dem Tisch, dass seine Hand das Heft festhalten kann. Der rechte Arm liegt zwischen Handgelenk und Ellbogen leise auf, dass er beim Fortrücken nicht genötigt ist, sich zu erheben. Letzteres geschieht nur beim Schreiben grosser Schriftzüge, zu deren Ausführung die Handbewegung nicht ausreicht. Der Oberarm hängt frei und natürlich am Körper herab und muss am Ellbogengelenk leise Fühlung mit dem Körper haben. Die Lage des Hefts muss sich immer nach dem rechten Arm richten, nie umgekehrt. (Die Schüler sind geneigt, nach jeder Zeile den Arm etwas zurückzuziehen, statt das Papier aufwärts zu schieben.) Die Beine werden nicht über einander geschlagen; die Füsse sind fest neben einander aufgestellt. Bemerkt der Lehrer eine Beugung des Rückrates, so hat er zu beurteilen, ob das aus Nachlässigkeit oder Ermüdung der Rückenmuskeln geschieht. In letzterm Falle (welcher besonders bei kleineren Schülern öfter eintritt), ist den Schülern genügende Erholung (Anlehnung) zu gewähren.

Das Handgelenk, der Ballen und die Handwurzel müssen unter allen Umständen stets frei sein, d. h. sie dürfen nie fest aufs Papier gelegt werden; die Hand stützt sich nur auf die Spitze der Feder und den vierten und fünften Finger. Diese Finger werden etwas gegen die innere Fläche der Hand gebogen, dass die Nägel beider oder auch nur der des kleinen das Papier berühren. Sie dürfen beim Schreiben nie ruhen und festliegen, sondern müssen bei der Fingerbewegung eine gerade Linie ziehen, bei der Hand- und Armbewegung den zu schreibenden Buchstaben aber mitschreiben.

Die Hand darf nie auf ihrer hohen Kante stehen, sondern muss immer, nach links gewendet, ihre ganze Breite zeigen; die hohle Hand muss dem Papier zugewandt sein; der Schüler darf nicht in die Höhlung derselben von oben hineinsehen können.

Die Spitze des Federhalters ist stets nach der rechten Schulter gerichtet und darf nie aus dieser Richtung gehen. Er wird gehalten von den drei ersten Fingern der rechten Hand; Zeigefinger und Mittelfinger liegen dabei sanft an einander; sie bewegen sich stets gemeinsam, wie ein Körper. Der Daumen berührt mit der rechten Seitenwand seiner Spitze, ganz nahe dem Nagel, die Feder und drückt sie zwischen die Spalte der beiden an einander liegenden Finger; er erhält eine etwas grössere Krümmung als jene Finger, welche nur unbedeutend gewölbt sind (Durch gänzliches Ausstrecken werden Aufstriche, durch Zusammenziehen Abstriche gebildet.) Am Zeigefinger reicht der Federhalter bis zur Mitte des ersten Gliedes hinauf; er darf also nicht im Handwinkel (hinter dem Knöchel) liegen.

An diese Haltung muss der Schüler gleich von dem Tage an gewöhnt werden, an welchem er zum ersten male den Griffel in die Hand bekommt. Eine richtige Haltung ist sicher leichter (weil natürlicher) als eine falsche. Erschwert wird sie durch unzweckmässige Subsellien, zu kurze Griffel und Überanstrengung. Der Elementarlehrer hat darauf besonders zu achten; denn er ist für eine richtige Haltung in erster Linie verantwortlich. So lange sie nicht „zur zweiten Natur" geworden ist, hat der Lehrer die Haltung immer wieder zu zeigen und förmlich einzuexerzieren. Findet er bei Schülern, die bereits schreiben, falsche Körper- und Federhaltung vor, so hat er diese erst gründlich auszurotten und deshalb die ersten Schreibstunden lediglich darauf zu verwenden.*) Ein Lehrer aber, welcher erklärt, er könne eine richtige Haltung nicht durchsetzen, hat sich damit sein Urteil gesprochen.

Zur Erlangung und Beförderung der notwendigen Beweglichkeit, Freiheit und Kraft der Schreibglieder sind, besonders von Carstairs und seinen Nachfolgern, besondere Übungen veranstaltet worden. Sie eignen

---

*) Der berühmte englische Schreiblehrer Carstairs gebrauchte ein äusserliches Zwangsmittel, die Ligatur, d. i. eine Fesselung der schreibenden Hand, resp. der drei ersten Schreibfinger, mittelst eines Bandes. Der vierte und fünfte Finger werden durch ein anderes Band gefesselt und unter die Hand gezogen. Zu Anfang des Unterrichts liess er auch noch den Oberkörper an die Stuhllehne festbinden, um eine gerade Haltung des Körpers zu erzielen.

sich allerdings mehr für Erwachsene, welche ihre schlechte Handschrift verbessern wollen, als für Kinder, die erst das Schreiben zu lernen haben; doch ist auch bei ihnen eine mässige Anwendung geeigneter Übungen ganz förderlich. Dietlein empfiehlt a) Reine Fingerbewegungen mit feststehender Hand. (Beugt! streckt! oder auf! ab!) b) Reine Fingerbewegungen mit steter Fortbewegung des Arms und der Hand. (Bei den Aufstrichen geht Arm und Hand fort, doch darf im Handgelenk keine Bewegung stattfinden; bei den Abstrichen ruht die Hand. Taktiert wird: fort! ab!) c) Das stete Verbinden der Buchstaben zur Bildung der Armfortbewegung. (Wagrecht und senkrecht absteigende Verbindungsweise der Buchstaben.) d) Das Grossschreiben der einzuübenden Buchstaben. e) Das Üben der Grundzüge. (Das Weitere muss in Dietleins „Wegweiser", dem wir in unserm Schreibunterricht vielfach gefolgt sind, nachgesehen werden.)

Zum Schluss noch einige Worte über Probeschriften.

Wie in anderen Lehrgegenständen von Zeit zu Zeit eine Prüfung nötig ist, so auch im Schreibunterricht. Sie ist wichtig für Lehrer und Schüler; beide haben in den Probeschrifen ein Dokument für die gemachten Fortschritte. Nur müssen es auch wirkliche Probeschriften sein, die unter denselben Umständen und in derselben Zeit, in der für gewöhnlich eine Seite geschrieben wird, ausgeführt sind. Man wird mit Anfertigung derselben auch nicht warten bis zum jährlichen öffentlichen Examen, wie es vielfach geschieht. Wir teilen vollständig die Ansicht von Hey (a. a. O. S. 118): „Es mögen am Schlusse eines jeden Vierteljahres Probeschriften angefertigt werden, die dem Lehrer und den Schülern zur Kontrolle der Leistungen dienen. Am besten geschieht dies wohl in einem besonderen Hefte, das nicht zu schwach sein darf (und mit der jeweiligen Liniatur versehen ist), um wo möglich mit dem Schüler die Klassen zu durchwandern und so ein übersichtliches Bild des stufenweisen Fortschreitens in der Schreibfertigkeit zu bieten. Solche Hefte, die natürlich sehr sauber gehalten werden müssen, sind von dem Lehrer im Klassenschranke aufzubewahren und bei Revision oder öffentlichen Prüfungen vorzulegen."

3. Ein Unterrichtsbeispiel.

Ziel: Wir wollen heute die Wörter mit dem kurzen a schreiben.*)
Gebt diese Wörter an!
Welche Wörter habt ihr in der letzten Schreibstunde geschrieben? (Es sind Wörter mit o.)

---

*) Es sind die im deutschen Unterricht systematisierten Wörter gemeint. Nötig ist nicht, dass dieselben in diesem Unterricht unmittelbar vorher behandelt worden sind, wenn die Schüler ein orthographisches Systemheft haben. Nach diesem wird sich der Schreiblehrer überhaupt bei der Auswahl des Schreibstoffes für die 5. Stufe vorwiegend zu richten haben.

Warum habe ich wohl nach den Wörtern mit o gefragt?
Sagt, aus welchen Teilen das o besteht!
Könnt ihr auch die Teile (Grundzüge) des a schon nennen?
Könnt ihr auch schon sagen, wie ein richtiges a aussehen muss?
(Es wird manchem Schüler zweifelhaft sein, ob der letzte Grundzug ein linker Seitenbogen oder ein Abstrich ist. Ebenso wird nicht genau angegeben werden, wie sich derselbe zur ersten Hälfte des Buchstabens verhält.)
Das müssen wir also noch genauer kennen lernen.
2. Stufe. Der Lehrer schreibt das a an die Wandtafel.
Gebt die Teile (Grundzüge) vom a an! (Der Lehrer schreibt sie, so wie sie genannt werden, unter den Buchstaben.)
Ist ein Theil dabei, den ihr noch nicht geübt habt?
Wir haben also nur die Verbindung der Teile näher zu betrachten. Etwas davon kennt ihr auch schon! (Die Verbindung vom ersten Seitenbogen und linken Schleifpunkt ist dieselbe wie beim o.)
Der Buchstabe wird jetzt, wenn der Lehrer zwei Wandtafeln zur Verfügung hat, ins Liniennetz geschrieben (oder der Lehrer zieht die beiden Grundlinien an denselben).
Wie hoch ist der zweite Seitenbogen?
Welche Lage hat er?
Wie hoch reicht der Nachstrich vom Schleifpunkt?
Wie ist der zweite Seitenbogen mit dem Schleifpunkt verbunden?
(Er darf den Nachstrich des Schleifpunktes nicht gleich an der obern Grundlinie, sondern erst in gleicher Höhe mit dem Schleifpunkt verlassen, sonst wird das a zu breit. (Wird angeschrieben, aber sofort wieder weggewischt.) Merkt noch: Der zweite Seitenbogen darf auch nicht zu nahe an den Aufstrich zum Schleifpunkt herankommen oder gar mit ihm zusammenfliessen.
Nun gebt an, wie beim Schreiben des a zu verfahren ist! (Wenn ich das a schreiben will, so verfahre ich zunächst wie beim o; den Nachstrich des linken Schleifpunktes ziehe ich bis zur obern Grundlinie und füge noch einen linken Seitenbogen an. Dabei gehe ich im Nachstrich des Schleipunktes zurück bis in gleiche Höhe mit dem Schleifpunkt, gebe dem zweiten Seitenbogen dieselbe Lage wie dem ersten und sehe darauf, dass ich nicht zu nahe an den Aufstrich des Schleifpunktes heran komme. — Diese Beschreibung erfolgt erst von den bessern Schülern, dann von den schwächern; erst bei unmittelbarer Anschauung, dann ohne dieselbe.)
Nun wollen wir das a schreiben. (An der Wandtafel wird eine ganze Zeile a [verbunden] geschrieben.)
Nehmt die Federn! (Auch an richtigen Sitz wird erinnert.)
Arm vor!
Ich zähle. Schreibt mit mir a! (Luftschreiben! Der Lehrer überfährt dabei mit dem Zeigestabe die Buchstaben, die Schüler haben die Federspitze auf dieselben gerichtet. — Gezählt wird beim a: auf, 1, 2, 3, 1, 2, 3 etc.) Das Wörtchen „auf" oder „fort" wird nur beim ersten Buchstaben [auch in Wörtern] gesagt.)
Arm ab!

Federn weg!
Wohin ist das a im Heft zu schreiben? (Zwischen die beiden Grundlinien.)
Wie viele a kommen auf die Linie? (Zwischen je zwei Richtungslinien ein Buchstabe. Das a steht nicht an der Richtungslinie.)
Schlagt die Hefte auf!
Nehmt die Federn!
Taucht ein!
Schreibt die erste Zeile a! (Ohne Zählen.) (Wer fertig ist, legt die Feder hin, Hände zusammen. Der Lehrer geht rasch durch die Bänke und mustert die Schrift. Sind Fehler vorhanden, so wird zunächst der schwerste korrigiert. Ein Schüler hat z. B. einen Abstrich statt des linken Seitenbogens geschrieben): Achtung! Ein Schüler hat das a so geschrieben. (Falsche Form wird angeschrieben.)
Was ist falsch?
Wie muss es sein? (Falsche Form wird verbessert.)
N (der Schüler, welcher den Fehler gemacht hatte) giebt noch einmal an, aus welchen Teilen das a besteht!
Welcher Strich kommt dabei gar nicht vor? (Der korrigierte Buchstabe wird weggewischt.)
Schreibt die zweite Zeile!
(Ein zweiter Fehler wird korrigiert. Natürlich ist in erster Linie darnach zu sehen, ob die Schüler, welche den ersten Fehler gemacht hatten, denselben in der zweiten Zeile vermieden haben.)
Sobald die Form der Buchstaben die richtige ist, folgt
3. Stufe. Welche (von den bereits geübten) Buchstaben haben auch einen linken Seitenbogen? (O, A, c, o, d, l, b.)
Wodurch unterscheiden sie sich vom a?
Wie viel Taktteile hat das c? das o? das a? das A?
Mit welchen Buchstabenverbindungen (die ebenfalls geschrieben worden sind) könnte das a verwechselt werden? (oc, oi.) Vergleicht auch om und an; oh, och, ah!
4. Stufe. Nennt alle Buchstaben mit einem linken Seitenbogen in der Reihenfolge, wie sie geübt worden sind! (O, A, d, l, b, c, o, a.)
Gebt die Hauptteile vom a an!
(Die Hauptteile des a (Taktteile, Grundzüge) sind: linker Seitenbogen, linker Schleifpunkt und linker Seitenbogen. Deshalb zählen wir beim Schreiben des a 1, 2, 3.)
Man darf nicht schreiben a wie oc, an nicht wie om, ah nicht wie och.)
5. Stufe. (Das a ist weggewischt.) Wir schreiben das a im Takt! (Oder statt der Ankündigung mit Worten ein bestimmtes Zeichen. Solche sind auch zweckmässig für die Befehle: Sitzt richtig! Nehmt die Federn! Taucht ein! Halt! etc.)
Sitzt richtig!
Nehmt die Federn!
Taucht ein!
Setzt an!

124   Das zweite Schuljahr.

Ich zähle. Auf 1, 2, 3, 1, 2, 3 etc.
Einzelne Schüler zählen.
Die Schüler einer Bank (Abteilung) zählen.
(Während des Taktschreibens behält der Lehrer seinen Stand am Tische, dass er alle Schüler sehen kann. Sobald Schüler ausser Takt schreiben, wird Halt! gerufen.) — Nachdem einige Zeilen geschrieben sind, wird eine Pause gemacht, während welcher der Lehrer die Hefte rasch durchsieht. Ist einige Fertigkeit im Schreiben des a erzielt worden, so folgen Verbindungen des a mit bereits geübten Buchstaben, z. B. an, am, man, samt, satt, dann u. s. w. (Bei spätern Wiederholungskursen ist mehr Freiheit in der Auswahl der Wörter gestattet.)

(Diese Wörtchen können aus dem Kopfe geschrieben werden; dann sind sie vorher zu buchstabieren, auch wenn sie schon im deutschen Unterricht behandelt, bezüglich systematisiert worden sind. Für das Taktschreiben ist die Zählweise anzugeben. Welchen Raum ein Wort einnehmen soll, wird ebenfalls bestimmt. Bei kleineren Schülern schreibt man sie erst an die Wandtafel, damit dieselben besonders die Entfernungen der Buchstaben von einander sehen.)

VI. Singen.

I. Die theoretische Grundlage siehe im VIII. Schuljahr Seite 180 ff.

II. Unterrichtsskizzen.

1. Frühlingslied.

(Auch zu Robinson, Lesebuch Nr. 14.)

Hoffmann v. Fallersleben.

Das zweite Schuljahr.

I. b.*)

II. Zeilenweises Darbieten und Einüben der Melodie, doch so, dass immer dem Vorsingen und Nachsingen das Vor- und Nachsprechen der Texteszeilen im Rhythmus der Melodie vorausgeht.

III. Vergleichung der melodischen Figuren der ersten Zeile mit denen der letzten Zeile, dann der beiden Hälften der zweiten Zeile.

IV. Die erste und die letzte Zeile lauten gleich; die erste und zweite Hälfte der mittleren Zeile lauten ebenfalls überein.

V. Zusammenstellung der Textesworte aus verschiedenen Strophen, auf die die gleichen Töne und Tonfolgen zu singen sind.

Zu Robinsons Abschied. Lesebuch Nr. 1 und 2.

2. Lieb Heimatland, Ade!

Mässig bewegt.   Volkslied.

---

*) Anmerkung. Durch die auf I. b. vorzunehmenden Übungen sollen die Schüler an aus früheren Liedern bekannte melodische und rhythmische Figuren erinnert werden. Alle diese analytischen Übungen werden vom Lehrer immer erst vorgesungen und vorgespielt und dann erst von den Schülern zu Gehör gebracht. Sie haben lediglich den Zweck, für die Erfassung und für die Wiedergabe des neuen Liedes vorzubereiten.

126   Das zweite Schuljahr.

I. b.

II. Darbietung durch Vorsingen und Vorspielen in zwei Abschnitten. Die Einübung beginnt mit dem Nachsprechen des vorgesungenen Textabschnittes in dem Rhythmus des Liedes; besonderer Nachdruck ist auf jene Silben zu legen, die mit $^3/_8$ Noten versehen sind.

III. Der Lehrer singt mit starker Accentuierung des guten Taktteiles die erste Zeile. Die Schüler haben während des Singens darauf zu achten, ob man leichter $\overline{1}$, $\overline{2}$, oder $\overline{1}$, $\overline{2}$, $\overline{3}$ zum Singen zählen kann. Nachdem sie ihrer Beobachtung Ausdruck gegeben haben, wird die Zeile vom Lehrer noch einmal gesungen, die Kinder zählen laut und schlagen immer auf **1** leicht mit der Hand auf die Bank. So wird jede Zeile behandelt. Der Auftakt bleibt ausser Betracht.

IV. Zu dem Lied: „Lieb Heimatland, ade!" kann man immer **eins, zwei** zählen. Die Töne auf **1** sind stärker wie die Töne auf **2**.

V. Wie ist es bei anderen Liedern? — bei „Aus dem Himmel ferne" — „Fuchs du hast die Gans gestohlen" — „Ein junges Lämmchen weiss wie Schnee?" u. s. w. Eine Abteilung, oder ein einzelner Schüler singt, andere zählen. Auf **eins** wird die Hand **abwärts**, auf **zwei aufwärts** bewegt. Wie ist es bei „Winter ade?"

Zu Robinson, Lesebuch Nr. 3, 5 und auch 14.

3. Noch lässt der Herr mich leben.

Die Melodie ist den Schülern schon vom 1. Schuljahr her bekannt; es ist die Melodie, die zu dem Liede „Ach bleib mit Deiner Gnade" gesungen wurde. Es kann also von ihr ohne besondere Vorübungen Gebrauch gemacht werden. Später, wenn die Melodie von Teschner zu

Das zweite Schuljahr. 127

„Valet will ich Dir geben" eingeübt ist, kann der vorstehende Liedertext auch dieser Melodie unterlegt werden.

4. Abendgebet.

(Auch zu Robinson, Lesebuch Nr. 4 und 5.)

Volksweise.

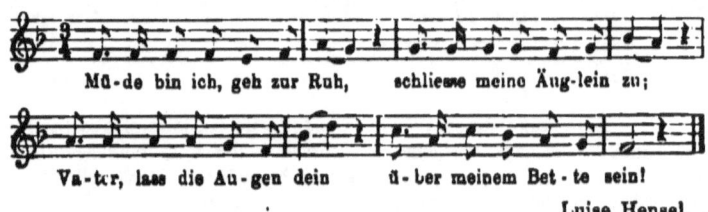

Müde bin ich, geh zur Ruh, schliesse meine Äuglein zu;
Vater, lass die Augen dein ü-ber meinem Bet-te sein!

Luise Hensel.

I. b.

sollt mir wahr-haf-tig nicht hin-der-lich sein.
la
la
mi
an der ganzen grossen Zahl la
la   jo

II. Darbietung des ganzen Liedes durch Vorsingen desselben Rhythmisiertes Vor- und Nachsprechen des Textes und zwar der ganzen Strophe. Zeilenweises Einüben der Melodie.

III. Auf welche Silben sind zwei Töne zu singen? Welche Stellung haben Mund und Zunge beim Singen der Silben „Ruh'" und „zu"? Bei welchem Selbstlauter hat der Mund eine ähnliche Form? Wie ist die Mundstellung beim Singen der Silben „geh'", „recht", „sende" etc.? Bei welchem anderen Selbstlauter ist die Stellung des Mundes eine ganz ähnliche? Wie ist sie bei a, o, ai, ei? Beim Sprechen welcher Mitlauter werden die Lippen ganz geschlossen? Bei m(üde) und B(ette).

IV. Die Lippen werden nur geschlossen bei den Mitlautern m, b, p. Bei allen Selbst- und Doppellautern bleibt der Mund geöffnet.

V. Zusammenhängende Wiedergabe der bis jetzt gewonnenen Gesetze über die Tonbildung und über die Aussprache.

128   Das zweite Schuljahr.

Zu Robinson, Lesebuch Nr. 6, 7, 10 und 14.

5. Wach auf mein Herz und singe.

1. Wach' auf, mein Herz und sin - ge dem Schöpfer al - ler Din - ge, dem
2. Sprich Ja zu mei - nen Thaten, hilf selbst das be - ste ra - ten, den

1. Ge - ber al - ler Gü - ter, dem from-men Men-schen-hü - ter.
2. An-fang, Mitt' und En - de, ach Herr, zum be - sten wen - de!

Paul Gerhardt.

I. b.

Klipp klapp   mi
la   la

al - le Vö - gel ro   re
              la   mi

II. Zeilenweises Darbieten, rhythmisiertes Sprechen des Textes und Einüben.
III. Vergleichung einzelner Silben in bezug auf die Dauer ihrer Töne.
IV. In dem Liede: „Wach auf mein Herz" kommen Töne vor, die einen Schlag, die zwei Schläge und die drei Schläge lang währen.
V. Wie vielerlei Töne (der Dauer nach) kommen in dem Liede vor: „Noch lässt der Herr mich leben"?

Zu: Robinson wird krank. Lesebuch Nr. 9.

6. Kommt ein Vogel geflogen.

Volksweise.

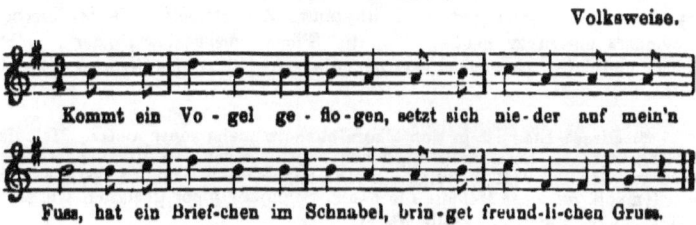

Kommt ein Vo - gel ge - flo - gen, setzt sich nie - der auf mein'n
Fuss, hat ein Brief-chen im Schnabel, brin - get freund-li-chen Gruss.

Das zweite Schuljahr.

I. b.

II. Vorsingen, Vorspielen, Einüben in zwei Abschnitten.
III. und IV. Die Einordnung des neuen Liedes in die verschiedenen Liedergruppen erfolgt später.

7. Mein erst Gefühl sei Preis und Dank.*)

(Robinson wird wieder gesund. Lesebuch Nr. 9.)

1540.

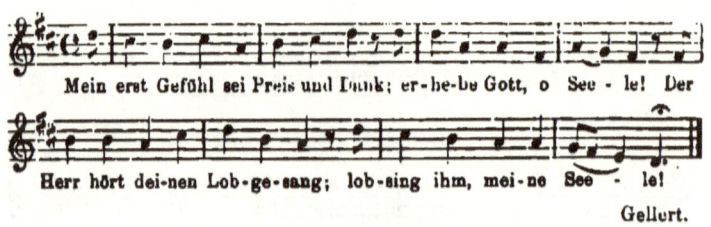

Mein erst Gefühl sei Preis und Dank; er-he-be Gott, o See - le! Der Herr hört dei-nen Lob-ge-sang; lob-sing ihm, mei-ne See - le!

Gellert.

I. b.

la _____
(fa - ri fa - ra fa - rum) la _____
jo _____ (her auf je-des Kind)
la _____ jo _____
mi _____ la _____

II. Vorsingen des ganzen Liedes durch den Lehrer. Zellenweises Sprechen des Textes mit dem Rhythmus der Melodie. Es ist hierbei besonders darauf zu achten, dass die Silben „mein", „er", „der", „lob" leicht und kurz gesprochen werden, die erste Silbe des Wortes „Seele"

---

*) Dieses Lied ist in den Choralbüchern meist einer andern Melodie untergelegt. In ihrer ursprünglichen rhythmischen Gestalt aber, an der hier aus dem im VIII. Schuljahr S. 184 angeführten Gründen festgehalten werden soll, ist diese Melodie für das 2. Schuljahr nicht geeignet, weshalb vorstehende Melodie gewählt wurde.

130   Das zweite Schuljahr.

aber die doppelte Zeit der anderen Silben zugeteilt erhält. Das rhythmisierte Sprechen des Textes kann auch dem Einüben der einzelnen Zeilen in der Weise vorausgehen, dass immer bloss die Zeile vorher gesprochen wird, die zur Einübung kommt. Bei Melodieen, deren einzelne Zeilen, wie in dem vorstehenden Liede, die gleiche taktische Gliederung haben, kann das rhythmisierte Sprechen des ganzen Textes dem Einüben vorausgeschickt werden. Zeilenweises Einüben der Melodie.

III. Vergleichen der einzelnen Töne der letzten Zeile in bezug auf ihre Tonhöhe. Der erste Ton ist der höchste, der letzte der tiefste Ton. Der 2. Ton ist etwas tiefer als der 1., der 3. etwas tiefer als der 2., der 4. etwas tiefer als der 3. u. s. f. Der erste und der letzte Ton lauten sehr ähnlich; wenn sie zusammen erklingen, könnte man meinen, es wäre ein Ton. — Zur Bestätigung dessen Singen der Tonleiter in abwärtsgehender Richtung, gleichzeitiges Singen des ersten und letzten Tones durch verschiedene Abteilungen und durch einzelne Schüler; Spielen des ersten und letzten Tones unmittelbar nacheinander, dann gleichzeitig.

IV. Diese Tonreihe nennt man Tonleiter. Der 1. und der 8. Ton derselben klingen sehr ähnlich, jeder der Tonleiter-Töne ist um etwas tiefer, als der ihm vorhergehende Ton.

V. Singen der Tonleiter in abwärtsgehender Richtung von d, es und c ausgehend. Aufsuchen solcher Stellen früher gelernter Lieder, die aus Teilen der abwärtsgehenden Tonleiter bestehen, so: „her auf jedes Kind" — „bei uns Herr Jesu" — „sonst wird dich der Jäger holen mit dem Schiessgewehr" — „hinderlich sein" — „Pferdchen lauf Galopp" — „hopp, hopp, hopp, hopp, hopp." —

8. Wunsch.

Zu Robinson, Lesebuch Nr. 10.

Volkslied.

1. Wenn ich ein Vöglein wär und auch zwei Flüglein hätt', flög ich zu dir;
2. Bin ich gleich weit von dir, träum ich doch stets von dir, bin nicht al-lein;
3. Ein-sam dann wei-ne ich, nen-ne im Seufzen dich, doch du bleibst fern.

1. weils a-ber nicht kann sein, weils a-ber nicht kann sein, bleib ich all-hier.
2. wach ich vom Schla-fe auf, wach ich vom Schla-fe auf, bin nicht al-lein.
3. Mut-ter, o Mut-ter mein, Mut-ter, o Mut-ter mein, bleib nicht mehr fern.

Ib.

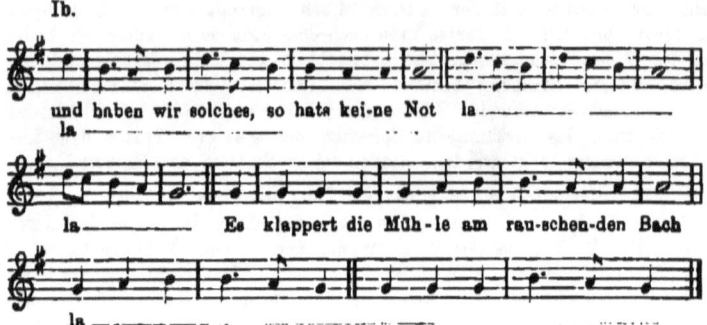

II. Darbietung des Liedes in zwei Abschnittten. Rhythmisiertes Sprechen des Textes und Einüben der Melodie nach Zeilen.

III. Während der Lehrer oder einzelne Schüler die erste Zeile vorsingen, haben die beim Singen nicht beteiligten Schüler darauf zu achten, ob man 1, 2 oder 1, 2, 3 zählen kann, in welcher Weise starke und schwache Töne mit einander abwechseln. In gleicher Weise verfährt man mit den folgenden Zeilen. Nach jeder Zeile wird konstatiert, dass auf einen starken Ton zwei schwache Töne folgen und dass man 1, 2, 3 zählen kann.

IV. In dem Liede „Wenn ich ein Vöglein wär'" folgen immer auf einen starken Ton zwei schwache Töne. Man kann $\bar{1}, \breve{2}, \breve{3}$ zählen.

V. Wie ist die Zeiteinteilung bei den Liedern: „Es klappert die Mühle", „Wach auf mein Herz", „Kommt ein Vogel geflogen", „Weisst Du wie viel Sternlein stehen"? Bei welchen Liedern kann man nicht $\bar{1}, \breve{2}, \breve{3}$, sondern nur $\bar{1}, \breve{2}$ zählen?

Zu Lesebuch Nr. 11 und 16.

9. Schützenlied.

Frisch. B. Ans. Weber.

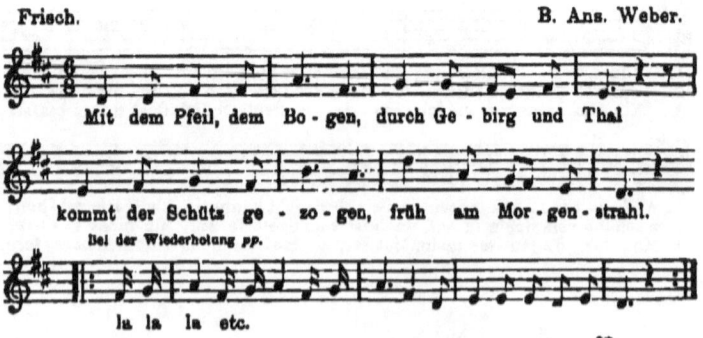

I b.

II. Vorsingen des Liedes in zwei Abschnitten. Rhythmisiertes Sprechen des Textes mit besonderer Beachtung der durch die Cäsuren der Melodie gebotenen Verlängerungen der Silben „Bogen", „zogen", „Thal" und „Strahl". Zeilenweises Einüben.

III. Es wechseln lange und kurze Töne wie bei „Wach auf mein Herz" und bei „in Polen brummt". Wie bei diesen Liedern, kann man auch bei dem neugelernten Lied $\overline{1}$, $\overline{2}$, $\overline{3}$ zählen, eventuell Vorspielen der ersten Zeile in folgender Weise:

Wechselweises Singen und Zählen.

Bei welchen Liedern haben wir auch $\overline{1}$, $\overline{2}$, $\overline{3}$ gezählt? Handbewegungen: ab, links, auf — statt des Zählens und in Verbindung mit demselben, während der Lehrer singt oder spielt.

IV. Man kann solche Lieder **Dreischlaglieder** oder **Dreierlieder** nennen.

V. Welche Lieder gehören zu den Dreischlagliedern, welche nicht? Von den ersteren werden einige gesungen und zwar so, dass eine Abteilung singt, während die andere leise zählt und die dritte die taktischen Handbewegungen macht.

Zu Robinson, Lesebuch Nr. 12, 14, 20, und 25.

10. Gott ich danke dir.*)

Albert.

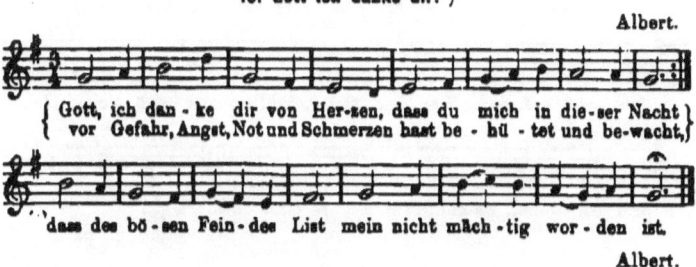

Albert.

---

*) Zweite Strophe des Liedes: „Gott des Himmels und der Erde".

Ib.

II. Zeilenweises Vorsingen und Vorspielen; rhythmisiertes Sprechen und Einüben der Melodie ebenfalls Zeile um Zeile.

III. Die Tondauer der guten Silben ist zu vergleichen mit der Tondauer der accentlosen Silben. Bei welchem früher gelernten Liede findet das Gleiche statt? Durch Vergleichung ist weiter festzustellen, auf welche der accentuierten Silben nur ein Ton, auf welche derselben zwei Töne zu singen sind. Endlich ist auch noch zu bestimmen, ob man $\overline{1}$, $\overline{2}$, $\overline{3}$, oder $\overline{1}$, $\overline{2}$ zählen kann. Um dies den Schülern zu erleichtern, sind die einzelnen Zeilen so zu spielen:

IV. Die guten Silben haben entweder einen langen Ton, oder zwei kurze Töne; die schlechten (oder leichten) Silben haben immer einen kurzen Ton. Man kann bei diesem Liede $\overline{1}$, 2, 3 zählen. Es gehört zu den Dreischlagliedern.

V. Singen des Liedes durch eine Abteilung, während die andere die Taktteile durch Handbewegungen: ab, links, auf andeutet.

Bei welchen anderen Liedern konnten wir $\overline{1}$, $\overline{2}$, 3 zählen?

11. Das Büblein auf dem Eis.*)

Ch. H. Hohmann.

Gefroren hat es heuer noch gar kein festes Eis; Büblein geht auf den Weiher und spricht so zu sich leis: Ich will es einmal wagen; das Eis, es muss doch tragen! Wer weiss?

Fr. Güll.

---

*) Ich würde dieses Lied fortgelassen haben, wenn ich die Kritik Böttchers im 4. Heft der Studien, Jahrgang 1885, S. 46, soweit sie den Güllschen Text betrifft, für richtig erachten könnte.   H.

134   Das zweite Schuljahr.

Ib.

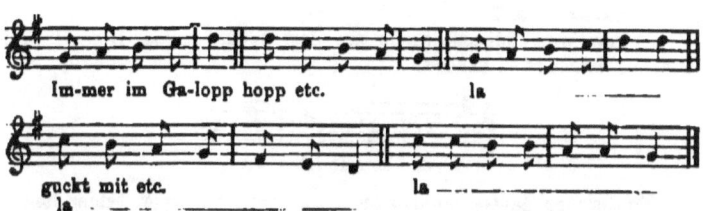

Im-mer im Ga-lopp hopp etc.   la

guckt mit etc.   la
la

II. Darbietung, rhythmisiertes Sprechen und Einüben in drei Abschnitten.

III. Der Lehrer spielt mit starker Betonung des 1. und 3. Achtels die 1. Zeile vor. Die Schüler geben an, ob auf einen stärkeren Ton immer ein schwächerer Ton folgt, oder ob einem stärkeren Tone immer zwei accentlose Töne sich anschliessen. Nachdem dies festgestellt ist, wird die Zeile wieder gesungen, wobei die Schüler durch Auf- und Niederschlag die Taktglieder markieren. Die übrigen Zeilen werden unter demselben Gesichtspunkt vergleichend mit der ersten Zeile zusammen gestellt. Bei jeder Zeile wird constatiert, dass man $\overline{1}$ 2 zählen kann.

Wie ist der Wechsel zwischen starken und schwachen Tönen in anderen Liedern, in: „Ade, du mein lieb Heimatland", „Alle Vögel sind schon da", „Mein erst Gefühl sei Preis und Dank" etc.? Wie zählt, wie taktiert man in allen diesen Liedern?

IV. Man heisst solche Lieder Zweischlaglieder oder Zweierlieder.

V. Woran erkennt man die Zweischlag-, woran die Dreischlaglieder? Nennen einzelner Lieder; Einordnung derselben in eine dieser Gruppen durch die Schüler. Zusammenstellung der gelernten Lieder nach diesen zwei Gruppen.

Für den Weihnachtskreis, auch zu Robinson, Lesebuch Nr. 23:

12. „Vom Himmel hoch da komm ich her."

Die Melodie hierzu ist bereits zu dem Liede „Mein erst Gefühl sei Preis und Dank" eingeübt worden.

13. „Alle Jahre wieder."

nach der Melodie zu „Aus dem Himmel ferne". (Nr. 1 im ersten Schuljahre.)

III. Stufe zu Nr. 12 und Nr. 13.

Der Lehrer singt und spielt folgende Stelle:

kommt das Chri - stus - kind   la   la

Zahl der Töne. Der erste ist der tiefste, der letzte der höchste

Ton. Der zweite ist etwas höher, als der erste, der dritte etwas höher, als der zweite u. s. f.

Ebenso wird folgende Stelle aus dem Liede: „Vom Himmel hoch da komm ich her" behandelt.

da komm ich her

Bestimmung des Gemeinsamen und des Unterscheidenden beider Stellen. Die zweite Stelle hat höhere Töne als die erste; oder sie ist höher als die erste. Beide bestehen aus 4 Tönen. Der erste ist bei beiden der niedrigste Ton u. s. f. w. o.

Nun werden beide Figuren unmittelbar nach einander auf la gesungen und dann gespielt, doch so, dass die Schüler den Beginn der 2. Figur deutlich merken. Hierauf wird festgestellt, dass auch der 1. Ton der 2. Stelle nur um etwas höher ist als der letzte Ton der 1. Stelle. Ebenso werden der 1. und der letzte Ton der ganzen Reihe gleichzeitig angesungen und gespielt.

IV. Der 1. und der 8. Ton lauten sehr ähnlich. Jeder Ton ist um etwas höher als der vorhergehende; der vorhergehende ist immer etwas tiefer als der folgende Ton. Diese acht Töne bilden die aufwärts gehende (oder steigende) Tonleiter.

V. Singen der Tonleiter in auf- und abwärts gehender Richtung, zunächst in D-dur, dann aber auch in C-dur, Es-dur und E-dur.

In welchen der gelernten Lieder kommen Teile der Tonleiter vor?

Zu Robinson Lesebuch Nr. 10, 28 und 29.

14. Lang, lang ist's her.

Volkslied.

O, wie so schön und herz-in-nig einst klang, lang ist es her,

lang ist es her. Mut-ter, o Mut-ter, dein lieb-li-cher Sang,

lang, ach gar lang ist es her! Nimmer ver-gess ich die se-li-ge Zeit,

da du voll Treu-e dein Herz mir ge-weiht; ach, die-ses Glückes ge-

denk ich noch heut, lang, ach gar lang ist es her.

136   Das zweite Schuljahr.

I. b.

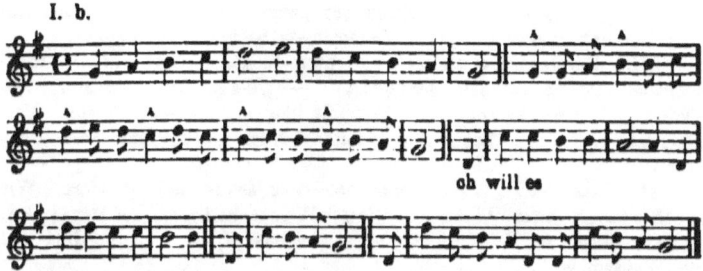

ob will es

II. **Zeilenweises Darbieten**, rhythmisches Sprechen des Textes und Einüben. Wie kann man zählen? Wie viele Töne sind gewöhnlich auf den 1. Schlag — auf den 2. Schlag zu singen?
III. Bei welchem Liede sind auch öfter auf **einen** Schlag zwei Töne zu singen? (Kommt ein Vogel geflogen.) Auf den wievielsten Schlag bei diesem, bei jenem Lied?
Bei welchen Liedern kommt nur **ein** Ton auf **zwei** Schläge? (Gott ich danke Dir — Wach auf mein Herz — Mit dem Pfeil, dem Bogen.)
IV. Es können kommen zwei Töne auf einen Schlag und zwei Schläge auf einen Ton.
V. Nenne andere Lieder, in denen 2 Töne auf einen Schlag zu singen sind — dann solche, in denen Töne vorkommen, die 2 Schläge lang währen!

15. Winters Abschied.

(Auch zu Robinson Nr. 12.

Volksweise.

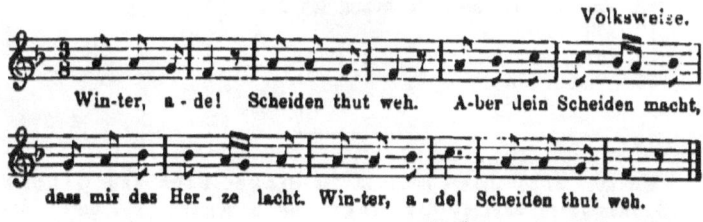

Win-ter, a - de! Scheiden thut weh.   A-ber dein Scheiden macht, dass mir das Her - ze lacht. Win-ter, a - de! Scheiden thut weh.

Hoffmann von Fallersleben.

I. b.

II. Vorsingen und Vorspielen der ganzen Melodie. Rhythmisiertes Sprechen der ganzen Strophe. Zeilenweises Einüben der Melodie.

III. Vergleichung des neu gelernten Liedes inbezug auf die Taktordnung mit: „Gott ich danke Dir" — „Wach auf mein Herz" — „Wenn ich ein Vöglein wär" — „Es klappert die Mühle" etc. Vergleichung der im 2. Schuljahre geübten Lieder inbezug auf ihren Textinhalt.

IV. Das Lied: „Winter, ade" gehört zu den Dreischlagliedern. Wir haben gelernt: zwei Winterlieder, zwei Weihnachtslieder, ein Morgenlied, ein Abendlied, ein Schützenlied, ein Abschiedslied, ein Frühlingslied und ein Wunschlied.

V. Einordnen der neuen Lieder in die Liedergruppen des Vorjahres und der im 1. Schuljahre angeeigneten Lieder in die Liedergruppen des 2. Schuljahres. Cursorische Repetition der verschiedenen Lieder.

Zusammenstellung der für das zweite Schuljahr behandelten Lieder.

1. Alle Vögel sind schon da.
2. Ade, du mein lieb Heimatland.
3. Noch lässt der Herr mich leben.
4. Müde bin ich, geh zur Ruh'.
5. Wach auf mein Herz und singe.
6. Kommt ein Vogel geflogen.
7. Mein erst Gefühl sei Preis und Dank.
8. Wenn ich ein Vöglein wär.
9. Mit dem Pfeil, dem Bogen.
10. Gott, ich danke Dir von Herzen.
11. Das Büblein auf dem Eis.
12. Vom Himmel hoch da komm ich her.
13. Alle Jahre wieder.
14. Lang, lang ist's her.
15. Winter ade.

Mit dem 2. Schuljahre schliesst das Singen nach dem Gehöre. Im 3. Schuljahre beginnt das Singen nach Noten und damit die eigentliche Einführung in die Elemente der musikalischen Theorie. Die hierauf bezüglichen Unterrichtsskizzen sollen bei neuen Auflagen der Schuljahre nachgeholt werden.

Schwabach.

J. Helm.

Pädagogischer Verlag von Bleyl & Kaemmerer in Dresden.

Der Handfertigkeitsunterricht.

Ein Beitrag zur Klärung der Frage und zur Förderung der Sache
mit 3 lithographierten Tafeln
von
Dr. Theodor Gelbe,
Realschuldirektor in Stolberg im Erzgebirge.

8. Preis: 2 M.

Daß Geist und Körper in Wechselwirkung stehen, ist eine bekannte Thatsache; den einen ohne den anderen zu bilden, wäre eine Einseitigkeit, deren nachteilige Folgen nicht ausbleiben können. Die spartanische Erziehung war nur auf die Entwickelung der Körperkraft bedacht, die Athenische richtet ihre Aufmerksamkeit allein anf die Pflege des Geistes; aber beide Staaten sind auch zu Grunde gegangen. Obwohl nun unsere Knaben, während sie die Schule besuchen, weder zu Handwerkern noch zu Künstlern erzogen werden sollen, ist doch ein gewisser Grad von Handfertigkeit jedem Menschen zu wünschen. Die betreffende Angelegenheit ist in neuester Zeit Gegenstand weitverbreiteter Aufmerksamkeit und besonders durch den 1884 in Osnabrück abgehaltenen Kongreß bekannt geworden. Auch die vorliegende Schrift will der Idee dienen, daß der Handfertigkeitsunterricht von der menschlichen Natur gefordert werde; Lehrern und Erziehern an Waisenhäusern und ähnlichen Anstalten dürfte sie manche empfehlenswerte Winke geben. (Centralorgan für die Interessen des Realschulwesens.)

Vorschule der Pädagogik Herbart's.

Herausgegeben von
Chr. Ufer,
Lehrer.

4. verbesserte und vermehrte Auflage.

Preis: 1 M. 50 Pf.

Die moderne Pädagogik fußt auf den Schultern Herbart's, dessen System wissenschaftlich und logisch tief durchdacht, aber keineswegs leichtfaßlich ist. Mancher hat wohl schon ein Herbart'sches Lehrbuch mit dem Vorsatze sich gründlich einzustudieren, in die Hand genommen — und es nach kurzer Zeit mit einem Gefühl des Unbefriedigtseins wieder aus der Hand gelegt. Herbart's Terminologie stört besonders Aeltere, die ihr psychologisches Studium nach dem früheren System mit Annahme von 3 Grundkräften der Seele gemacht haben. Für diese ist Ufers Schriftchen geradezu unersetzbar. In klarer, prägnanter Sprache entwickelt der Verfasser die Lehrsätze an lebensfrischen Beispielen, so daß alles Abstrakte in thunlichst konkretes Gewand gehüllt wird. Das Werkchen, welches in 5 Abschnitte (Psychologisches, Ethisches, allgem. Pädagogisches, Unterrichtsbeispiele, litterarischer Wegweiser) eingeteilt ist, sei hiermit auf das beste empfohlen. (Bayrische Lehrerzeitung.)

www.ingramcontent.com/pod-product-compliance
Lightning Source LLC
Chambersburg PA
CBHW030356170426
43202CB00010B/1386